メディアの法と倫理

大石 泰彦 著

嵯峨野書院

はしがき

　本書は，マス・メディアやジャーナリストによる取材・報道活動を"法"と"倫理"という二つの社会的ルールの観点から分析し，批判する学問分野である「メディア倫理法制」の概説書です。

　権力を監視し，世論形成を主導する役割をもつマス・メディア（ジャーナリズム）の諸活動が正しく行われなければならないことは当然ですが，"正しい"マス・メディアとははたしてどのようなものかは，実は必ずしも明らかであるとは言えません。ただ，われわれは長い時間をかけて，マス・メディアの諸活動を規律するさまざまな法的ルールを定め，運用してきており，またマス・メディア自体も，自らを規律するさまざまな倫理的ルールを定め，それをまがりなりにも尊重しています。そこでわれわれは，これらのルールを手掛かりとして，①マス・メディア（ジャーナリスト）は，制定された法的・倫理的ルールを誠実に遵守しているか，②制定されたルールの内容および制定手続は，「人権の理念」と「ジャーナリズムの精神」に照らして妥当なものであるか，③ルールが存在しない場合，あるいは，ルールに欠陥がある場合，新たにどのようなルールが制定されるべきか，などの点をある程度まで客観的に考察することができるのであり，それによって得られた知識こそが，われわれがあるべきマス・メディア（ジャーナリズム）を論じる際の基礎知識になります。「メディア倫理法制」とは，以上のような認識に立脚して，近年，「法学」と「ジャーナリズム論」との中間の位置に，「倫理学」などの他の学問分野ともかかわりを持ちつつ芽ぶき，成長してきた研究分野であり，その最大の特徴は"社会科学"としての性格に加えて"実践活動"としての性格をも有していることです。本書は，この「メディ

ア倫理法制」についての知識の概要を一般の方々や学生諸君にできるだけ整理された形で、いわば、その鳥瞰図を示すことを主たる目的としています。

本書の特色、すなわち、本書の執筆にあたって著者が心掛けたことは次の諸点です。

(1) これまで別々に議論されてきたマス・メディア（ジャーナリズム）に関する"法的問題"と"倫理的問題"を統一的・総合的に論じ、"よりよいマス・メディア"や"あるべきジャーナリズム"を考えるための基礎知識をまとめて習得できるようにすること。

(2) 主な読者として一般の方々や学生を想定し、研究書にありがちな硬くて難しい表現を避けて、読みやすく平易な叙述を心掛けること。

(3) 本書がコンパクトな概説書であることを念頭におき、この分野の個別的問題（たとえば、「反論権」「犯罪被疑者報道」といった問題）に関する見解の対立を簡潔かつ客観的に紹介することを心掛けつつ、その一方で、この分野が"実践的性格"を強く帯びていることをふまえて、著者個人の見解をもあえて、はっきりと述べるようにすること。

(4) 「メディア倫理法制」の全体像をできるだけ整理して読者に伝達することを第一の目標としつつも、この分野に関する新しい動向（たとえば「個人情報保護とマス・メディア」「第三者機関の設置」など）をできるだけ盛り込むようにすること。

本書において、以上のような当初の基本方針が貫徹され実現しているか、著者としては、はなはだ心もとない気もしますが、いまはただこの小著がまだまだ未開拓の分野である「メディア倫理法制」の発展に多少なりとも寄与することを念ずるのみです。

さて、本書の原型は、関西大学社会学部において「メディア倫理法制」という科目を担当することになった1996年以降、少しずつ書

きため，訂正をくりかえしてきた講義ノートであり，その作成にあたって常に念頭にあったのはもちろん，20歳前後の受講生諸君の姿です。各年度，著者の講義を聴いてくれた学生諸君に感謝するとともに，こうしたテーマでの講義を開講し，著者をその担当者として迎えていただいた関西大学，東洋大学をはじめいくつかの大学の方々にこの場をかりて謝意を表する次第です。もとより著者は，厳密には「法学者」でも「社会学者」でも「ジャーナリスト」でもない一好事家・教員であり，本書には専門家の目から見た場合には多くの問題点が含まれていることと思います。多くの方々からご叱正・ご教示をいただき，今後の研究と講義に生かしてゆきたいと考えています。

目　　次

はしがき　i

第1部　マス・メディアの自由の基本構造

第1章　表現の自由・総論

1　予備知識としての「基本的人権」

人権とは何か（3）

人権の特質（4）

人権の限界（6）

2　表現の自由の地位と規制手法

表現の自由の地位（7）

事前抑制禁止法理（9）

3　表現の自由の内容

表現行為の自由（11）

知る自由（12）

知る権利（14）

第2章　取材・報道の自由（その1）

1 取材・報道の自由とは何か
　従来の「取材・報道の自由」論 (19)
　法的義務説の正当性 (21)
　取材・報道の自由の再構成 (22)
2 司法取材・報道の自由の現状
　法廷内カメラ取材 (24)
　司法取材の自由をめぐるその他の問題 (26)
3 立法取材・報道の自由の現状
　議院証言法問題 (28)
　選挙報道規制 (29)
4 行政取材・報道の自由の現状
　行政秘密の取材・報道 (32)
　行政機関による取材拒否 (35)

第3章　取材・報道の自由（その2）

1 情報公開制度と取材・報道の自由
　情報公開制度とは何か (39)
　情報公開制度と取材・報道の自由 (41)
2 個人情報保護制度と取材・報道の自由
　個人情報保護制度とは何か (43)
　個人情報保護制度と取材・報道の自由 (46)
3 「取材源の秘匿」と「取材フィルム・テープの目的外使用禁止」
　二つの原則 (48)
　ＴＢＳオウム真理教事件 (51)

第4章　マス・メディア政策

1 マス・メディア政策とは何か
　　マス・メディア政策の評価 (57)
　　マス・メディア政策の限界 (59)
2 メディア・アクセス権
　　メディア・アクセス権とは何か (60)
　　反論権をめぐる状況 (61)
　　反論権実現の方式 (63)
3 内部的自由
　　内部的自由とは何か (65)
　　内部的自由をめぐる状況と課題 (67)
4 再販制度
　　再販制度とは何か (70)
　　再販問題をどう見るか (71)

第5章　放送制度とインターネット表現

1 放送メディアの法的地位
　　放送に対する法的規制 (75)
　　公平原則とは何か (78)
2 放送の自由をめぐる諸問題
　　放送メディアへのアクセス (81)
　　多チャンネル化時代の放送規制 (83)
3 インターネット表現の法的地位
　　インターネット表現の自由を考える際の前提 (85)
　　インターネット表現の自由の構想 (86)
4 インターネット表現の自由をめぐる諸問題
　　インターネットにおける名誉毀損 (88)

インターネットにおける性表現（90）

インターネット表現の倫理（92）

第2部　マス・メディアの自由の法的限界

第6章　名誉毀損

1　名誉毀損とは何か
名誉毀損とは何か（99）

名誉毀損法制の概要（100）

2　名誉毀損の免責要件
公共性要件（102）

公益性要件（104）

真実性要件（105）

3　名誉毀損の救済手段
損害賠償（106）

名誉回復処分（108）

事前差止め（109）

4　名誉毀損をめぐるその他の問題
論評による名誉毀損（111）

犯罪報道と名誉毀損（112）

第7章　プライバシー侵害

1　プライバシー侵害とは何か
プライバシー権とは何か（117）

プライバシー侵害の諸類型（119）

2　対メディア・プライバシー訴訟

対メディア・プライバシー訴訟の展開（122）

　　　プライバシー侵害の免責要件（123）

　　　プライバシー侵害の救済手段（125）

　3　プライバシー侵害をめぐるその他の問題

　　　芸能人のプライバシー（127）

　　　モデル小説とプライバシー（129）

第8章　性表現規制

　1　性表現規制の現状

　　　性表現を規制する法規（133）

　　　規制される性表現の内容（134）

　2　性表現の規制理由

　　　最高裁の考え方（136）

　　　「青少年の保護」という規制理由（138）

　　　「差別の禁止」という規制理由（140）

　　　「見たくない人の保護」という規制理由（141）

　3　青少年・暴力・自殺

　　　青少年保護とマス・メディア（143）

　　　暴力表現規制（145）

　　　自殺唱導表現規制（147）

第9章　差別的表現規制

　1　差別的表現規制問題とは何か

　　　差別的表現規制問題の浮上（151）

　　　差別的表現の実態（153）

　　　差別的表現の自主規制（156）

　2　差別的表現規制の是非

見解の対立（158）

　　　差別的表現への対応（160）

　3　女性差別的表現

　　　女性差別的表現の現状（161）

　　　女性差別的表現への対応（163）

第3部　マス・メディアの自由の倫理的限界

第10章　報道倫理・総論

　1　報道倫理とは何か

　　　報道倫理とは何か（171）

　　　報道倫理の基本構造（173）

　　　報道倫理実現の伝統的手法＝自主規制（175）

　2　報道倫理改革論

　　　プレス・カウンシル導入論（177）

　　　内部的自由確立論（179）

　3　報道倫理をめぐる状況

　　　第三者機関の設立（181）

　　　ジャーナリスト倫理への模索（184）

第11章　犯罪報道

　1　犯罪被疑者報道

　　　犯罪被疑者報道の問題性（189）

　　　犯罪被疑者報道改革論（191）

　　　さまざまな改革の実践（195）

　　　少年事件報道（197）

2 犯罪被害者報道

　　犯罪被害者報道の問題性（200）

　　犯罪被害者報道の改革（203）

第12章　権力報道

1 記者クラブ問題

　　記者クラブとは何か（209）

　　記者クラブの問題性（211）

　　記者クラブの改革（214）

2 ジャーナリストと権力

　　とりこまれるジャーナリスト（218）

　　報道倫理教育の必要性（221）

　　客観報道主義とその限界（223）

第13章　報道倫理の諸問題

1 天皇・皇室報道の倫理

　　天皇・皇室報道をめぐる問題（227）

　　天皇・皇室報道の倫理（229）

　　ジャーナリズムへのテロ（231）

2 戦争・テロリズム報道の倫理

　　戦争報道の倫理（233）

　　テロリズム報道の倫理（237）

3 科学・災害報道の倫理

　　科学報道の倫理（238）

　　災害報道の倫理（240）

4 スポーツ報道の倫理

スポーツ報道をめぐる問題 (242)
　　スポーツ報道の倫理 (244)
 5　虚報・やらせ
　　虚報・やらせとは何か (246)
　　虚報・やらせと報道倫理 (249)

むすびにかえて　257

事項索引　259

判例索引　265

第1部 マス・メディアの自由の基本構造

第1章　表現の自由・総論

1　予備知識としての「基本的人権」

人権とは何か　本書のテーマであるマス・メディアをめぐる法的・倫理的諸問題についての詳しい検討に入る前に、いわば予備知識として、わが国における人権（基本的人権）に関する基本的な枠組み、すなわちその定義、特質および限界について見ておきたいと思います。

「人権」あるいは「基本的人権」という用語が用いられる場合、それは、"人がただ人間であるということのみによって有する権利"であり、「前国家的権利」（国家の立法によって与えられる通常の権利ではなく、原理的に見て国家の成立以前に存在する権利）であることを意味していますが、こうした権利の存在をわが国ではじめて確認したのが、1946年11月に公布された日本国憲法（現行憲法）です。日本国憲法の第3章には、この憲法が確認するさまざまな「国民の権利」が掲げられていますが、こうした諸権利について日本国憲法第11条は、「この憲法が国民に保障する基本的人権は、侵すことのできない永久の権利として、現在及び将来の国民に与へられる」ものであると説明し、さらに第97条も、「この憲法が日本国民に保障する基本的人権は、人類の多年にわたる自由獲得の努力の成果であつて、こ

れらの権利は，過去幾多の試錬に堪へ，現在及び将来の国民に対し……信託されたものである」と明言しています。これらの規定は，日本国憲法の諸権利がわが国においてはじめて正式に確認された真正な人権であることを示すものであると言えるでしょう。日本国憲法第21条1項が「集会，結社及び言論，出版その他一切の表現の自由は，これを保障する」という簡潔な文言で規定する表現の自由も，もちろんこうした人権の一つとして位置づけられているわけです。

人権の特質　さて，日本国憲法の規定する人権には，さまざまな特徴が存在しています。それらのうち，特にマス・メディアをめぐる法的・倫理的問題の考察に深くかかわる三つの特徴について見ておきましょう。

第一の特徴は，この憲法が，国家に対して，人権を保障してゆくに際して基本的に二つの態度を使い分けるべきことを示唆している点です。二つの態度とは，人権を保障するために国家が個人に対して一切介入や干渉をしないという態度と，人権を保障するために国家が積極的に行動し政策を実現してゆくという態度です。前者のような国家の姿勢が求められる人権を「自由権」あるいは「消極的自由」などと言い，後者の人権を「社会権」あるいは「積極的自由」などと呼んでいますが，日本国憲法の中にはこうした対照的な性格をもつ人権が存在しているのです（いわゆる精神的諸自由，身体的諸自由などが自由権である一方，第25条の規定する生存権，第27条の勤労権，第28条の労働基本権などが社会権であるとされています）。ただし現代社会においては，多くの自由権が社会権的性格を併有するようになり，自由権と社会権の区別は多分に相対的なものとなっていることも事実です。そして，本来は自由権の一つとして理解されてきた表現の自由もその例外ではなく，後に見るように「マス・メディア政策」的主張，すなわち，マス・メディアの論争的・中傷的な記事によってとりあげられた人の反論権の制度化の要求や，マス・メデ

ィア内部のジャーナリストの精神的自由（内部的自由）の保護の制度化の要求などが見られるようになってきています（第4章参照）。

　第二の特徴は，この憲法が，それが明文で保障する人権以外にも，人間の生命・自由・幸福追求にとって不可欠であり，かつ，日本国憲法制定以降の社会状況の変化の中で新たに認識され生成されてきた利益については，これを人権の射程内に収めるものとして解釈されてきた点です。このような人権を，一般に「新しい人権」と呼んでいますが，こうしたものとして，たとえばプライバシー権，環境権，人格的自律権（自己決定権），さらには平和的生存権などを数えることができます。また，これらの新しい人権については，生命・自由・幸福追求権の保障規定である第13条がその根拠になると考えられています。

　第三の特徴は，この憲法に規定される人権の享有主体は，基本的に自然人に限られないという点です。つまり法人も原則的には人権の享有主体となりうるのです。このことについては，いわゆる八幡製鉄事件の最高裁判決（最大判昭和45年6月24日）が「憲法第三章に定める国民の権利および義務の各条項は，性質上可能なかぎり，内国の法人にも適用されるものと解すべきである」と述べて正式に確認しています。たしかに人権の多くは，法人もそれを享有することを想定して規定されていると言うことができるでしょう。たとえば，宗教法人が信教の自由を主張すること，マス・メディアが表現の自由を主張すること，学校法人が学問の自由や教育の自由を主張することを不可能と見ることは現実的ではありません。しかしながら，人権の中には法人がそれを享有することが全く想定されていないものも当然に存在しており（たとえば，選挙権・被選挙権や人身の自由の一部がそれにあたると思われます），また法人の人権主張は，基本的に人権の本来的享有主体である自然人の人権を著しく制約しない範囲内においてのみ認められるものであることも確認しておく必要があ

るでしょう。

人権の限界　日本国憲法に規定される人権については,「公共の福祉」という概念による制約,すなわち「国民は……常に公共の福祉のためにこれ〔＝人権〕を利用する責任を負ふ」という制約が予定されています（第12条）。旧憲法においては,臣民の権利はいわゆる法律の留保（政府の政策的判断による制約の可能性）の下におかれていましたが,すでに触れた日本国憲法の規定する人権の基本精神から考えて,公共の福祉がこれと同じような人権に対する政策的な制約概念でありうるはずがありません。では,公共の福祉とは一体何でしょうか。この点については,かつては解釈上の対立も存在しましたが,現在では一般に"諸人権間の矛盾・衝突を調整する原理"として考えられています。いわば公共の福祉とは,人権概念に内在し,その均衡のとれた発現を促すための理念ということになるでしょう。

　さて,もし公共の福祉がこのようなものであるとするならば,ある具体的な人権制限が合憲であるというためには,原則として次の二つの基準を満たす必要があるでしょう。第一の基準は,ある人権に制限を加えることによって達成される目的が,究極的に何らかの他の人権の保障に還元することのできるものであるか否かという点です。人権に還元することのできない利益,端的には政府利益の達成のためになされる人権制約は,人権間の矛盾・衝突を調整する原理であるところの公共の福祉の名の下に許容されるものではないでしょう。第二の基準は,ある人権とそれに対立する人権的価値との間の調整は,基本的に,両者間の対抗関係が存在する個別的な状況に即したケース・バイ・ケースの比較衡量（重要度比較）によって決せられるという点です。ただし,衡量の対象となる権利の組み合わせ（たとえば,表現の自由対プライバシー）ごとに,あらかじめ,そうした衡量を精密に行うための何らかの"調整基準"が定められることが望ましいと思われます。また,そうした比較衡量が行われる際

には，先程述べた法人の人権保障に内在する限界（自然人の人権を著しく制限しないこと），さらには，後述する表現の自由の経済的自由に対する優位性について十分な配慮がなされることが必要になるでしょう。

2　表現の自由の地位と規制手法

表現の自由の地位　ここでは，日本国憲法に規定されるさまざまな人権の中で，表現の自由がどのような地位に立っているのかについて見てゆきたいと思います。具体的には，諸人権の中で表現の自由が他の人権よりも高い地位に立つという考え方，すなわち「優越的地位の理論」について検討します。

　すでに述べたように，人権というものは本来，"人がただ人間であることのみによって有する権利"であり，何らかの社会的機能のゆえに，すなわち，人権を国民に与えた方が社会がうまく回転してゆくから与えられているものではありません。そしてもちろん，表現の自由も，基本的にはその有する機能のゆえに保障されるものではないのです。ところが，表現の自由には，他の人権にはない特別な機能，言いかえれば一種の装置として社会に役立つという特質が存在していると言われます。そして，この社会的機能に着目して表現の自由に他の人権よりも高い地位を与えようという考え方，すなわち優越的地位の理論が出現することになります。では，表現の自由には，一体いかなる特別の社会的機能が存在しているのでしょうか。

　日本国憲法は，いわゆる国民主権（民主主義）の理念に立脚する憲法として，選挙権・被選挙権の保障，権力の分立，議会制度，公正かつ公開の裁判，地方自治などの諸制度を採用しています。しかし，表現の自由の優越的地位を主張する論者によれば，このように憲法によって周到に構築された民主的な諸制度も，実はある一つの要素

を取り外すだけで全体が崩壊するものであることが明らかであり、その要素こそまさに表現の自由であるというのです。

　この考え方には説得力があるように思われます。たとえば選挙に関して言えば、たとえ差別のない選挙制度が国民主権を具体化するものとして定められていたとしても、そこで候補者間の論争の自由が保障されていなければ、それを行う意味はほとんどありませんし、また議会制度といっても、国会の議場において自由な討論ができなければ、それが十全に機能しないことは明らかです。したがって結局、表現の自由とは、ただ人には言いたいことを言う自由があるというだけのものではなくて、それがないと日本国憲法の定める政治制度が作動しないものであると見なすことができるでしょう。また、民主的な諸制度が作動しなければ日本国憲法に保障された他のさまざまな人権も無意味化することは、誰の目にも明らかな事実です。このように考えれば、優越的地位の理論の背後にある表現の自由の社会的機能についての認識は、基本的に正しいものであると評することが可能でしょう。

　しかしながら、わが国の裁判所は、表現の自由の優越的地位を承認していません。とはいえ裁判所は、表現の自由を他の人権と全く同列に扱っているわけではなく、一般に「二重の基準論」と呼ばれる考え方を採用して表現の自由の重要性に一定の配慮を示しています。二重の基準論とは、人権規制の違憲性が裁判で争われる場合、表現の自由については厳しい基準で規制法令の審査を行わなければならないが、経済的自由（財産権や営業の自由がこれに含まれます）についてはより緩やかな基準に立脚して違憲審査を行えばよいという考え方、つまり、異なる二つの人権規制基準が存在するという考え方を指します。この考え方に従えば、表現の自由と経済的自由を比べた場合、前者の方が規制しにくく、逆に後者の方が規制しやすいということになります。

事前抑制禁止法理　　次に，表現の自由の規制手法の問題に入ってゆきたいと思います。実は，この点に関してはさまざまな論点が存在しているのですが，ここでは表現の自由に固有の，かつ最も基本となるルールのみ紹介しておきます。それは，「事前抑制禁止法理」と呼ばれているものです。

表現の自由の規制は，およそ二種類の方法に大別できると考えられています。第一のものは，いわゆる事前抑制であり，ある表現物が不特定多数者に向けて公表される以前の段階で，問題のある表現物に対して規制を加えること，より具体的には発表を禁止することを意味しています。第二のものは，いわゆる事後制裁であり，事前抑制とは対照的に，表現物が発表されて世の中に出回ってから，問題の表現物を発表した者に何らかの制裁を加えることを言います。事前抑制禁止法理というのは，違法な表現物に対して法的規制を加えようとする場合，基本的に前者の方法によることは禁止され，もっぱら後者の方法がとられなければならないとする理論です。

では，なぜ表現物の規制は事後制裁によって行われなければならないのでしょうか。ここで想起されるべきなのは，歴史的経緯の中で認識されてきた事前抑制に固有の表現の自由に及ぼす危険性，少し強い言葉で言えば破壊力です。まず，事前抑制は表現物が発表される前に規制を加えるものですから，必然的に規制は密室化します。つまり，一般の人々は，いかなる表現物が公的規制を受けているかを知り，それを批判する機会を失うのです。また事前抑制は，ある表現物のもつ問題性が，その発表によって具体的な害悪を生み出す前に規制を加えようとするものですから，したがってその規制は，発生するであろう害悪の予測あるいは見込みにもとづいて行われることになります。こうした見込みにもとづく規制がしばしば過剰な規制につながるものであることは，多くの歴史的事実が物語っています。さらに事前抑制は，表現物のもつ適時性（タイムリー性）を失

わしめます。公権力による事前抑制を受けた場合でも，事後処罰の場合と同様，その規制の違法性を裁判によって争う道は当然残されますが，その裁判にはおそらく数年の歳月を要するでしょう。その間に，報道であるか評論であるか芸術作品であるかを問わず，適時性が命であり，本質的にナマモノであるところの表現物は，その存在意義を失うか，あるいは著しく減退させざるをえないでしょう。

　日本国憲法は以上のような認識に立脚して，その第 21 条 2 項に「検閲は，これをしてはならない」と明記し，表現物の事前抑制にきわめて厳格な態度を打ち出しています。ところが，関税法および関税定率法の定める表現物の税関検査の合憲性が争われた 1984 年の税関検査事件の最高裁判決(最大判昭和 59 年 12 月 12 日)は，第 21 条 2 項によって禁止される検閲について，「行政権が主体となって，思想内容等の表現物を対象とし，その全部又は一部の発表の禁止を目的として，対象とされる一定の表現物につき網羅的一般的に，発表前にその内容を審査した上，不適当と認めるものの発表を禁止することを，その特質として備えるものを指す」という解釈を提示しました。この解釈は，憲法 21 条 2 項の検閲を「古くから典型的な検閲と考えられてきたものに限定」〔『北方ジャーナル』事件最高裁判決（第 6 章参照）における伊藤正己裁判官補足意見〕しようとするものですが，情報流通の自由とその制限の形態が以前よりも格段に複雑化している現代社会において，こうした非常に限定的な解釈を持ち出すことは，結局のところ，過去の苦い歴史的経験を背景にして憲法に定められた「検閲の禁止」を空洞化させ，その現代的役割を否定する結果をもたらすものと言わざるをえないでしょう。

　実際，この解釈によって，表現物の税関検査が検閲にあたらないとされたばかりでなく，この後，いわゆる教科書検定制度についても，これを検閲領域から排除する判決が出されています（最三小判平成 5 年 3 月 16 日）。現在，一部の学説・判例によって，憲法第 21 条 2

項の検閲の禁止とは一応別個に，憲法21条1項の中に，より一般的な事前抑制禁止の原則を読み込む試みがなされていますが，現段階では，その内容および実効性はいまだ不鮮明であるように思われます。

3　表現の自由の内容

表現行為の自由　続いて，わが国においては，表現の自由の名の下に一体いかなる人間の行為の自由が保障されるのかについて見てゆきたいと思います。

　表現の自由によって保護される最も典型的な行為は，不特定多数者に向けて情報を伝達する，すなわち，社会に対する情報の送り手となることです。このような人間の行為にかかわる自由を，ここでは一応「表現行為の自由」と呼んでおきます。つまり表現行為の自由とは，簡単に言えば「書く自由」「話す自由」ということになりますが，忘れてはならないのは，その「書く」「話す」行為が不特定多数者を対象とするものでなければならない，すなわち，マス・コミュニケーションでなければならないという点です。特定の人（あるいは，人たち）に向かって書く・話す行為，すなわち，パーソナル・コミュニケーションの自由は憲法第21条1項の表現の自由によってカバーされるものではなく，同条第2項の通信の秘密による保護を受けるものということになります〔なお，憲法が通信（パーソナル・コミュニケーション）に対して保障しているのは「自由」ではなく「秘密」ですから，パーソナル・コミュニケーションの内容に関しては，原則として公共の福祉を理由とする制限の対象とはならないと理解されます。つまり，パーソナル・コミュニケーションの自由はマス・コミュニケーションの自由よりも高いレベルの保護を受ける自由ということになります〕。

　マス・メディアによる表現活動にも，もちろんこの「表現行為の

自由」の保障が及びます。しかし注意すべきは,「マス・メディアの自由」は一般人の表現活動の自由とは異なり,その行使の方法が完全にマス・メディア自体の裁量に委ねられているわけではないということです。この点については,この後の「知る権利」の項目で詳しく説明したいと思います。

　知る自由　　以上のように表現行為の自由とは,不特定多数者に対して情報や意見を伝達しうる自由ですが,インターネット表現についてはしばらく措くとして(第5章参照),現代社会においては,一般の人々がこうした自由を行使する機会はきわめて少ないのが現実です。むしろ通常,一般人は,不特定多数者に対してほとんど自らのメッセージを発信することなく一生を終えるでしょう。もしそうであれば,表現行為の自由は,多くの人にとって実際には行使不可能な自由ということになります。それでは一般人にとっては,表現の自由とは,つきつめて考えれば実際のところあってもなくても同じものであるということになるのでしょうか。

　答えはノーであると考えられます。その理由は,たしかに世の中の大多数の人々は表現する機会を喪失しているが,その一方でごく少数の人たち(たとえば著名な作家・ジャーナリスト,マス・メディアにおいて方針決定に参画しうる一部の人々,政治家など)は表現行為の自由を行使しうる,つまり,世の中に対して情報・意見を発信しうる立場にあるという点に求められるでしょう。すなわち,こうした人たちはテレビ,ラジオ,新聞,雑誌,書籍などを通じてわれわれに日々,大量の情報を流しているわけですが,われわれはこうした大量の情報の中から,意識的にか無意識にかはともかくとして,自分にとって必要な情報,あるいは自分に快を与えてくれる情報を取捨選択してとり入れ,そのことを通じて自分の人生をかたち作っているのです。そうであるとすれば,私たち一般人がすでに不特定多数者に対する情報発信能力を失ってしまったからといって,表現の

自由がわれわれにとって何ら意味のないものだとは到底言えません。むしろ一般の人々にとっての表現の自由とは、表現行為の自由ではなくて、不特定多数者に向けて発信され、社会に流通している情報を聞く（聴取する）・見る（視聴する）・読む（購読する）自由、すなわち「知る自由」であるということすら言えそうです。

こうした自由が憲法第21条によってカバーされるものであるということについて、最高裁は、監獄法・同施行規則にもとづいて行われる在監者に対する新聞などの閲読規制の是非が争われたよど号事件の判決(最大判昭和58年6月22日)において次のように述べて確認しています。

「意見、知識、情報の伝達の媒体である新聞紙、図書等の閲読の自由が憲法上保障されるべきことは、思想及び良心の自由の不可侵を定めた憲法一九条の規定や、表現の自由を保障した憲法二一条の規定の趣旨、目的から、いわばその派生原理として当然に導かれる〔。〕」

しかし、このようにその存在がはっきりと確認されているにもかかわらず、実は「知る自由」という用語——あるいはそうした内容を指す別の用語——は一般にあまり使用されていません(これは、次に述べる知る権利と比べた場合、対照的です)。その理由は、知る自由というものが本質的に付随的な自由、つまり表現行為の自由が十全に保障されていれば自動的に保障されるものであるからです。知る自由について独立に論ずる意味は、ある特別な状況を除けばあまりないのです。では、その特別な状況とは一体どのような状況でしょうか。

それは、この社会の中のある一部の人たちを取り囲むようにして一種の"塀"を築き、その内側に社会において流通する情報が流入しないようにする、すなわち彼らを隔離する場合です。こうした場合には、情報の送り手の自由（表現行為の自由）の侵害ではなく、む

しろ塀の内側にいる人たちの知る自由の侵害を独自に論ずる意味が出てきます。具体的には，表現物の税関検査や在監者に対する読書規制などがこうした場合に該当します。このような場合には，不当に表現物への接触を妨げられた人が自らの知る自由を主張して訴訟を提起しうることになります。

知る権利　知る自由のところで述べたように，現代社会においては多様なメディアを通じて日々大量の情報が流されています。しかしながら，たとえば薬害エイズ事件やダイオキシン汚染の問題を思い出していただければよいと思いますが，こうした情報洪水とも言いうるような状況とはうらはらに，実はわれわれにとって本当に必要な，知っておくべき情報は十分に流通していないのではないでしょうか。「知る権利」はこうした問題意識に立脚して認識され，主張されるようになってきた権利です。

知る権利と知る自由との相違は，後者がただ世の中に流れている情報を自由に取捨選択できるという受動的な権利にとどまるのに対して，前者が自分にとって必要な情報は，その情報がたとえ世の中に流通していなくても，それを保有する者(組織)に対してその開示を要求しうるという能動的な権利であるという点に求められます。しかしながら，こうした権利は，当然誰に対しても要求しうるものではありません。その名宛人は，基本的には政府をはじめとする公共的情報(第6章で解説する「公共の利害に関する事実」を含む情報，すなわち「その公正さについて一定の社会的期待が存在している事柄に関する情報」)を保有する者ということになりそうです。

さて，この知る権利は，一般の人々にはいまだ明らかにされていない公共的情報を引き出してくるという，いわば請求権的な権利ですから，それが実現されるためには特別の制度が創設される必要があります。そして，わが国において，知る権利を実現するために不可欠のものとして理解されている二つの制度が存在しています。そ

の一つは,「情報公開制度」です。情報公開制度とは,すでにご承知のとおり,中央官庁や地方公共団体に出向いて,それらの保有する情報を直接引き出してくる制度です。わが国においては,現在,国およびすべての都道府県において情報公開法・条例が定められています。

もう一つは,マス・メディアの「取材・報道の自由」です。もし,情報公開制度を知る権利を実現するための直接的ルートと位置づけうるとするならば,この取材・報道の自由は間接的ルートと称しうるかもしれません。すなわち,この自由の本質は,マス・メディア〔報道(時事問題に関する事実の伝達と評論)を行う新聞・通信・放送・出版(社)〕に対して権力と対峙しうるだけの強力な取材・報道力を付与することによって,マス・メディアをして人々にとって真に必要な情報を収集・開示せしめ,もって国民の知る権利を実質化しようとする点にあります。そして,先に述べたように,マス・メディアも一般人と同じく,不特定多数者への情報伝達の自由である「表現行為の自由」を享有しうるものであるとすれば,「マス・メディアの自由」は,その行使の方法がマス・メディア自体の自由裁量に委ねられる自由としての「表現行為の自由」と,国民の知る権利に奉仕するという目標を有し,その範囲においてのみ認められる自由としての「取材・報道の自由」の双方によって構成される複合的な自由ということになるでしょう。

以上,憲法第21条に規定される表現の自由の内容(構成要素)について簡単に見てきましたが,私見によれば,こうした通説的な考え方にはいくつかの,より掘り下げて考察すべき論点が含まれているように思われます。そして,その最大のものは,国民の知る権利に"奉仕"するマス・メディアの「取材・報道の自由」という位置づけに潜む一種の曖昧さです。この点については,続く第2章で詳しく検討します。

── 第1章・参考文献 ──

A．マス・メディア法・概説

奥平康弘『表現の自由とはなにか』(中公新書，中央公論社，1970年)
伊藤正己『現代社会と言論の自由』(有信堂，1974年)
奥平康弘『ジャーナリズムと法』(新世社，1997年)
田島泰彦他編『現代メディアと法』(三省堂，1998年)
石村善治編『新版・現代マスコミ法入門』(法律文化社，1998年)
駒村圭吾『ジャーナリズムの法理：表現の自由の公共的使用』(嵯峨野書院，2001年)
松井茂記『マス・メディア法入門・第3版』(日本評論社，2003年)

B．マス・メディア法・資料集

伊藤正己他編『マスコミ法令要覧』(現代ジャーナリズム研究会，1966年)
日本新聞協会研究所編『マスコミ関係事件裁判例集第1集〜第7集』(日本新聞協会，1976〜1997年)
伊藤正己他編『マスコミ判例百選・第二版』(有斐閣，1985年)
林　伸郎編『出版小六法』(日本エディタースクール出版部，1995年)
飯野　守他編『マスコミ判例六法』(現代人文社，1999年)

C．マス・メディア法・研究書

金子喜三『新聞法制研究：報道・言論に対する法的規制を中心に』(芦書房，1966年)
清水英夫『法とマス・コミュニケーション』(社会思想社，1970年)
新聞編集関係法制研究会編『法と新聞』(日本新聞協会，1972年)
清水英夫編『法と表現の自由』(学陽書房，1972年)

内川芳美他編『言論の自由』(東京大学出版会, 1974 年)

ジュリスト増刊『現代のマスコミ』(有斐閣, 1976 年)

法学セミナー増刊『言論とマスコミ』(日本評論社, 1978 年)

清水英夫『言論法研究：憲法二十一条と現代』(学陽書房, 1979 年)

阪本昌成『情報公開と表現の自由』(成文堂, 1983 年)

奥平康弘『表現の自由Ⅰ～Ⅲ』(有斐閣, 1983～1984 年)

曽根威彦『表現の自由と刑事規制』(一粒社, 1985 年)

法学セミナー増刊『マス・メディアの現在』(日本評論社, 1986 年)

清水英夫『言論法研究2：マス・メディアの法と倫理』(学陽書房, 1987 年)

奥平康弘『なぜ「表現の自由」か』(東京大学出版会, 1988 年)

内川芳美『マス・メディア法政策史研究』(有斐閣, 1989 年)

日本新聞協会研究所編『新・法と新聞』(日本新聞協会, 1990 年)

浜田純一『メディアの法理』(日本評論社, 1990 年)

石村善治『言論法研究Ⅰ～Ⅳ』(信山社出版, 1992～1993 年)

松井茂記『二重の基準論』(有斐閣, 1994 年)

芦部信喜『人権と議会政』(有斐閣, 1996 年)

立山紘毅『現代メディア法研究：憲法を現実に作動させるファクター』(日本評論社, 1996 年)

田島泰彦『人権か表現の自由か：個人情報保護法・メディア規制立法を問う』(日本評論社, 2001 年)

市川正人『表現の自由の法理』(日本評論社, 2003 年)

D．外国のマス・メディア法

河原畯一郎『言論及び出版の自由』(有斐閣, 1954 年)

伊藤正己『言論・出版の自由：その制約と違憲審査の基準』(岩波書店, 1959 年)

E・G・ヒュードン著, 桧山武夫訳『近代国家と言論の自由』(自由アジア社, 1965 年)

T・I・エマーソン著, 小林直樹他訳『表現の自由』(東京大学出版会,

1972 年)

香内三郎『言論の自由の源流:ミルトン『アレオパジティカ』周辺』（平凡社, 1976 年)

榎原　猛『表現権理論の新展開』（法律文化社, 1982 年)

榎原　猛編『世界のマス・メディア法』（嵯峨野書院, 1996 年)

福本歌子『スウェーデンの公文書公開と言論表現権:憲法の構造と歴史』（青木書店, 1997 年)

大石泰彦『フランスのマス・メディア法』（現代人文社, 1999 年)

奥平康弘『「表現の自由」を求めて:アメリカにおける権利獲得の軌跡』（岩波書店, 1999 年)

李　錬『朝鮮言論統制史:日本統治下朝鮮の言論統制』（信山社出版, 2002 年)

E．情報法──総合的・概説的なものに限る。

浜田純一『情報法』（有斐閣, 1993 年)

中山信弘他編『情報と法』（岩波書店, 1997 年)

木村順吾『情報政策法:ネットワーク社会の現状と課題』（東洋経済新報社, 1999 年)

石村善治他編『情報法入門』（法律文化社, 1999 年)

原田三朗他『新・情報の法と倫理』（北樹出版, 2003 年)

藤井俊夫『情報社会と法』（成文堂, 2003 年)

第2章　取材・報道の自由（その1）

1　取材・報道の自由とは何か

従来の「取材・報道の自由」論　「取材・報道の自由」とは，マス・メディアの自由のうち，国民の知る権利に奉仕する目的で行われる諸活動の自由であり，表現活動の準備段階である取材活動の自由もその射程内に収める点に特色を有しています。そしてこの点に関しては，十分な証拠にもとづいて裁判を行う必要のために，裁判所がマス・メディアに対し取材フィルムの提出を命じたこと（刑事訴訟法第99条参照）の是非が争われた博多駅テレビ・フィルム提出命令事件の最高裁決定（最大決昭和44年11月26日）が，次のように確認しています。

「報道機関の報道は，民主主義社会において，国民が国政に関与するにつき，重要な判断の資料を提供し，国民の『知る権利』に奉仕するものである。したがって，……事実の報道の自由は，表現の自由を規定した憲法二一条の保障のもとにあることはいうまでもない。また，このような報道機関の報道が正しい内容をもつためには，報道の自由とともに，報道のための取材の自由も，憲法二一条の精神に照らし，十分尊重に値いするものといわなければならない。」

しかし，このような最高裁の「取材・報道の自由」論には，実は

かなり大きな問題が潜んでいるように思われます。その問題とは，一言で言えば，知る権利への"奉仕"の意味が不明確であることです。もしマス・メディアに何らかの国民に対する奉仕的な義務があるとして，そのことによってマス・メディアは，自らの取材・報道の自由を行使するときに何らかの法的な拘束を受けることになるのでしょうか。言いかえれば，われわれ国民は，マス・メディアを自らの「知る権利」実現の代行者として承認するに際して，この権利の本来の主体としての立場から，マス・メディアの活動に対する何らかのコントロール権をもつのでしょうか。最高裁の「取材・報道の自由」論は，一見，マス・メディアの取材・報道の自由に対してそれにふさわしい地位を与え，ひいては表現の自由に配慮するかのように見えますが，この基本的な論点について明確な方針を示しているとは言えません。

以上のような最高裁の「取材・報道の自由」論の不徹底さを克服し，取材・報道の自由により明瞭な輪郭を与えるために，これまでに大きく二つの考え方が示されてきました。第一のものは，マス・メディアの知る権利への奉仕を一種の理念的目標としてとらえる考え方です（便宜上，これを「理念的目標説」と呼びます）。この理念的目標説の特徴は，取材・報道の自由を，あくまでも一般人の表現の自由の延長線上にあるもの，すなわち主観的自由（その行使の方法について，他の自由との調整に服する点を除けば，権利主体の自由裁量が認められる自由）としてとらえ，マス・メディアに対して一般人にはない特権や責任を課すことに消極的な立場をとる点にあります。この説によれば，現代社会においてマス・メディアがはたしている特別な社会的役割は，あくまでも社会的・倫理的責任として位置づけられることになります。

第二のものは，マス・メディアの知る権利への奉仕を法的義務として明確にとらえる考え方です（便宜上，こちらは「法的義務説」と呼

びます)。この法的義務説の特徴は、マス・メディア固有の社会的役割、すなわち社会における公開討論の場を設定し世論の形成を主導するという機能に着目して、取材・報道の自由をそれにふさわしい制度・装置として構成しようとするところにあります。したがって、この法的義務説をとる場合、マス・メディアに対してその地位にふさわしい特権（一般人の有さない自由）と責任（一般人の有さない義務）を付与することが当然に必要となり、マス・メディアの自由は自然人の自由とは異なる内容・構成をもつことになります。

法的義務説の正当性　二つの「取材・報道の自由」論は、いずれも最高裁の「取材・報道の自由」論にはない明快さを有しており、それぞれに説得力をもつと言うことができますが、私は基本的に法的義務説の方がより現実的であるという考えをもっています。

理念的目標説には、二つの問題点が存在しているように思います。第一の問題点は、この説に、現代社会においてマス・メディアが有している一般人の表現行為の自由に及ぼす支配力に対するリアルな認識が見られない点です。マス・メディアは、たしかに一般人の知る権利の充足にとって不可欠の存在ですが、一方ではそれは、強大かつ独占的な表現行為の自由の行使力（不特定多数者に対する情報伝達力）を有し、その力はたえまなく一般人の自由を誘導・圧迫しています（その実例については、この後、本書の随所で見てゆくことになるでしょう）。すなわち両者の関係は、単にマス・メディアが一般人に対し「国政に関与するにつき、重要な判断の資料を提供」するといった単純なものではなく、そこには構造的な利害対立と緊張が存在しているのです。そうであるとすれば、マス・メディアは、一般人の表現行為の自由に対する一種の制度的譲歩、すなわち一定の責任の引き受けを行うべきではないでしょうか。

第二の問題点は、マス・メディアの特権の否定によって不可避的に発生するマス・メディアの機能不全です。権力から独立し、それ

と対峙してその不正や構造上の問題点を剔出することがマス・メディアの主要な役割であることは明らかですが、そのマス・メディアが一般人と同等の情報収集力しか有さないというのははたして合理的でしょうか。現在わが国においては、実際上マス・メディアは公権力からさまざまな取材上の便宜供与を受け（第12章で紹介する記者クラブはその端的な例です）、また、情報源との間の特別な人間関係に依存しつつかろうじて情報収集力を維持していますが、こうした方式をとる限り、マス・メディアと権力との癒着はいわば一種の必要悪となり、これを除去することは不可能です。理念的目標説は、立法によるマス・メディアへの特権の設定を否定し、国家によるマス・メディアへの干渉を極小化しようとする点において、一見、表現の自由の原理に忠実であるかのように見えますが、現実においては、国家の介入を拒否すればより自由なマス・メディアが出現し、ひいては一般人の自由も十全に保障されるというのは幻想にすぎないように思われます。

取材・報道の自由の再構成　　法的義務説に従うならば、取材・報道の自由とは、単なるマス・メディアの表現行為の自由ではなく、「一般人の知る権利（あらゆる公共的な情報を入手する権利：第1章参照）を充足せしめるための制度・装置としてのマス・メディア（第1章参照）に認められる自由であり、一般人の表現行為の自由には随伴しない特権と責任を伴うもの」と定義すべきであるということになりそうです。しかしながら、このように定義した上でマス・メディアの特権と責任を構想しようとする場合、まず考慮に入れなければならない二つの前提が存在するように思います。

第一の前提は、いわゆる「法人の人権享有主体性の理論」です。すでに第1章において紹介したように、この理論は、企業などの法人の人権保障には一定の内在的限界を伴う、すなわちそれは自然人の人権を不当に圧迫しない範囲でのみ承認されるとするものです。

第二の前提は，憲法第 19 条に規定される思想・良心の自由の尊重です。「思想及び良心の自由は，これを侵してはならない」と簡潔に規定する憲法第 19 条は，一般に信教の自由，表現の自由，学問の自由などによって構成される精神的自由権の中核的規定であると理解されていますが，この人権は，その性質上，その本来の享有主体は自然人であり，国家のみならず企業も個人の思想・良心に一定の配慮を示さなければならない旨を含意していると通常考えられています。以上の二つの理論・規定を前提とすれば，マス・メディアの特権と責任について一定の方向性を見いだすことができるのではないでしょうか。

　私は，まず特権については，その享有主体は原則として法人たるマス・メディア企業ではなく自然人たるジャーナリストであるべきだと考えています。主要な特権として具体的には，①司法取材特権，②選挙報道・評論特権，③証言・証拠提出拒否特権，④国家による情報統制制度（たとえば，国家秘密保護制度や個人情報保護制度など）からの適用除外特権などがすぐに思い浮かびますが，これらはいずれも，本来，マス・メディア企業ではなく個々のジャーナリストに対して与えられるべきものでしょう〔なお，このように考える場合，"ジャーナリスト"を明確に定義することが必要になりますが，本書では「新聞，放送，出版等を通じて行われる報道（時事問題に関する事実の伝達と評論）に対し，マス・メディア企業の内外にあって一定の知的貢献を行うすべての者」をジャーナリストと見なすことにします〕。これらジャーナリストの特権のそれぞれについては，この後，本章および第 3 章において順次考察してゆきます。

　一方，責任については，マス・メディア企業内部・外部の自然人の表現行為の自由との調整という原理に立脚しつつ，マス・メディア企業に対して賦課されるべきものであるように思われます。具体的には，①反論権保障の責任，②企業内ジャーナリストの表現行為

の自由（内部的自由）の確保の責任，③新聞などの複数性（多様性）の確保の責任，④報道評議会などの第三者機関を創設する責任，などが検討の対象になるでしょう。これら個別のマス・メディア企業の責任については，この後，第4章において改めて検討します。

2 司法取材・報道の自由の現状

法廷内カメラ取材　マス・メディアの取材・報道の自由が，一般人の知る権利（あらゆる公共的な情報を入手しうる権利）に奉仕するという法的義務を伴う自由であるとすると，その主なターゲットは司法（裁判所）・立法（国会）・行政（内閣，官庁）によって構成される政府ということになります。マス・メディアは，こうした局面，すなわち政府取材において最も積極的に情報の収集・分析・伝達を行わなければなりませんし，また，それを可能にするためには，場合によっては取材の最前線に立つジャーナリストに対して特権を付与することが必要になるでしょう。以下，司法取材・立法取材・行政取材のそれぞれについて，その自由の現状を分析します。

まず，司法部に対する取材活動ですが，いわゆる法廷メモ事件の最高裁判決（最大判平成元年3月8日）によって傍聴人のメモ行為が事実上解禁された現在における最大の問題点として，法廷内のカメラ取材がほとんど全面的に禁止されていることをあげることができます。こうした規制は，刑事訴訟規則第215条，民事訴訟規則第77条および法廷等の秩序維持に関する法律第2条にもとづいて行われるものであり，その規制根拠としては，①裁判の神聖・厳粛な雰囲気の破壊の防止，②被告人などの訴訟関係者に対する心理的圧迫の排除の二点があげられています〔北海タイムス事件最高裁決定（最大決昭和33年2月17日）〕。そして，こうした規制の結果として，われわれは現在，ニュース映像としてはほとんど意味をもたないような開廷前

の風景映像とかスケッチ画でしか廷内の状況を知ることができない状態におかれているのです（最近では，コンピューター・グラフィックスが用いられる場合もありますが，これは奇妙であるばかりでなく，歪んだ事実やイメージが伝達されて被告人などの権利が侵害されるおそれすらあります）。また，ロッキード事件やオウム真理教事件などの際には，写真週刊誌がいわゆる"隠し撮り"によって廷内の被告人の撮影を行いました〔なお，「毒カレー初公判」事件判決（大阪地判平成14年2月19日）は，写真週刊誌『フォーカス』が，被告人の肖像を法廷内で隠し撮りし掲載したことなどを肖像権侵害と認定し，高額(660万円)の損害賠償を命じています〕。

こうした現状について，われわれはどのように考えればよいのでしょうか。これは私の印象ですが，裁判のカメラ取材に対して否定的な見解の背後には，裁判の客観性・無謬性に対する神話のようなもの，言いかえれば職業裁判官に対する過剰な信頼が存在しているように思われてなりません。しかし実際には，有罪か無罪か，死刑か無期懲役か，あるいは実刑か執行猶予かなどの重大な判断の際に裁判官に委ねられる裁量の幅はきわめて大きく，また総体として見た場合，裁判官の判断に必ずしも一貫性・安定性のないことが指摘されています。さらに，残念なことですが，最近一部の裁判官・検察官の不祥事や良識を欠いた行動が発覚し，報道されていることもわれわれのよく知るところです。こうしてみると，裁判法廷に対しても国会や行政官庁に対するのと同様に多数の一般人による継続的な監視と批判を行うことが必要になってくるし，そのための手段としてジャーナリストに対して法廷内カメラ取材特権を認めることが基本的には望ましいように思われます。

ただし，ジャーナリストによる法廷内カメラ取材を原則として承認するとしても，公正な裁判を確保するために必要な規制に服すべきことは当然でしょう。たとえば，広く世間の注目を集めた犯罪に

関する裁判などのように、多数のジャーナリストが法廷内カメラ取材を行おうとする場合、何らかの方式によって取材者数・撮影方法のコントロールを行う必要があることは明らかです。また、採取された映像の使用方法についても、たとえば被告人の画像がテレビのワイドショーやニュースショーなどによって恣意的に編集され利用されること（犯人を印象づける表情のクローズアップや繰り返し使用など）は回避されなければなりません。さらに、裁判の進行上、何らかの不測の事態が発生する可能性もあること（第三者のプライバシー・名誉などにかかわる事実の暴露など）を考えれば、法廷の生中継を行うことには大きなリスクを伴うでしょう。このように考えてゆくと、法廷内カメラ取材・報道に関するジャーナリストの取材特権を承認する場合、それとともに法令等によってその条件・方式に関する一定の規制を行うことが必須となるように思われます。

司法取材の自由をめぐるその他の問題　司法取材の自由をめぐる問題としては、このほかに刑事訴訟記録の閲覧制限、判決要旨の交付制限があります。また、司法取材の自由に密接にかかわる問題として、在監者に対する取材の制限があります。

最初に、刑事訴訟記録閲覧制限の問題から見てゆきましょう。現在、刑事確定訴訟記録法にもとづいて、一般の人々も刑事事件の訴訟終了後に訴訟記録を閲覧することが可能になっています。ただし、この法律（第4条2項）はまた、訴訟記録の閲覧によって「公の秩序又は善良の風俗を害することとなるおそれ」(3号)、「犯人の改善及び更生を著しく妨げることとなるおそれ」(4号)、「関係人の名誉又は生活の平穏を著しく害することとなるおそれ」(5号)などがある場合には閲覧請求を不許可とすることができると規定しており、しかもこうした例外規定がしばしば恣意的に解釈され、刑事事件に関するジャーナリストの正当な取材活動を抑圧していることが指摘されています。たとえば、警察署内でおきた警察官による女性容疑者に対する

強姦事件に関して調査中のフリー・ジャーナリストが，この事件に関する確定訴訟記録の閲覧不許可処分を不服として提訴した三島警察署事件の地裁決定（静岡地裁沼津支決平成元年12月7日）は，「〔本件確定事件記録は〕猥せつな行為を具体的詳細に記述したものであり，……記録法4条2項3号，5号に該当」するとし，続く最高裁決定（最三小決平成2年2月16日）もこの決定を支持しましたが，これは特別公務員による"代用監獄"における性的暴行事件という，いわば究極の権力犯罪の悪質性・重大性を無視した恣意的な法解釈であると言わざるをえないでしょう。

続いて，判決要旨交付制限の問題について見てみましょう。通常，裁判所は，判決が言い渡されるのとほぼ同時にその要旨を司法記者クラブ加盟の記者に対して交付しますが（記者クラブについては，第12章参照），その一方で，フリー・ジャーナリストに対しては——たとえ要求があっても——こうした交付を行いません。ジャーナリストに対する判決要旨の交付は，本来，マス・メディアに対する便宜供与ではなくジャーナリストの特権として理解すべきものであり，したがってこうした差別的な取り扱いは，ジャーナリストの取材活動の自由の侵害であると言わざるをえないでしょう。しかし裁判所は，警察官による銃刀法違反事件に関する判決要旨の交付を拒否されたフリー・ジャーナリストが損害賠償を求めた松山地裁判決要旨不交付事件の地裁判決（東京地判平成12年10月5日）において，「報道機関が裁判所に対し判決理由の交付を請求する権利が取材の自由に含まれるものでないことが明らかである。……〔司法記者クラブのみに対する〕判決要旨の作成交付は，裁判の結果を迅速かつ正確に報道するという報道機関の公共性を考慮し，裁判の内容理解を助けるという目的でおこなわれるものであって，その目的に合理的根拠がないとはいえない」と述べて，判決要旨の交付を便宜供与として位置づけるとともに，フリー・ジャーナリストに対する差別的取り扱い

を適法であるとしています｛また，この事件の高裁判決（東京高判平成13年6月28日）は，「〔司法記者クラブ所属の〕報道機関は，……報道機関として一定の実績があることが明らかであるから，松山地裁の判決要旨の交付先の限定が，不合理であるということはできない」という論理で，フリー・ジャーナリストの控訴を棄却しています｝。

　最後に，在監者に対する取材の制限の問題について見てゆきましょう。在監者との接見については監獄法施行規則第125条に規定がありますが，ジャーナリストが取材目的で在監者と面会することはなぜかこれまで一律に不許可とされてきました。こうしたジャーナリストに対する"逆差別"ともいえる慣行は当然，取材・報道の自由の重大な侵害にあたると考えられますが，この点が争われたいわゆる『創』事件の高裁判決（東京高判平成7年8月10日）は，面会取材を許容することによって，①興味本位の記事が公表されるおそれがあること，②そのような記事が取材を受けた在監者を精神的に動揺させ，拘置所内の規律や秩序を乱すおそれもあることを理由として接見不許可処分を適法であるとし，結局，当局側の秩序維持至上主義的で，ジャーナリズムを敵視する論理を肯定してしまっています。

3　立法取材・報道の自由の現状

　議院証言法問題　　次に，立法部（国会）取材・報道の自由の現状ですが，これについてはいわゆる議院証言法問題を真っ先に議論すべきであると思われます。わが国においては，従来，国会での証人喚問の撮影・テレビ中継が認められており，たとえば，1976年のロッキード事件の際には，疑惑の渦中にあった小佐野国際興業社主，若狭全日空会長，檜山丸紅会長らに対する衆議院予算委員会における証人喚問の合計10時間に及ぶ中継特別番組（2月16日および17日）が，午前19.3パーセント，午後17.2パーセントというこの時間

の通常視聴率の4倍から6倍の数値を記録し，証人の連発した「記憶にございません……」という言葉が流行語になるなどの現象が見られました。

　しかし，リクルート事件ただ中の1988年11月，証人喚問をめぐる与野党の談合的取引の結果，議院証言法に「委員会又は両議院の合同審査会における証人に対する尋問中の撮影については，これを許可しない」と規定する第5条の3が挿入され，これによって，それ以後，静止画像プラス音声という実に不自然なテレビ中継方式が定着することになりました。したがってわれわれ一般人は，1988年11月のリクルート問題調査特別委員会における江副リクルート社前社長の証人喚問，1992年11月の参議院予算委員会における竹下元首相の証人喚問，同年11月の金丸自民党副総裁秘書の証人喚問などの重要な政治的場面を動画像によって確認することができなかったのです。

　このような状況を憂慮したテレビ各社は，ことあるたびに議院証言法の再改正による動画像と音声による中継放送の復活を要求してきました。そしてこうした努力の結果，1999年10月に同法の再改正が実現し，再び証人喚問の撮影・テレビ中継が可能になりました。ただし，改正議院証言法第5条の3は，「証言中の撮影及び録音については，……証人の意見を聴いた上で，委員会又は両議院の合同審査会に諮り，これを許可する」(1項)とした上で，「証人は，前項の意見を述べるに当たつては，その理由について説明することを要しない」(2項)としており，証人喚問の撮影・テレビ中継に関するジャーナリストの特権は，制度上いまだに不安定な地位におかれているといえます。

　選挙報道規制　　立法取材・報道の自由に関連して，さらに選挙時の報道の自由についても簡単に見ておきたいと思います。

　選挙時の情報伝達活動に対しては，公職選挙法（公選法）によっ

て、候補者間の機会均等（言いかえれば、候補者間の財力の不均衡によって選挙活動が支配されないこと）や買収行為の抑止などを理由とする広範な規制が加えられています。これらの規制には、特定の候補者の当選（落選）を目的とする情報伝達活動の規制、すなわち選挙運動規制（たとえば、公選法第138条１項の規定する戸別訪問の禁止、同第142条の規定する文書頒布制限、同第143条の規定する文書掲示制限など）と、選挙の動向・情勢等をテーマとし、有権者に判断材料を提供しようとする情報伝達活動の規制、すなわち選挙報道規制（たとえば、公選法第148条と同第151条の３に規定される報道・評論の自由・責任、同第148条の２に規定される新聞・雑誌の不法利用の制限など）とが含まれますが、このうち、マス・メディアの取材・報道の自由の観点からの検討を要するのは後者、特に公選法第148条に規定される選挙報道・評論規制です。

　公選法第148条は、その１項において、「この法律に定めるところの選挙運動の制限に関する規定……は、新聞紙……又は雑誌が、選挙に関し、報道及び評論を掲載するの自由を妨げるものではない。但し、虚偽の事項を記載し又は事実を歪曲して記載する等表現の自由を濫用して選挙の公正を害してはならない」という規定のしかたで新聞・雑誌の選挙報道・評論特権を承認していますが（なお同法第151条は、放送メディアにも同様の特権を認めています）、この特権を享受しうる新聞・雑誌については、その３項において、「新聞紙にあつては毎月三回以上、雑誌にあつては毎月一回以上」発行・販売される定期刊行物であり、「選挙期日の公示又は告示の日前一年（時事に関する事項を掲載する日刊新聞紙にあつては、六月）以来……引き続き発行するもの」に限定しています。このような規定は、基本的にはマス・メディアの選挙報道・評論活動の自由に配慮したものとして評価することができますが、その一方で、上記のような定義に該当しない媒体の選挙報道・評論の自由、すなわち、いわゆるミニコミ

紙が選挙に関する記事・論評を掲載することは全く不可能であるか否かが問題となります。

この点について争われたのが，あるミニコミ紙が県議選の得票予想を掲載したことなどが公選法違反に問われたいわゆる『政経タイムス』事件です。この事件の最高裁判決(最一小判昭和54年12月20日)は，公選法第148条が憲法第21条(表現の自由)・第14条(法の下の平等)に反するものではないとする一方，「〔ミニコミ紙に対して禁止される〕『報道又は評論』とは，当該選挙に関する一切の報道・評論を指すのではなく，特定の候補者の得票について有利又は不利に働くおそれがある報道・評論をいうものと解するのが相当である」として，たとえミニコミ紙であっても，それが客観的なものであれば，選挙に関する報道・評論を掲載することが可能である旨を示唆しました。このような解釈は一見，ミニコミ紙の報道の自由に配慮を示すもののように見えますが，大局的に見れば，選挙時の言論市場における大メディアの支配的地位を追認してしまうものであるように思われます。選挙時の報道・評論特権は，マス・メディアに対してではなく，むしろ職業倫理による拘束を受ける表現者であり，また自らも選挙権者であるジャーナリストに対して付与されるべきでしょう。

選挙報道の自由をめぐる問題としては，このほかに，選挙予測報道禁止の問題があります。この問題の発端となったのは，1992年5月，選挙予測報道が当落に与える影響の大きさを憂慮した自由民主党が予測報道の規制案を提出したことです。そしてその後も自民党は，「選挙報道に係る公職選挙法のあり方に関する委員会」を内部に設けて継続的にこの問題にとりくみ，1999年8月には各メディアに対して自粛要求を出すに至りました。またこの間，1996年10月には郵政省(当時)が，選挙報道について"一層の配慮"を求める要請を各メディアに対して行いました。しかしながら，これらが指向する

選挙予測報道の制限・禁止は，自然人の表現行為の自由との両立をその目的としないマス・メディアに対する責任の賦課であり，したがって明らかに憲法第21条に違反するマス・メディア統制であると言わざるをえないでしょう（本章1参照）。

4　行政取材・報道の自由の現状

行政秘密の取材・報道　第三に行政部（官庁）に対する取材ですが，その最大の論点は，いわゆる行政秘密（国家秘密）に対する取材活動の自由の問題であると思われます。

民主主義を標榜する国家においては，行政情報は究極的にはすべて国民のものであり，したがって行政機関は，その保有する情報を極力，国民・住民に対し公開すべきであることは当然です。しかしながら，たとえば外交・防衛分野などがそうであるように，あらゆる情報を一般に公開することになじまない領域，すなわち，ある種の情報についてはこれをむしろ秘密にすることが国民・住民の利益になる場合があるような領域が存在することもまた必然でしょう。わが国においては，こうした行政秘密を保護するための一般的規定として，「職員は，職務上知ることのできた秘密を漏らしてはならない」と規定する国家公務員法第100条1項，同趣旨の規定である地方公務員法第34条1項があり，さらに外交・防衛領域に関しては，自衛隊法第59条，日米安保条約にもとづいてわが国に駐留する合衆国軍隊に関してその秘密を保護するための法規である「日本国とアメリカ合衆国の相互協力……の実施に伴う刑事特別法（安保刑特法）」の第6条，日米相互防衛援助協定（MSA）にもとづき合衆国政府から日本に供与された装備品および情報に関して，その秘密を保護するための法規である「日米相互防衛援助協定等に伴う秘密保護法（MSA秘密保護法）」といった特別の秘密保護規定（法）が存在して

います。また，行政秘密の漏洩を防ぐために，国家公務員法第111条に「〔秘密を漏らす〕行為を企て，命じ，故意にこれを容認し，そそのかし又はそのほう助をした者は，……刑に処する」といういわゆるそそのかし罪の規定がおかれています。

ここで問題となるのは，このそそのかし罪が，ジャーナリストの取材活動にまで適用されるか否かです。そしてこの点が主要な争点になったのが，一般に「西山記者事件」の名で知られる外務省秘密電文漏洩事件です。この事件は，毎日新聞の西山太吉記者が，1971年6月に調印された沖縄返還協定におけるいわゆる"密約"（合衆国側が負担する旨発表された米軍用地復旧補償費用400万ドルを，実は日本側が肩代わり負担するといういわば"裏取引"）の存在を立証する外務省機密文書を，外務省の蓮見喜久子事務官を通じて入手・公表したとされるものです。西山と蓮見との間には肉体関係があり，西山はこの関係に乗じて蓮見に情報漏洩を依頼しました。西山は国家公務員法違反の容疑で逮捕され，起訴されました。

上記のような西山記者の行為がそそのかし罪に該当すると言いうるためには，次の二つの条件を満たす必要があるように思われます。一つは，西山記者が暴露した密約が，正当な行政秘密として保護にあたいする内容のものであるという条件です。もしこの密約がいわゆる違法秘密であるならば，その漏洩もそそのかしも当然，国家公務員法違反とはならないでしょう。もう一つは，西山記者の取材活動が刑法第35条に規定される正当業務行為に該当しない，いわば不当な職業活動であるという条件です（刑法第35条は「法令又は正当な業務による行為は，罰しない」と規定しています）。西山記者の情報入手は，すでに紹介したように男女関係を前提としたかなり異例のものでしたが，ここでは，このような取材方法がジャーナリストとしての正当な行為であったか否かが問題となります。以下，この二つの条件が成立するか否かについての，この事件の最高裁決定（最一小決

昭和53年5月31日）の判断を見てみたいと思います。

まず第一の点については、決定は次のように述べて問題となった密約の違法秘密性を否定しました。

「政府が右のいわゆる密約によって憲法秩序に抵触するとまでいえるような行動をしたものではないのであって、違法秘密といわれるべきものではな〔い。〕」

しかし、このような論理にはおよそ説得力がないように思います。この事件において問題となった密約の本質は、本来、国民の前に公開されるべき情報の単なる秘匿ではなく、真実とは異なる情報を国民の前に提示するという欺瞞的な情報操作であり、これを憲法秩序に反しないとすることは──やや厳しく言えば──無理な強弁にすぎないからです。政府が、その任務の遂行にあたって国民にウソをつかないということこそ、まさに憲法秩序の根幹であり最低線なのではないでしょうか。

次に第二の点については、決定は次のように述べてこの事件においてとられた取材方法が正当業務行為に該当しないものであると認定しました。

「報道機関が公務員に対し根気強く執拗に説得ないし要請を続けることは、それが真に報道の目的からでたものであり、その手段・方法が法秩序全体の精神に照らし相当なものとして社会観念上是認されるものである限りは、実質的に違法性を欠き正当な業務行為というべきである。……〔西山記者の〕取材行為は、その手段・方法において法秩序全体の精神に照らし社会観念上、到底是認することのできない不相当なものであるから、正当な取材活動の範囲を逸脱している〔。〕」

この判断にも重大な問題があるように思います。かりに西山記者の取材がいわゆる不倫関係を利用してなされたものであるとしても、その是非はあくまでも倫理（報道倫理）のレベルで考えるべき問題で

あり，そのことをある人物の有罪・無罪を決する際の決定的理由とすることは妥当とは思われません。また，かりにそのような思考(倫理と法の混同)をやむを得ないものとして是認するとしても，この事件において真に重大な倫理違反行為を行ったのは西山記者なのか政府なのかという疑問が残ります。最高裁の決定は，西山記者の倫理については執拗かつ煽情的にこれを追及していますが，その一方，密約の締結という政府の重大な政治倫理違反の疑惑については，「憲法秩序に反しない」の一言で片付け，全く問うていません。これは，倫理レベルの判断としても実にアンバランスであると言わざるをえないでしょう。

さて，以上に見てきた西山記者事件を通じて誰もが強く印象づけられるのは，外交・防衛秘密の保持に関する（司法を含む）政府の強固でなりふりかまわぬ強い意志ではないでしょうか。そして，こうした意志はこののちも，たとえば国家秘密法制定問題や有事立法問題などの形で断続的に水面上に浮上しつづけます。そして2001年10月，政府はついに，自衛隊法改正によって防衛秘密の漏洩とその教唆を重く処罰する規定を設けることに成功しました。

行政機関による取材拒否　行政取材・報道の自由に関する忘れてはならない，もう一つの重要な問題点として，いわゆる「取材拒否」の問題があります。この問題がクローズアップされるきっかけとなった『日刊新愛媛』取材拒否事件をふりかえりながら，この問題を考えてみたいと思います。

『日刊新愛媛』取材拒否事件とは，愛媛県が，県立高校新設問題をめぐる新興の地方新聞『日刊新愛媛』の報道が事実を歪曲・捏造し，県政を誹謗・中傷するものであるとして，組織ぐるみで行った全面取材拒否（1984年8月に始まり，1985年12月に終結しました）を指します。県の取材拒否は，同紙が新聞倫理綱領に規定される責任，公正，気品などの基本精神に反しており，したがって同紙はいわゆ

る"公器"としての性質を有しないメディアであるという判断にもとづくものでした。そしてこの取材拒否は，その言葉からイメージできるような単なる県当局・県職員による情報提供の拒否ではなく，県をあげての取材妨害・不買運動・広告出稿拒否運動，すなわち新聞に対する"村八分"運動として展開されたのです。このような苛烈ともいえる仕打ちに対し，『日刊新愛媛』は県民の知る権利の侵害を理由として，国家賠償請求および取材拒否処分取消訴訟を提起しましたが，1986年末の同紙の廃刊に伴い，1987年にこの訴訟を取り下げました。

　さて，以上のような取材拒否は，マス・メディアの取材・報道の自由との関係ではどのように評価すべきものでしょうか。まず第一に考えなければならないことは，情報公開条例の存在が端的に示すように，県の保有する情報はあくまでも県民のものであり，マス・メディアは，県民の知る権利に奉仕すべくさまざまな県政情報を収集し，総合・分析し，解釈・評価し，伝達する義務と権利を有しているというあたりまえの事実です。たとえマス・メディアによる解釈と評価が，県当局から見て"片寄った"ものであるとしても，その片寄りの判断は究極的には個々の読者が行うべきであり，取材対象である公権力は——事実誤認の指摘や抗議を行うことは，場合によっては可能であるとしても——本来，そのような片寄りを糾弾しうる立場にはないと言わざるをえません。次に考えなければならないことは，新聞倫理綱領違反を理由として，公権力が取材拒否を行うことができるか否かという点です。新聞倫理綱領は，たしかにマス・メディアの行動を拘束する社会的ルールの一つですが，それはあくまでも倫理規範（自律的ルール）であって法規範（他律的ルール）ではありません（新聞倫理綱領については，第10章参照）。したがって，それに反するか否かについて部外者，とりわけ公権力が関知・判断し，その判断にもとづいて処分を下すべきではないでしょう。

以上のように考えてゆくと、取材拒否は明らかに取材・報道の自由に反する措置であると言わざるをえません。『日刊新愛媛』事件がわれわれに提起する問題は、新興新聞の病理や報道倫理違反の問題ではなく、むしろ地方権力の病理や政治倫理の問題なのではないかという気さえします。また、やや深読みすれば、地方権力と在来の地方メディアとの構造的癒着という報道倫理にかかわる問題、さらには、取材・報道の自由を含む自由や民主主義に対するわれわれ一般人の意識の低さという問題があぶりだされてくるように思われます。

── 第2章・参考文献 ──

A．取材・報道の自由・全般

　石村善治他編『知る権利：マスコミと法』（有斐閣，1974 年）
　奥平康弘『知る権利』（岩波書店，1979 年）

B．司法取材・報道の自由

　上口　裕『刑事司法における取材・報道の自由』（成文堂，1989 年）
　L・レペタ他『MEMO がとれない』（有斐閣，1991 年）
　中村泰次他『刑事裁判と知る権利』（三省堂，1994 年）
　宮野　彬『刑事法廷のカメラ取材』（信山社出版，2001 年）
　宮野　彬『刑事裁判のテレビ報道：ガイドラインと実験的試み』（信山社出版，2001 年）

C．立法取材・報道の自由

宇津呂英雄『注釈選挙犯罪』（立花書房，1976年）
中山研一『選挙犯罪の諸問題：戸別訪問・文書違反罪の検討』（成文堂，1985年）

D．行政取材・報道の自由

澤地久枝『密約：外務省秘密電文漏洩事件』（中公文庫，中央公論社，1978年）
仲　晃『ジャーナリストの肖像：報道の自由と国家秘密』（PHP研究所，1983年）
中山研一他編『総批判・国家秘密法：危機に立つ人権と民主主義』（法律文化社，1985年）
横浜弁護士会編『資料・国家秘密法：議会論議と事例から』（花伝社，1987年）
斎藤豊治『国家秘密法制の研究』（日本評論社，1987年）
茶本繁正他『国家秘密法は何を狙うか』（高文研，1987年）
神奈川新聞社編『「言論」が危うい：国家秘密法の周辺』（日本評論社，1987年）
日本ペンクラブ編『国家秘密法Ⅰ・Ⅱ』（岩波ブックレット，岩波書店，1988～1989年）
谷口明生『新聞が消えた！』（風媒社，1989年）
藤井治夫『ここまで来ている国家秘密法制』（日本評論社，1989年）
藤岡伸一郎『取材拒否：権力のシナリオ，プレスの蹉跌』（創風社出版，1990年）
岡本篤尚『国家秘密と情報公開：アメリカ情報自由法と国家秘密特権の法理』（法律文化社，1998年）

第3章　取材・報道の自由（その2）

1　情報公開制度と取材・報道の自由

情報公開制度とは何か　前章においては，マス・メディアの取材・報道の自由の基本構造，特質および保障の程度について述べました。続いて本章では，取材・報道の自由の周辺に位置する諸問題，すなわち，情報公開制度や個人情報保護制度といった情報法制がマス・メディアの取材・報道にもたらす影響，および，取材・報道の自由を背後から支える二つの原則である「取材源の秘匿」と「取材フィルム・テープの目的外使用の禁止」について見てゆくことにします。

まず手はじめに，いわゆる情報公開制度と取材・報道の自由との関係について考えてみることにしましょう。情報公開制度とは，中央・地方の行政機関が保有する情報の公開を求める権利を国民（住民）個人に対して付与する制度であり，憲法第21条などから導出される「知る権利」にその根拠を有し，それを具体化するものであるとされています（第1章参照）。行政情報の公開のシステムを世界ではじめて制定したのはスウェーデンですが（1766年の「出版の自由に関する法律」），いわゆる行政国家化現象をふまえて，知る権利の実現という明確な目的意識に立つ体系的な情報公開法を世界に先がけて始動させたのは合衆国であり（1966年の「情報自由法」），これに続い

て，1970年代から1980年代にかけてノルウェー，デンマーク，フランス，オランダ，カナダなどの欧米諸国がそれぞれ情報公開法を制定しました。

わが国においても，1970年代後半ごろより情報公開制度導入の機運が高まり，市民団体などによる提言その他の動きが活発化しましたが，こうした動きに比較的積極的に対応したのが地方自治体であり，1979年4月に神奈川県が情報公開の制度化の検討に着手したのをかわきりに，いくつかの自治体において制度実現へ向けてのとりくみが進められました。そして1982年3月，山形県金山町でわが国はじめての情報公開条例が制定され，さらに同年10月には，都道府県でははじめての「神奈川県の機関の公文書の公開に関する条例」が制定されました。1999年4月1日現在，47都道府県のすべて，さらに847の市区町村において情報公開条例が施行されており，20年の歳月を経て，地方自治体レベルでは情報公開の考え方はかなり根づいていると見ることができます。

こうした地方の経緯に比して中央でのとりくみは大幅に遅れていましたが，1990年代に入り，政権交代の実現，国際的圧力などを直接のきっかけとしてにわかに情報公開法制定への動きが加速し，1994年12月に設置された行政改革委員会が中心となって制度化へ向けての検討が進められました。以後さまざまな経緯を経て，1998年3月には法案が国会に提出され，1999年5月7日に「情報公開法（行政機関の保有する情報の公開に関する法律）」が可決・成立しました（2001年4月1日施行）。このようにして実現したわが国の情報公開法には，たとえば，①外国人を含む「何人」に対しても開示請求権を認めていること，②行政機関において組織的に用いられている文書のすべてを，磁気テープに保存されている情報（電磁的記録）を含めて公開の対象としたこと，③非公開決定等に対する不服申し立てについて，第三者機関（情報公開・個人情報保護審査会）への諮問の手

続を定めたことなど評価すべき点もありますが、その一方で、①目的規定の中に「知る権利」が明記されていないこと、②広範かつ漠然とした例外規定（不開示情報）がおかれていることなどの問題点も存在しています。

情報公開制度と取材・報道の自由　以上のような情報公開制度が、わが国における行政と一般の国民・住民との相互関係を根本的に変えてゆく原動力となりうるものであることは、たとえば1990年代なかばに発生したいわゆる官官接待問題（市民団体の呼びかけで行われた全国の自治体に対する食糧費公開請求をきっかけとして、自治体による慣習的・構造的な公費不正使用が発覚した事件）をめぐる経緯が如実に示していますが、一方で、この制度はまた、マス・メディアの取材・報道のあり方に対しても一種の構造転換を迫るものであるように思われます。

まずマス・メディアの内部に目を向ければ、情報公開制度は、記者クラブ制度に立脚して維持・温存されてきたいわゆる発表ジャーナリズム構造（第12章参照）から、マス・メディアが主体的に脱却しうる道を切りひらくきっかけになりうるものです。一見無味乾燥な情報公開制度ですが、この制度に精通した最前線の記者がこれを戦略的に利用するならば、その記者は行政ひいては権力の深部にひそむ問題性――これこそが行政取材・報道の真の標的でしょう――を推知し、自らの取材目標を定めることが少なくとも時には可能でしょう。現在の行政取材・報道は、当局の発表に大きく依存し、マス・メディアが議題設定の主導権を喪失している点で「広報ジャーナリズム」（第12章参照）などと批判される側面をもっていますが、情報公開制度はそうした状況を改革するための一つの手がかりとなるものであると言えます。

次にマス・メディアの外部に目を向ければ、第一に、情報公開制度が、これまで記者クラブから疎外されてきたフリー・ジャーナリ

ストにとって有力な情報収集手段となりうる点に着目すべきでしょう。取材テーマの継続的追求力と機動力にすぐれたフリー・ジャーナリストが情報公開制度を使いこなして、組織力と資金力にまさる企業内ジャーナリストと時には競争的に、また時には協力的に取材・報道を行うことによって、わが国のジャーナリズムに新しい局面が開かれる可能性があります。第二に、情報公開制度が、インターネットの普及などによる新たな情報伝達ルートの出現とあいまって、ジャーナリスト以外の一般人による報道類似活動の可能性を生み出すことに注目すべきでしょう。インターネットが、これまで情報の"受け手"に固定されていた一般人を"送り手"たらしめる可能性をもたらすことは、いわゆる東芝クレーマー事件（第5章参照）をはじめとする種々の事件が如実に示すところです。ジャーナリズムを職業としない人々による"報道"的な活動には、彼らがいわゆる報道倫理（第10章参照）によって直接に規律される存在ではないことを考えると多分に問題も存しますが、一般人が情報公開制度を用いて入手した情報、あるいは、入手した情報に基づく調査・分析内容をインターネット上で公表することは、ある場合には、既存のジャーナリズムにはない世論喚起力をもつように思われます。

　以上のような状況の変化に対応すべく、マス・メディアは今後どのようなとりくみを行ってゆくべきでしょうか。まず第一に、情報公開制度を使いこなして独創的な取材・報道活動を実践することができるようなジャーナリストを組織的・制度的に養成することが重要な課題となるでしょう。そして、こうした養成の制度化の結果、徐々にジャーナリストが一般人にはない特別の情報収集・分析能力をもつことになれば、そのときはじめてジャーナリストが専門職業人（プロフェッショナル）として存立しうる一つの条件が整うことになります（ジャーナリストのプロフェッショナリズムについては第10章参照）。第二に、マス・メディア企業といわゆる市民運動との協力の

必要性が再認識されるでしょう。周知のように，わが国において情報公開制度実現の原動力となり，また実現した制度を最も有効に利用してきたのは「情報公開法を求める市民運動」をはじめとするさまざまな市民運動です。マス・メディアは，まだまだ消極的で，時には国民(住民)を敵視している観すらある行政の情報公開実態を継続的に監視・報道することによって，一般市民による情報公開制度の利用を促進するとともに(2002年5月に毎日新聞がスクープしたいわゆる防衛庁情報公開請求者リスト問題は，こうしたマス・メディアの努力の好例です)，市民運動の側に蓄積されたノウハウを積極的に取り入れ，行政主導ではなく自らが主導権をもつ取材・報道を行う必要があります。また，この方向性を推し進めれば，いわゆるパブリック・ジャーナリズム(第12章参照)的な報道手法を今よりも広く導入してゆくことが必要になるかもしれません。

2 個人情報保護制度と取材・報道の自由

個人情報保護制度とは何か　次に，個人情報保護制度と取材・報道の自由との関係について見てゆきましょう。個人情報保護制度とは，公的機関および民間企業・団体が保有する自己に関する情報(個人情報)に対する自律的なコントロールの権利を国民(住民)に与える制度であり，憲法第13条から導出される「自己情報コントロール権」(第7章参照)にその根拠を有し，それを具体化するものであるとされています。個人情報保護という問題が認識されはじめたのは，コンピューターが普及し，個人情報の蓄積・処理・利用が本格化した1970年代のことですが，この時期にスウェーデン，合衆国，ドイツ，フランスをはじめとする欧米諸国は，早くも次々と個人情報を保護するための法律を制定してゆきました。また1980年9月には，経済協力開発機構(OECD)が，一般に「OECDガイドライン」と呼

ばれている理事会勧告を発し，個人情報の保護が国際社会における共通の理念・目標であることを明らかにしました。このガイドラインにおいて示された以下の8原則は，現在もなお，個人情報を取り扱う公共団体・民間団体が遵守すべき義務の内容，言いかえれば，個人情報保護とは具体的には何をすることなのかを明快に示すものとして重要です。

　①収集制限の原則――個人に関するデータの収集は適法・公正な手続に従い，かつデータ主体の同意を得て行われること。

　②データ内容の原則――個人データは利用目的との関連においてのみ存在し，かつその内容が常に正確であること。

　③目的明確化の原則――個人データの収集目的は事前に明確化され，かつデータはその目的のためにのみ利用されること。

　④利用制限の原則――個人データを当初の目的以外に使用する場合には，データ主体の同意を得ること。

　⑤安全保護の原則――個人データは，合理的な安全措置によって保護されること。

　⑥公開の原則――個人データの収集を行う者は，どういった種類のデータをどのような目的で集めるのかを公開すること。

　⑦個人参加の原則――データ主体はデータ管理者に対して，自己に関するデータを保有しているか否かを確認すること，自己に関するデータの内容を知ること，および，自己のデータを削除・訂正・補足することのそれぞれを要求しうること。

　⑧責任の原則――データ管理者は，以上の七つの原則を遵守するために必要な措置をとること。

　1982年7月にはわが国でも，この8原則をうけて当時の行政管理庁が個人情報保護5原則を提示し，また1984年3月には，福岡県春日市で日本初の個人情報保護条例が制定されました。さらに1980年代後半には，民間部門における各種個人情報ガイドラインが定めら

れ，最終的に 1988 年 12 月にいわゆる「旧・行政機関個人情報保護法（行政機関の保有する電子計算機処理に係る個人情報の保護に関する法律）」が制定されて，わが国においてもようやく中央政府レベルでの個人情報保護制度が実現しました。この法律は，行政機関のみを適用対象とするものであり，行政に対して課せられるさまざまな個人情報保護義務の内容を明らかにするとともに，個人情報に関してその主体である個人に認められる諸権利についても規定していましたが，その基本性格は行政効率化法であり，人権立法としての性格が稀薄であることが明らかでした。

その後，しばらくこの分野における目ぼしい進展が見られませんでしたが，1995 年 10 月に発せられた EU 個人情報保護指令のいわゆる「第三国移転禁止規定」（十分なレベルの個人情報保護を制度化していない第三国への，EU 加盟国からの個人情報の移転を制限する規定）は，わが国が早急に官民両分野にわたる，より実効的な個人情報保護法を制定することが国際的にも求められていることを示すものとなりました。また 1999 年 8 月には，一般に国民総背番号制などと呼ばれ，個人情報保護にとっての危険性が指摘されてきた住民基本台帳法改正が実現しましたが，この改正に際して与党は，「個人情報に関する法律については，……年内に基本的枠組みの取りまとめを行い，3 年以内に法制化を図る」ことを確認し，ここにきて個人情報保護に関する新たな法律の制定が政治日程にのぼることになりました。これをうけて，政府による個人情報保護新法の制定へ向けての作業が進められ，紆余曲折を経て 2003 年 5 月 23 日，民間部門における個人情報の取り扱いを規制する「個人情報保護法（個人情報の保護に関する法律）」と行政機関の個人情報の取り扱いを規制する新法である「行政機関個人情報保護法（行政機関の保有する個人情報の保護に関する法律）」とが成立しました。

このうち個人情報保護法は，まず，その冒頭（第 1 条）で「個人情

報の有用性に配慮しつつ、個人の権利利益を保護する」という目的を掲げ、続いて、その第3条で「個人情報は、個人の人格尊重の理念の下に慎重に取り扱われるべきものであることにかんがみ、その適正な取扱いが図られなければならない」との基本理念を述べた上で、①利用目的による制限および適正な取得、②適正な管理、③第三者提供の制限、④公表、⑤開示、⑥訂正、⑦利用の停止、⑧苦情の処理、⑨苦情処理を行う団体の認定という個人情報取扱事業者つまり民間部門が遵守すべき義務を規定し、さらに、①個人情報保護の推進に関する基本方針の策定、②適切・迅速な苦情処理のための措置などの政府の責務・施策を定めるという構造になっています（なお、個人情報取扱事業者が上記の義務に違反した場合には、主務大臣の勧告、改善・中止命令、罰則が段階的に課せられる旨が定められています）。また、行政機関個人情報保護法は、「行政の適正かつ円滑な運営を図りつつ、個人の権利利益を保護すること」（第1条）を目的として掲げた上、行政機関に旧・行政機関個人情報保護法に比べてより具体的な義務を課していますが、その義務内容は民間に課せられるそれに比べれば緩やかです。

個人情報保護制度と取材・報道の自由　個人情報保護法の概要は以上のとおりですが、確認しておくべきことは、この法律がマス・メディアの取材・報道の自由に対しても重大な影響をもつものであるということです。この法律が民間部門（個人情報取扱事業者）に対して課すさまざまな義務についてはすでに見ましたが、もしマス・メディアやジャーナリストも一事業者としてこうした義務を負うことになれば、取材・報道の自由が国家の管理の下におかれ、場合によっては厳しい制限を受けることにもなりかねないからです。そこで、この法律はこうした問題に対処するため、第50条において次のように報道機関に対する適用除外規定をおいています。

「（1項）個人情報取扱事業者のうち次の各号に掲げるものについ

第 3 章　取材・報道の自由（その 2）　47

ては，その個人情報を取り扱う目的の全部又は一部がそれぞれ当該各号に規定する目的であるときは，前章の規定〔注・義務規定〕は，適用しない。1．放送機関，新聞社，通信社その他の報道機関（報道を業として行う個人を含む。）〔が〕報道の用に供する目的〔で取り扱う場合〕……；（2項）前項第1号に規定する『報道』とは，不特定かつ多数の者に対して客観的事実を事実として知らせること（これに基づいて意見又は見解を述べることを含む。）をいう。；（3項）第1項各号に掲げる個人情報取扱事業者は，個人データの安全管理のために必要かつ適切な措置，個人情報の取扱いに関する苦情の処理その他の個人情報の適正な取扱いを確保するために必要な措置を自ら講じ，かつ，当該措置の内容を公表するよう努めなければならない。」

　しかし，新聞をはじめとするマス・メディアは，この法律がもし自分たちに適用されれば，たとえそれが「義務規定」を除く「目的」「基本理念」「努力目標」に限られるとしても，これを足場に政府による取材・報道活動への不当な干渉が行われる可能性があり，取材・報道の自由，ひいては国民の知る権利に重大な悪影響を及ぼすおそれがあるとして，マス・メディアのこの法律からの完全な適用除外を求めたのです。

　以上のようなマス・メディアの主張には，それなりに納得できる点があるように思われます。まず，個人情報保護に関する基本的なルールの内容（たとえば，OECDガイドラインの提示する諸原則）は，そのすべてがジャーナリストの取材を規律するルールとして適切であるとは言いがたく，これを遵守すれば取材活動が著しく阻害されることは明らかです。また，かりに「目的」「基本理念」「努力目標」がジャーナリストに対する強制力をもたないものであるとしても──いや，むしろそれゆえにこそ──，それは国家が取材・報道の自律性（倫理）に介入し，これを統制しようとすることに他なりません。さらに，個人情報保護制度の憲法的根拠となり，取材・報道の

自由との衡量・調整が行われるべき人権の内容が十分に明らかにされないまま，国家によるマス・メディアの活動への干渉が行われることも重大な問題です。このような点を考えれば，マス・メディアの主張を認め，報道機関に対しては現行のような中途半端なやりかたではなく全面的な適用除外を認めるべきでしょう。

　ただし忘れてはならないのは，報道機関に対する適用除外は，いわゆる"特権"の一つ（国家による情報統制制度からの適用除外特権）であり，したがってそれは，本質的にマス・メディアに認められるべきものではなくジャーナリストに認められるべきものであるという原則です（第2章参照）。こうした観点に立脚すれば，個人情報保護法第50条がマス・メディアに対し，ジャーナリズム活動以外の諸事業のために収集する個人情報については他の民間企業と同様の適正な管理・運用を行うことを求めているのは基本的に正当と言いうるでしょう。ただし，同条における「客観的事実を事実として知らせること」という「報道」判断の指標は濫用のおそれの大きい不適切なものであり，正しくは時事問題に関するマス・メディアによる不特定多数者へのあらゆる事実の伝達と評論を「報道」と見なすべきでしょう（第1章および第2章参照）。また，第50条1項の例示の中に「出版社」が含まれていないことは不当であり，そこに権力者のスキャンダル・ジャーナリズム潰しという"隠された意図"が見てとれるようにも思われます。

3　「取材源の秘匿」と「取材フィルム・テープの目的外使用禁止」

　二つの原則　最後に，取材・報道の自由について論ずる際に忘れてはならない二つの原則について述べておきたいと思います。その一つは，一般に「取材源の秘匿」と呼ばれているものであり，取材者は自ら知り得た情報の出所となった人物（取材源）について――そ

れが公式発表によって得た情報である場合は別として——原則としてそれが誰であるかを明かしてはならないというルールです。もう一つは「取材フィルム・テープの目的外使用禁止」と名付けることができるものであり、取材者は自らの職業活動によって収集した映像資料（取材フィルム・テープ）について、報道（掲載，放映）以外の場ではその内容を公開してはならないというルールです。この二つの原則はいずれも、①不用意な情報の漏示によって取材源の身体的安全や精神的利益（安心感）を侵害しないこと、②ジャーナリズムに対する信頼を確保し、ひいては取材力の維持・向上をはかることを目的とするものであり、取材者が守るべき基本的な倫理義務として多くの国で承認されています（欧米の国々の中には、これらの原則を立法化し、憲法や法律によってジャーナリストに義務づけているところもあります）。すなわち、この二つの原則はいずれも、マス・メディアの取材・報道の自由を側面から支えるものと見なすことができるでしょう。

　わが国のマス・メディアやジャーナリストも、「新聞倫理綱領」（2001年制定）「放送倫理基本綱領」（1996年制定）などの基本的な倫理規範においては明言がないものの、この二つの原則を自らの取材・報道活動において遵守すべき重要な倫理原則として位置づけているように思われます。まず新聞ですが、業界団体である日本新聞協会は2000年に『報道と取材源』と題するパンフレットを作成し、「取材源秘匿の原則」および「取材結果を報道目的以外に使わない原則」を取材記者・報道機関が遵守すべき原則として確認しています。また日本新聞労働組合連合（新聞労連）も、1997年に採択した「新聞人の良心宣言」の中で、「情報源の秘匿を約束した場合はその義務を負う」、「取材活動によって収集した情報を権力のために提供しない」という二つの原則を明言しています。次に放送ですが、放送倫理基本綱領の制定をうけてNHKが1999年に制定した番組基準で

ある「放送倫理の確立に向けて」、および、民放における報道活動の基本方針を示す「日本民間放送連盟報道指針」(1997年)の中に取材源の秘匿についての言及があります。また、1994年の「TBS報道活動の指標」をかわきりにいくつかの放送局において作成された報道倫理ガイドラインの中にも、二つの原則に言及するものが見られます。

さて問題は、この二つの原則と公権力、とくに司法権との関係です。たとえば、ある裁判の過程で、その事件の取材・報道にあたったジャーナリストが法廷での証言を求められ、なおかつその中で自らの情報源を明かすことを求められる場合、そのジャーナリストは取材源秘匿の原則を理由に証言を拒否することができるでしょうか。あるいはある裁判(刑事)において、裁判所がジャーナリストやマス・メディアに対し、その所有する取材テープを証拠として利用したい旨の要求を行う場合、ジャーナリスト(マス・メディア)は「取材フィルム・テープの目的外使用禁止」の原則を盾にこうした要求を拒否することができるでしょうか。前者については、裁判所は、民事裁判においてはこうした証言拒否が「職業の秘密」(民事訴訟法第197条1項3号)保持のためのものと見なされ、承認される可能性があることを示唆していますが〔北海道新聞記者事件最高裁判決(最三小決昭和55年3月6日)〕、一方、刑事裁判に関してはジャーナリストが刑事訴訟法第149条に規定される証言拒否権を行使しうる余地を認めていません〔朝日新聞記者事件最高裁判決(最大判昭和27年8月6日)〕。後者については、裁判所は、初期の判例においては目的外使用禁止原則に一定の配慮を行い、取材フィルム・テープの提出が求められるのは、それが「罪責の有無を判定するうえに、ほとんど必須のもの」である場合に限られるという見解を示していましたが〔博多駅テレビ・フィルム提出命令事件最高裁決定(第2章参照)〕、近時の判例においては、「事案の全容を解明して犯罪の成否を判断する上で重要な証

拠価値を持つ」取材フィルム・テープに対しては，捜査当局による差押えさえも是認されるという判断を示しています〔TBS ギミア・ぶれいく事件最高裁決定（最二小決平成 2 年 7 月 9 日）〕。このように，時が経つにつれて，ジャーナリスト（マス・メディア）が公権力に対して目的外使用禁止原則を主張しうる範囲は確実に狭められてきていると言わざるをえないでしょう。

TBS オウム真理教事件 　さて，以上のような状況下で，とくに「取材フィルム・テープの目的外使用禁止の原則」の存在意義が改めて問われることになったのが，いわゆる TBS オウム真理教事件でした。

この事件の発端になったのは，1989 年 10 月 26 日の夜に TBS のオウム取材チームが，オウム真理教幹部に未放映のビデオテープ——このテープには当時オウム真理教を追及していた坂本堤弁護士によるオウム教団批判のインタビューが収録されていました——を見せたことでした。坂本弁護士によるオウム追及に危機感を抱いた教団側は，その場で TBS の取材チームにこのビデオを放送しないことを約束させ，さらにその約一週間後の 11 月 4 日未明に坂本弁護士一家三名を殺害し，その遺体を山中に隠しました。その後，よく知られているように坂本弁護士一家 "失踪" 事件の捜査が続きますが，TBS の取材チームは以上のような経緯について沈黙しつづけました。そして，いわゆる松本サリン事件，地下鉄サリン事件などの凶悪犯罪を経てオウム真理教幹部が大量逮捕されたのち，この間の事実がようやく明るみに出ました。しかし TBS は，この期に及んでも杜撰な社内調査しか行わず，一般に「TBS バッシング」と呼ばれるマス・メディア批判がわき起こります。こうした世論の動向をうけて，1996 年 4 月 2 日には TBS 社長ら三名が参議院逓信委員会に参考人として出席を求められ，さらに同年 5 月 17 日には郵政省が TBS に対して文書で厳重注意を行いました。

以上のようなTBSオウム真理教事件の経緯について，われわれは一体どのような総括を行うべきでしょうか。まずTBSの問題性ですが，これは言うまでもなく目的外使用禁止原則という重要な倫理的ルールを逸脱する行動をとって，その結果，人間の命が奪われるという最悪の事件が起こるべくして——つまり，不可抗力ではなく——起きてしまったという点に尽きるでしょう。この点において，TBSには弁明の余地はないように思われます。しかしながらこの問題は，ひとりTBSのみを悪者にして済む問題かというと，ことはそう単純ではないでしょう。たとえば，すでに見たように，これまで裁判所や捜査当局は，ジャーナリズムにとっての基本的な倫理原則である目的外使用禁止原則を明らかに軽視してきました。そのことがこの事件の遠因になったというのはやや言い過ぎかもしれませんが，TBSの幹部を国会に呼びつけ責め立てた政治家・官僚にある種の欺瞞を感じることもまた確かです。さらに，この事件の報道に際して，目的外使用禁止原則をめぐるこれまでの経緯や保障状況についてほとんど解説らしい解説を行わず，いわばTBSを見殺しにした新聞の態度も批判されるべきでしょう。また最後に，この事件において典型的にみられるような報道人による倫理的ルールを無視・軽視した振舞いの背後に，わが国のジャーナリストの専門職業人(プロフェッショナル)としての自覚の欠如が存在していること，そして，ジャーナリストの採用・養成などの面での明らかな制度的不備が，それを生産し増幅していることを指摘しておく必要があるでしょう。

―― **第3章・参考文献** ――

A．情報公開制度・全般——主要なものに限る。また，情報公開制度と個人

情報保護制度の双方を取り扱うものはここに収めた。

清水英夫編『情報公開と知る権利』(三省堂, 1980年)
ジュリスト増刊『情報公開・プライバシー』(有斐閣, 1981年)
D・C・ローワット編, 堤口康博訳『情報公開と行政秘密』(早稲田大学出版部, 1982年)
ジュリスト増刊『情報公開・個人情報保護』(有斐閣, 1994年)
松井茂記『情報公開法』(岩波新書, 岩波書店, 1996年)
堀部政男編『情報公開・プライバシーの比較法』(日本評論社, 1996年)
右崎正博他編『情報公開法:立法の論点と知る権利』(三省堂, 1997年)
藤原静雄『情報公開法制』(弘文堂, 1998年)
宇賀克也『情報公開法の理論』(有斐閣, 1998年)
宇賀克也『アメリカの情報公開』(良書普及会, 1998年)
小早川光郎編『情報公開法:その理念と構造』(ぎょうせい, 1999年)
北沢義博他『情報公開法解説』(三省堂, 1999年)
松井茂記『情報公開法入門』(岩波新書, 岩波書店, 2000年)
松井茂記『情報公開法』(有斐閣, 2001年)
宇賀克也『情報公開法・情報公開条例』(有斐閣, 2001年)

B．情報公開制度と取材・報道の自由

梅林宏道『情報公開法でとらえた在日米軍』(高文研, 1992年)
朝日新聞名古屋社会部『ドキュメント官官接待:「公費天国」と「情報公開制度」を問う』(風媒社, 1996年)
奥津茂樹『メディアと情報公開:情報公開のリアリティー』(花伝社, 1997年)
メディア総研ブックレット『情報公開とマス・メディア』(花伝社, 1998年)
坪井明典『情報公開時代』(花伝社, 1998年)

C．個人情報保護制度・全般——主要なものに限る。

堀部政男『プライバシーと高度情報化社会』（岩波新書，岩波書店，1988 年）

総務庁行政管理局行政情報システム参事官室監修『世界の個人情報保護法：データ・プライバシー保護をめぐる諸外国の動向』（ぎょうせい，1989 年）

川端亮二『データプライバシー』（ぎょうせい，1989 年）

斎藤貴男『プライバシー・クライシス』（文春新書，文藝春秋，1999 年）

平松　毅『個人情報保護：制度と役割』（ぎょうせい，1999 年）

藤野剛士『図解でわかる個人情報保護』（日本能率協会マネジメントセンター，2000 年）

三井　優『個人情報流出のすべて』（山下出版，2000 年）

岡村久道他『電子ネットワークと個人情報保護：オンラインプライバシー法入門』（経済産業調査会，2002 年）

日本弁護士連合会編『プライバシーがなくなる日：住基ネットと個人情報保護法』（明石書店，2003 年）

園部逸夫編『個人情報保護法の解説』（ぎょうせい，2003 年）

三宅　弘他『個人情報保護法：逐条分析と展望』（青林書院，2003 年）

D．個人情報保護制度と取材・報道の自由

松浦康彦『デジタル世紀のプライバシー・著作権：新聞・出版はどう対応するのか』（日本評論社，2000 年）

臺　宏士『個人情報保護法の狙い』（緑風出版，2001 年）

飯室勝彦他編『包囲されたメディア：表現・報道の自由と規制三法』（現代書館，2002 年）

櫻井よしこ編『あなたの個人情報が危ない！』（小学館文庫，小学館，2002 年）

田島泰彦編『個人情報保護法と人権：プライバシーと表現の自由をどう守るか』（明石書店，2002 年）

毎日新聞「情報デモクラシー」取材班『個人情報は誰のものか：防衛庁リストとメディア規制』（毎日新聞社，2002 年）

田島泰彦他編『解説&批判 個人情報保護法：プライバシーと表現の自由を守るために』（明石書店，2003 年）

E．「取材源の秘匿」と「取材フィルム・テープの目的外使用禁止」

黒田　清『TBS 事件とジャーナリズム』（岩波ブックレット，岩波書店，1996 年）

田原茂行『TBS の悲劇はなぜ起こったか』（草思社，1996 年）

猪瀬直樹『瀕死のジャーナリズム』（文藝春秋，1996 年）

原口和久『メディアの始末記：TBS ビデオ問題』（新風舎，1998 年）

第4章　マス・メディア政策

1　マス・メディア政策とは何か

マス・メディア政策の評価　すでに第2章において見たように，取材・報道の自由とは，単なるマス・メディアの表現行為の自由ではなく，「一般人の知る権利を充足せしめるための制度・装置としてのマス・メディアに認められる自由であり，一般人の表現行為の自由には随伴しない特権と責任を伴うもの」と定義すべき自由ですが，こうした特権（ジャーナリストに与えられる一般人の有さない自由）や責任（マス・メディア企業に課せられる一般人の有さない義務）を設定するために行われる国家の立法政策を，ここでは「マス・メディア政策」と呼ぶことにします。このうちジャーナリストの特権については，すでに第2章および第3章においてその代表的なもの（司法取材特権，選挙報道・評論特権，証言・証拠提出拒否特権，国家による情報統制制度からの適用除外特権）を見たので，本章においてはマス・メディア企業の責任について見てゆくことにしましょう。

　マス・メディアに対して，一般人にはない特別の責任（その具体的内容については，このあとすぐに紹介します）を課そうとする発想の背後には，現代社会においては，マス・メディア企業の表現行為の自由とマス・メディア企業の内部あるいは外部に位置する自然人の表

現行為の自由との間に，その行使可能性と有効性において極端な不均衡が生じている，すなわち，自然人の表現行為の自由が事実上は使えない自由になっているという認識があります。そして，このようないわば"言論市場の企業支配"の状況に風穴を開け，一般の人々の不特定多数者への情報発信力を，たとえ限られた場合にせよ確保しようというのがいわゆる責任論のねらいです。

こうした責任は，マス・メディアを公共の物（制度）としてとらえる考え方の強い大陸ヨーロッパ諸国，特にフランスとドイツで発想され，徐々に立法化されてきたものですが，マス・メディアの自由をあくまでも国家権力に対する自由として把握し，マス・メディア企業の表現行為の自由と自然人の表現行為の自由との間の不均衡あるいは緊張関係の存在をあまり意識してこなかった合衆国や日本においては，マス・メディア企業に対するこのような特別の責任の賦課は，「表現の自由」や「取材・報道の自由」を縮減こそすれ拡張するものではないと考えられてきました。

たしかに，マス・メディアの自由の究極の目標を，いかなる形式であれ取材・報道活動に対して国家が介入しないことに求める考え方からすれば，何らかの立法によってマス・メディア企業に対して特別の責任を課すなどという発想は，マス・メディアの表現の自由への不当な干渉であると見なさざるをえないでしょう。さらに，事と次第によっては，その営業の自由（憲法第22条），財産権（憲法第29条），結社の自由（憲法第21条）の侵害の問題さえも発生するかもしれません。しかしながら，すでに第2章において述べたとおり，表現の自由の構造の中で真に至上のものとして扱われる必要があるのは，法人であるマス・メディア企業の自由そのものではなく，マス・メディア企業の内部・外部に存在している自然人の自由です。そして，もしそうであるとすれば，それらの自然人が自由な表現活動を通じて社会的討論に参加し，ひいては世論の形成に関与するという一連

の過程を，マス・メディア企業が圧倒的な社会的影響力や，場合によっては営利追求の論理によって阻害するという状況を看過することはできません。そこで，マス・メディア企業の自由によって自然人の自由が圧殺されてしまわないように，国家が立法によって若干の調整を行う——具体的には，マス・メディア企業に対して一定の特別の責任を課す——という発想が生まれることになるのです。

マス・メディア政策の限界　さて，マス・メディア政策の結果として設定されるマス・メディア企業の責任として，これまでに諸外国においては，①反論権に代表される各種のメディア・アクセス権を実施する責任，②企業内ジャーナリストの表現行為の自由(内部的自由)を確保する責任，③メディア所有制限（一企業グループが所有しうるマス・メディアの数量の制限）を典型とするマス・メディアの複数性・多様性確保のための制度に従う責任，④報道評議会（プレス・カウンシル）などの第三者機関を創設する責任，などがすでに存在しています。また，わが国において現存しているいわゆる再販制度(再販売価格維持契約制度)は，実は意見の多様性の確保を一つの目的とする一種のマス・メディア企業の責任と見ることができます。しかしながら，以上のようなさまざまな責任は，必ずしもそのすべてを表現の自由を拡張するものとして肯定的に評価することはできないように思われます。では，わが国におけるマス・メディア政策は，いったいどのような責任の創設をその目標とすべきなのでしょうか。

まず第一に，すでに述べたマス・メディア政策の基本目的から考えれば，何らかの方式で自然人に直接権利を付与するような制度がまず追求されるべきであるように思われます。第二に，行政機関がマス・メディア企業と自然人との間の調整者となり，監督・指導権限を行使する含みのある制度は——放送メディアについてはしばらく措くとして（第5章参照）——回避されるべきでしょう。第三に，ある特定のマス・メディア企業の表現活動や表現内容に対して，直

接に禁止的効果を有するような責任を課すことは許されないでしょう。以上の三つの指標に従うならば，結局，上述の四種の責任（①〜④）の中で，特に①のメディア・アクセス権と②の内部的自由が当面，検討にあたいする制度として浮上してくるのではないでしょうか。そこで以下，この二つの責任，および，わが国に現存する再販制度について順次見てゆくことにします。

2　メディア・アクセス権

メディア・アクセス権とは何か　メディア・アクセス権とは，自らの表現行為の自由（不特定多数者への情報伝達の自由）を実際に行使することが困難なマス・メディア外部の一般人——時に，その集団——が，一定の条件の下でマス・メディアを利用して表現活動を行う権利であり，諸外国においてはこれまでに，①マス・メディアにおける個人攻撃的，論争的あるいは誤った報道の対象とされた人物が，それに対する反論のための紙(誌)面あるいは放送時間帯を当該マス・メディアに要求しうる権利である「反論権」（この反論権の中で，誤った事実の報道の訂正にその目的を限定するものを特に「訂正権」と呼ぶ場合があります），②政治的集団（政党），職業的集団（経済団体，労働団体），宗教的集団(教団)，NGO などの社会的諸勢力が定期的・不定期的に放送メディアにおける一定の放送時間帯を享受しうる権利である「放送利用権」，③一般人が自主的に番組を制作し，それをケーブル・テレビなどを通じて放送することを可能にする「パブリック・アクセス・チャンネル（PAC）」といった形式でその具体化がはかられてきました。また，一般人が新聞などの紙(誌)面や放送時間帯を買い取って自らの意見広告を掲載・放送することや，一部のマス・メディアにおいて実施されている自由参加方式のオープン・ページ（読者討論会など）も，広い意味ではメディア・アクセス

権の一形態と見なすことができます。

　ところで，以上のようなメディア・アクセス権の諸制度，特にその典型である反論権制度や放送利用権制度に対しては，すでに見たマス・メディア政策そのものに対する根本的な懐疑論（否定説）のほかにも，こうした制度が一般人の自由の保障にとって有効であることを認めつつも，それがマス・メディア企業の表現行為の自由に及ぼしかねない萎縮効果をより懸念して——つまり，一種の比較衡量的判断によって——その制度化に反対する考え方（消極説）や，消極説と同様の認識に立脚しつつ，法制化ではなくマス・メディア企業の自主的努力によってこうした制度を実現すべきであるとする考え方（社会的責任説）が存在しています。またもちろん，表現の自由の構造の中での自然人の表現行為の自由の至上性・優越性の認識に立脚しつつ，一定のメディア・アクセス権を法制度として確立すべきであるという見解（法的責任説）も見られます。

　反論権をめぐる状況　さて，わが国においてはメディア・アクセス権の制度化は将来的な課題ですが，これまでわずかに反論権については，一部のマス・メディアやジャーナリストがその導入に前向きの姿勢を示してきました。たとえば毎日新聞社は，著名な「毎日新聞社編集綱領」（本章の3においてやや詳しく紹介します）の制定に先立つ1977年8月，この綱領に示された同社の基本方針である"開かれた新聞"を実現するための具体的プランとして「『開かれた新聞』への紙面づくり」を公表しましたが，その中で「自由闊達な社内体制の確立」などと並ぶ基本的行動目標の一つとして「紙面への読者の参加拡大」を掲げました。また，1979年6月に出された埼玉新聞社の社告「意見広告について」は，意見広告を表現の自由の一つの発現であると位置づけたのち，それに対する「反論の申し込みがあれば，広告あるいは編集紙面を通して反論の場を提供する」とした上,「反論者の資力など実情に応じ反論広告の掲載料には十分な配慮

を払う。また，反論広告によらない場合でも，投稿あるいは取材記事などの形で紙面に反論をつくせるように努める」ことを明言しました。さらに1999年2月に新聞労連がまとめた「新聞人の良心宣言」（本章の3で紹介し，さらに第10章において検討します）の中では，「記事への批判や反論には常に謙虚に耳を傾け，根拠のある反論は紙面に掲載する」（同宣言2④）ことが定められています。このように反論権の発想や精神は，わが国においても，少なくとも一部のマス・メディアやジャーナリストによって受容され，継承されてきていると言えるでしょう。

　しかし一方，裁判所は，この制度に対して基本的に消極的な考え方をもっているように見受けられます。このことを示すのが，著名な日本共産党対サンケイ新聞事件です。この事件は，自由民主党が1973年12月2日のサンケイ新聞（現・産経新聞）に「前略日本共産党殿／はっきりさせてください。」と題する日本共産党批判の意見広告を掲載したことを理由に，日本共産党がサンケイ新聞に対して反論文の無料掲載を要求する訴訟を提起したというものです。この事件の最高裁判決（最二小判昭和62年4月24日）は，次のように反論権制度の弊害を指摘した上で，同党の反論文掲載請求を棄却しました。

　「この制度〔注・反論権制度〕が認められるときは，新聞を発行・販売する者にとっては，原記事が正しく，反論文は誤りであると確信している場合でも，あるいは反論文の内容がその編集方針によれば掲載すべきでないものであっても，その掲載を強制されることになり，また，そのために本来ならば他に利用できたはずの紙面を割かなければならなくなる等の負担を強いられるのであって，これらの負担が，批判的記事，ことに公的事項に関する批判的記事の掲載をちゅうちょさせ，憲法の保障する表現の自由を間接的に侵す危険につながるおそれも多分に存するのである。このように，反論権の制度は，民主主義社会において極めて重要な意味をもつ新聞等の表

現の自由に対し重大な影響を及ぼすものであって、……たやすく認めることはできない〔。〕」

　この事件は、原告が一般人ではなく多くのメディアを自ら保有する、つまり、表現行為の自由を行使する能力をもつ大政党である点で反論権請求事件としてはやや特異な事例であり、また、反論権の承認はあくまでも立法問題、あるいはマス・メディアにとっての倫理的課題であることを考えれば、反論文掲載を認めなかった判決の結論は当然であるようにも思われます。しかし私は、この判決に見られる「新聞等の表現の自由」と「新聞を発行・販売する者の自由」とを単純に同一視する論理には到底くみすることができません。なぜならば、すでに繰り返し述べたように、「新聞等の表現の自由」すなわち「マス・メディアの自由」の構造の中核に位置するのは、「マス・メディア経営者の自由」ではなく「マス・メディア内外の自然人の自由」であるはずだからです。

　反論権実現の方式　　すでに本章の1で述べたように、私自身は、さまざまなマス・メディアの責任の中でもメディア・アクセス権の制度は、次に述べる内部的自由の制度とならんですぐれた特質をもつものであると考えています。特に反論権の制度は、表現活動を行う可能性を事実上奪われたマス・メディア外部の人々に対して反論・訂正などの機会を直接に与えようとする点で、他の制度にはない利点をもつように思われます。また、他面において反論権は、社会に潜在する多様な意見を表舞台に登場させ、社会的論争を活性化させるというもう一つの効果をも有しています。一方で、マス・メディア企業は、この制度によって紙面や放送時間帯の一部の無償提供を求められるため、その経済活動の自由をある程度制限されることになりますが、編集方針の決定権をはじめとする表現主体としての権利そのものを侵害されることはなく、少なくともある限定された場合に、記事（番組）において取り扱われた人物による反論の権利

を承認することにさほどの支障があるとは思えません。したがってわが国においても，この権利をいかなる場合に，いかなる形式で承認すべきかについてのより踏み込んだ検討が行われるべきでしょう。

ただし，反論権の実現のためにただちに反論権立法を行うこと（すなわち，法的責任説的解決）には，ある種の困難が不可避的に伴うように思われます。なぜならば，これも本章の1で述べたように，マス・メディア政策の実施にあたっては，原則として，行政機関がマス・メディア企業と一般人との間の調整者となり，監督・指導権限を行使することを可能ならしめるような制度の創設は回避されなければなりませんが，反論権制度について言えば，その実現にあたって行政当局によるコントロールを完全に排除しつつ，しかも同時に記事（番組）において取り扱われた人物の表現行為の自由の回復に有効であるような枠組を構築することは，少なくともわが国の現段階では困難であるように思われるからです。その背後には，①反論権行使の可否の判断にあたっては，反論の対象となるマス・メディアの記事（番組）の論争性，中傷性あるいは事実誤認性についての内容審査を迅速に行うことが必要条件になること，②社会全体の傾向として反論や論争の社会的意義をあまり高く評価してこなかった——逆に，反論や訂正を受け入れることを"恥"や"屈辱"ととらえる傾向のある——わが国においては，反論に関する社会的合意やマナーが経験的に確立されていないことといった事情が存在していますが，こうしたことから，国家がその"公正さ"に関する一定の監督権限を有する放送メディアについては別として，少なくとも当面は，マス・メディア企業（業界）が反論文掲載方針を独自に策定し，これにもとづいて反論文を掲載するという方式で，実質的に反論権を保障すること（社会的責任説的解決）が最も現実的な選択と言えるでしょう。

3 内部的自由

内部的自由とは何か　内部的自由とは，マス・メディア企業に所属するジャーナリスト（企業内ジャーナリスト）がその企業に対して要求しうるさまざまな精神的自由の総称であり，たとえば，編集方針決定への参加権，人事決定への参加権，編集方針拒否権，個人表現活動権，ジャーナリスト研修への参加権，ジャーナリスト採用への参画権などがこれに含まれます。取材・報道が状況や情報といった流動的なものを対象とする仕事である以上，たとえばわが国の一部の一般企業や集団に見られるような，上層部の決定に従った"一糸乱れぬ規律"といった組織のありかたは，マス・メディア企業の場合には必ずしも生産的でも効率的でもないというのが，おそらくわが国の報道人にほぼ共通する認識でしょう。実際，わが国のマス・メディアがこれまでに行ってきたすぐれた報道は，その多くが企業内ジャーナリスト個人（集団）の発想や創意工夫によってもたらされたものであり，また，周知のように，マス・メディア企業の一員でありながら，自らの思想・知識・感性を生かした個人ジャーナリズム活動を行っているいわゆる花形ジャーナリストも，少数ではありますが存在しています。

　しかしながら，こうした企業内ジャーナリストの独自の表現活動が，その人個人の権利として法的に保障されているかと問われれば，それにはノーと答えざるをえないでしょう。そのジャーナリストの所属するマス・メディア企業の指導者が，社内外でのその人の表現活動を自社の利益になる，あるいは，その妨げにならないと判断してそれを是認する限りにおいては何の問題も生じませんが，何かのきっかけでそれをその企業（経営者）にとってのマイナス要因と判断すれば，規律違反としていつでも，即座にその活動を停止させるこ

とが可能だからです。すなわち，わが国における企業内ジャーナリストの自由は，冷徹に見れば"お釈迦様の手のひらの上の孫悟空の自由"にすぎないと言いうるでしょう。

　このように，わが国の企業内ジャーナリストは，究極のところは一切の内部的自由を——いま見てきた個人表現活動権のみならず，その他の権利についても——有していないと見ることができますが，その法的な根拠となっているのが一般に「編集権」と呼ばれている概念です。編集権とは，戦後の混乱の中でわが国の新聞企業の労働組合が左傾し，活発な闘争を繰り広げていた1948年3月に日本新聞協会が発表した「新聞編集権の確保に関する声明（編集権声明）」の中で示された，「経営管理者およびその委託を受けた編集管理者」の行使する「新聞の編集方針を決定施行し……新聞編集に必要な一切の管理を行う権能」であり，この権利の確立によって新聞経営者は，「編集方針に従わぬものは何人といえども編集権を侵害したものとしてこれを排除する」ことができるものとされました。そして実際，現在に至るまで編集権は，編集方針に反対・抵触する行動をとった企業内ジャーナリストに対する不利益処分の主要な理論的根拠になってきたのです。

　この編集権は，言うまでもなくその内容が内部的自由の理念と真っ向から対立するものであり，実際，わが国においても両者が衝突した事件がいくつか存在しています。ごく大ざっぱに言えば，初期の判例は必ずしも編集権を絶対視せず，内部的自由にも一定の配慮を示していました。たとえば，ある番組において私鉄ストライキについて肯定的ともとれるアドリブ・アナウンスを行ったことを理由に懲戒休職させられたある民放アナウンサーが，これを不当労働行為であるとして訴えたアドリブ・アナウンス事件の判決（広島地判昭和50年6月25日）は，「すべての社会的事実は何らかの政治的かかわりを持っているものであり，本件アドリブアナウンスは，……他の

見解の成立する可能性を認めながら述べて〔おり，しかも〕……番組自体がアナウンサーの自主的な良識に基づく個性的なアナウンスを期待していたといえなくもない」として，このアドリブ・アナウンスの正当性を承認しました。

しかしながら，のちの判例，すなわちマス・メディア企業(NHK)外部における表現活動(映画製作)を理由として，企業内ジャーナリストに対して下された懲戒免職処分の是非が争われたキャロル事件の判決(東京地判昭和56年12月24日)においては，「〔原告は，〕放送の制作労働者に対し『放送による表現の自由』を保障しなければならない，あるいは映画……制作を不許可にしたことは労働契約に内在する理念としての表現の自由に抵触する旨主張する〔が，これは原告の〕独自の見解に基づくもので，当裁判所は採用できない」として，内部的自由が存立しうる可能性を完全に否定しています。また，最高裁もこうした考え方(内部的自由否定論)を支持しているようであり，前述の日本共産党対サンケイ新聞事件の最高裁判決は，「新聞等の表現の自由」と「新聞を発行・販売する者の自由」とを同一視することによって，編集権の絶対性を間接的に承認しています。

内部的自由をめぐる状況と課題　　内部的自由の発想は，マス・メディア企業経営者と政治権力との不明朗な癒着が進行し，権力者の政治的意向に沿った紙面が作成されるといった状況が日常化していた20世紀初頭の大陸ヨーロッパ(特に，フランス)で生まれたものですが，類似の状況(その一端については，第12章で紹介します)が存在する現在のわが国においても，十分論ずるにあたいする発想であり制度であると言うことができるように思われます。まず最初に確認しておくべきことは，内部的自由は，すでに見た反論権とならんで，マス・メディアの公器性を担保するための必要条件であるということです。一定レベル以上の内部的自由を認めないマス・メディア企業は，それがいかに「客観中立」や「不偏不党」を声高に叫ぼうと

も，結局のところはマス・メディア企業経営者の私物であり，公共の物としての制度的・手続的正当性を欠いていると見なさざるをえません。特に，マス・メディア企業が新事業に参入し，一般企業との間に業務関係を結ぶことが常態化しつつある現状においては，内部的自由こそがマス・メディアの公器性を守る最後の防波堤であるとすら言えるでしょう。

次に確認すべきことは，内部的自由がいわゆる報道倫理の棲息環境を保全するための必須の要件であるということです。報道倫理とは，ジャーナリストにとっての職業上の自律的ルールであるということができますが(この点については，第10章において詳しく説明します)，もしそうであるとするならば，企業内ジャーナリストに一定の精神的自由が保障されていない組織に真の倫理など芽ばえようもないはずです。理論的に見た場合，内部的自由は，マス・メディアの"法"と"倫理"の結節点としての意義を有していると言えます。

以上のような点に関する自覚は，わが国の企業内ジャーナリストにもある程度存在してきたように思われます。たとえば，1946年11月には，フリー・ジャーナリストをも含む日本初のジャーナリストの職業団体として「日本ジャーナリスト聯盟」が結成されました。しかしこの組織は，レッド・パージに象徴されるような占領政策の変化の荒波を乗り切ることができず，その活動は短期間で終焉しました。また，1977年12月には，毎日新聞社が労使協定によって，「開かれた新聞」を標榜する「毎日新聞社編集綱領」を制定しました。この綱領制定の直接の契機となったのは「憲法9条と天皇のかかわり」に関する論説が社長独断で不掲載になった事件ですが，締結された綱領の中には「自由にして責任のある基本姿勢を堅持することは，われわれの責務である。このため，編集の責任体制を確立するとともに，民主的な運営をはかる」(前文)，「毎日新聞の記者は，編集方針にのっとって取材，執筆，紙面製作にあたり，何人からも，

編集方針に反することを強制されない」（4：記者の良心），「毎日新聞に編集綱領委員会を置く。委員会は，編集を直接担当する社員若干名で構成し，編集の基本に関わることを取り扱う」（6：編集綱領委員会）といった内部的自由にかかわる規定がおかれています。さらに，1997年2月には，日本新聞労働組合連合（新聞労連）が自らの行動指針である「新聞人の良心宣言」を発表しましたが，その中にも，「自らの良心に反する取材・報道の指示を受けた場合，拒否する権利がある」（1：権力・圧力からの独立），「会社に不利益なことでも，市民に知らせるべき真実は報道する」（5：公私のけじめ）という注目すべき条項がおかれています（この宣言について詳しくは第10章参照）。

　しかし，現在のわが国のメディア状況を一望すると，内部的自由の考え方に対してはむしろ逆風が吹いているようにさえ思えます。たとえば近年，わが国を代表する大新聞である読売新聞と朝日新聞が，それぞれ「改憲」と「護憲」を社論として公表しましたが，そうした社論が両社の企業内ジャーナリスト全体に開かれた検討・論議をふまえて出された形跡はありません。一方，いわゆる「ムラ社会」の企業文化をもち，ジャーナリストのマス・メディア企業への帰属意識（たとえば，朝日人，読売人としての意識）が強固なわが国においては――そして，厳しい経営環境の下，各マス・メディア企業が生き残りをかけて"一丸となって"経営努力を行っている現状においてはなおさら――内部的自由の考え方は企業内ジャーナリストにとっても，むしろ有難迷惑なものなのかもしれません。しかしながら，すでに述べてきたように，編集権の絶対性がマス・メディアの公器性をゆるがしている現状においては，企業内ジャーナリストは，自らのプロフェッショナリズムと倫理の源泉がどこにあるのかを冷静に思考し，内部的自由の復権に向けた行動をとることが，やや強く言えば自らに課せられた責務であると把握すべきです。具体的には，「編集権声明」の撤廃要求を手はじめに，すでに紹介した各

70　第1部　マス・メディアの自由の基本構造

種の内部的自由を盛り込んだ労働協約の締結を目指す組織的行動を開始すべきでしょう。

4　再販制度

再販制度とは何か　これまで見てきたように，わが国においてはいまだ，マス・メディア政策の中核をなす二つの制度，すなわちメディア・アクセス権と内部的自由について，その実現のメドは全く立っていない状況にあると言えます。しかしながらその一方で，わが国においても，断片的にではありますが，すでにある種のマス・メディア政策が実施され，その結果，いくつかの制度が存在していることも事実です。たとえば，放送法の規定する各種の集中排除規定（第5章参照）や，租税関連法や郵便法によってマス・メディアとジャーナリストに対して与えられる諸特典などがこれに該当しますが，ここでは，現在その存廃をめぐって議論が続けられている再販売価格維持契約制度（再販制度）について簡単に見ておきたいと思います。

再販制度とは，通常は独占禁止法によって禁止されている「〔商品を〕生産し，又は販売する事業者が，当該商品の販売の相手方たる事業者とその商品の再販売価格を，……決定し，これを維持するためにする」行為，つまりメーカーなどの商品の供給者が卸売価格や小売価格を業者に指示し順守させる行為（再販売価格維持行為）を，新聞・書籍・雑誌などの著作物に関しては例外的に許容するという制度です（独占禁止法第23条）。この再販制度は戦後長らく存続し，新聞企業の経営的安定にとって重要な役割を果たしてきましたが，1970年代末ごろから"競争促進"の観点からの見直しの動きが始まりました。その後，このような動きはいったんは収まったものの，1991年7月に公正取引委員会からの依頼を受けた「政府規制等と競争政

策に関する研究会」が，独占禁止法における適用除外制度の抜本的見直しを提言して以降，再販制度の存廃に関する議論が再燃し，1995年7月には同委員会の「再販問題検討小委員会」が，さらに1998年1月には小委員会を引き継いだ「再販問題のための政府規制等と競争政策に関する研究会」がそれぞれ報告書を提出しました。そして，こうした経緯をふまえて公正取引委員会は，2001年3月に，再販制度について「競争政策の観点からは……廃止し，著作物の流通において競争が促進されるべきである」としながらも，その廃止に反対する意見も根強いことを認めた上，それを当面は存続するという方針を示しました。

再販問題をどう見るか　再販制度維持を主張する人々は，ほぼ次の二点をその論拠にしています(なお，ここでは，考察の対象を新聞メディアにおける再販制度に限定したいと思います)。第一の根拠は"言論の多様性の維持"です。わが国においては現在，ほとんどの地域で二紙以上の新聞を購読することが可能な状態が維持されていますが，再販制度の撤廃に伴って発生する価格競争によって，必然的に新聞の種類が減少し，読者の多様な意見・見解への接触の機会が失われるというのです。第二の根拠は"全国同一価格での基本的情報の提供"です。再販制度による庇護の下で，わが国の新聞は，伝達すべき情報の取捨選択にあたって多数者向けの"売れる"情報に片寄ることなく，まがりなりにも公共的な紙面構成を行いえてきましたが，この制度が撤廃されればそれが困難になり，また同時に，流通コストのかさむ地方において都市部と同一の条件で情報を提供することも不可能になるというのです。

以上のような維持論者の主張に対し，廃止論者は，まず第一に，再販制度の撤廃によって，新聞間の健全な競争が生まれて企業努力が促進され，さらに新しい新聞の参入も容易になるので，結果的にはむしろ良質な情報が安く読者に提供される可能性が生まれると反

論します。そして第二に、彼らは、再販制度の撤廃によっても地域間の新聞の供給コストに著しい格差は発生せず、わずかに地域間に新聞の価格差が生じるとしても、基本的情報の平等な享受が必ずしも阻害されるわけではない旨を主張します。結局のところ廃止論者は、現行の再販制度を、既存の新聞企業の既得利益を擁護する制度としての意味合いが強く、必ずしも一般読者の利益につながるものではないと見なすのです。

　私は、基本的には、現行の再販制度は新聞の多様性の維持にとって必要な制度であり、その存続が望ましいと考えています。この制度は、新聞企業に対し、他の多くの企業に対しては禁止されている行為を例外的に許容するものであるため、一見、マス・メディアの"特権"であるかのように見えますが、独占禁止法第23条第6項によれば、新聞企業は「再販売価格を決定し、これを維持するための契約をしたときは、……その旨を公正取引委員会に届け出なければなら」ず、また、公正取引委員会の告示である「新聞業における特定の不公正な取引方法」によれば、新聞企業や新聞販売業者が「地域又は相手方により、異なる定価を付し、又は定価を割り引いて新聞を販売すること」は禁止されていますから、総体的に見た場合、再販制度は、意見の多様性の確保を主目的とする一種のマス・メディアの"責任"として位置づけるべき制度と見なすべきであるように思われます。しかし、本章の1において述べたように、マス・メディアに対するこうした責任の賦課にあたっては、本来は「自然人の権利を直接に創設するような制度が主として追求される」べきであり、その意味で、再販制度がやや変則的なマス・メディアの責任であることもまたたしかです。そこで、もし新聞企業が"意見の多様性"を一つの理由としてこうした責任の引き受けの必要性を主張するのであれば、新聞企業は当然、本来は再販制度に先立って確立すべき多様性の確保のための責任であるメディア・アクセス権や内

部的自由について，現在のような消極的・否定的態度をとりつづけることは許されないでしょう。

―― 第4章・参考文献 ――

A．マス・メディア政策・全般

　石村善治編『開かれたマスコミとは何か』(時事通信社，1979年)
　ユネスコ著，永井道雄監訳『多くの声，一つの世界：コミュニケーションと社会，その現状と将来』(日本放送出版協会，1980年)
　稲葉三千男編『メディア・権力・市民』(青木書店，1981年)

B．メディア・アクセス権

　堀部政男『アクセス権』(東京大学出版会，1977年)
　J・A・バロン著，清水英夫他訳『アクセス権：誰のための言論の自由か』(日本評論社，1978年)
　堀部政男『アクセス権とは何か：マス・メディアと言論の自由』(岩波新書，岩波書店，1978年)
　糸川精一『「意見広告」入門』(日本機関紙出版センター，1984年)
　F・J・ベリガン編，鶴木　眞監訳『アクセス論：その歴史的発生の背景』(慶應通信，1991年)
　津田正夫他編『パブリック・アクセス：市民が作るメディア』(リベルタ出版，1998年)
　津田正夫『メディア・アクセスとNPO』(リベルタ出版，2001年)
　津田正夫他編『パブリック・アクセスを学ぶ人のために』(世界思想社，2002年)

C．内部的自由

日本新聞協会編『欧米の新聞と労使関係：新聞労務担当者による報告書』（日本新聞協会，1962年）

J・シュヴーベル著，井上日雄他訳『報道・権力・金』（サイマル出版会，1977年）

新井直之『ジャーナリズム：いま何が問われているか』（東洋経済新報社，1979年）

日本新聞労働組合連合『新聞労働運動の歴史』（大月書店，1980年）

日本新聞協会第八次新聞法制研究会『新聞の編集権：欧米と日本にみる構造と実態』（日本新聞協会，1986年）

斎藤茂男『新聞記者を取材した』（岩波書店，1992年）

新聞労連現代ジャーナリズム研究会編『新聞人の良心宣言：言論・報道の自由をまもり，市民の知る権利に応えるために』（新聞労連，1997年）

北村　肇編『新聞記者をやめたくなったときの本』（現代人文社，2001年）

D．再販制度

日本新聞協会編『新聞と独占禁止法：新聞事業の自由競争と法的限界』（日本新聞協会，1961年）

清水勝人『新聞の秘密』（日本評論社，1978年）

原　寿雄他『本と新聞：再販制度を考える』（岩波ブックレット，岩波書店，1995年）

伊従　寛『出版再販：書籍・雑誌・新聞の将来は？』（講談社，1996年）

伊従　寛編『著作物再販制と消費者』（岩波書店，2000年）

石岡克俊『著作物流通と独占禁止法』（慶應義塾大学出版会，2001年）

第5章　放送制度とインターネット表現

1　放送メディアの法的地位

放送に対する法的規制　前章において見たように，自然人の表現の自由とマス・メディアの表現の自由との両立をはかるための「マス・メディア政策」は，わが国においては，ごく一部の例外（再販制度など）を除いてその導入は将来的課題にとどまっています。しかし一方，新聞・放送のうち後発の放送メディアに対しては，その発足以来現在に至るまで，マス・メディア政策が掲げる一般的目標（自然人の表現の自由の確保）とはやや異なる理由にもとづく政策的なコントロールが加えられ，その結果として「放送制度」と総称しうるような一群の法制度が構築されています。本章では，この放送制度の現状を概観・分析し，さらに科学技術の進歩によって登場してきたより新しいマス・メディアである"インターネットにおける表現活動"に対する法的・倫理的規制の問題についても考察します。

ところで，放送制度についての検討を行う前に，まず「放送」とは何かを定義しておく必要があるでしょう。放送概念については，ここ数十年間における情報通信技術の飛躍的発達に伴って，現在，その見直しがマス・メディア法学（情報法学）における重要な検討課題になっていますが（この点について詳しくは，本章2参照），ここで

はとりあえず，放送に関する基本法である放送法が規制対象とする「公衆によって直接受信されることを目的とする無線通信の送信」（第2条）に，有線テレビジョン放送法が規制対象とする「公衆によって直接受信されることを目的とする有線電気通信の送信」（第2条）を加えたもの，すなわち「公衆によって直接受信されることを目的とする無線通信および有線電気通信の送信」を放送の定義としておきたいと思います。

さて，以上のように定義しうる「放送」に対しては，放送法，電波法などによって次のような規制が加えられています（なお，有線放送に関しては，無線放送に比べて若干規制が緩やかです）。

①放送局開設の免許制（電波法第4条以下），再免許制（電波法13条以下）などの「設立規制」

②日本放送協会（NHK）の設置（放送法第7条以下），放送番組審議会（審議機関）の設置（放送法第44条の2，同第51条）などの「組織規制」

③放送番組編集の基準の提示（放送法第3条の2第1項），教養・報道・娯楽番組相互の調和の要求（放送法第3条の2第2項）などの「内容規制」

④集中排除原則の適用（放送法第2条の2第2項1号），同一事業者による三事業（新聞，テレビ，ラジオ）支配の禁止（郵政省令）などの「構造規制」

以上を見れば，放送メディアに関して，新聞においては存在しない非常に詳細な法的規制が加えられていることがわかりますが，ではなぜ，放送に対してのみこのように広範な国家によるコントロールが許容されているのでしょうか。

この点，すなわち"放送メディアに特有の法的規制を肯定しうる根拠"については，伝統的に，電波は本質的に"公物"すなわち公的に管理すべきものであり，その利用方法について国家が法規制を

加えるのは当然であるとする「電波公物説」，利用可能な電波（周波数帯）は有限かつ稀少であり，したがってその利用方法について国家が方針を定めることが許容されるとする「電波稀少説」，音声や動画像を直接家庭に伝送する放送メディアはプリント・メディアにはない衝撃力・影響力を有しており，それが法的規制の正当化事由になるとする「衝撃力説」などが提示されてきました。また，最近の多チャンネル化（本章２参照）による電波稀少説──従来，この考え方が最も有力でした──の動揺を受けて，「社会に流通する意見や情報の多様性の保障」〔浜田純一『メディアの法理』（日本評論社，1990年）p. 151.〕や「自律的な生を支える基本的情報の平等な提供」〔長谷部恭男『テレビの憲法理論』（弘文堂，1992年）pp. 112-113.〕といった新しい規制根拠を提唱する論者，あるいは「放送を行おうとする者を信頼することはできないかもしれないが，政府の方はもっと信頼できない」という見方に立脚して，「新聞の場合と同様，政府が放送の内容に公正原則〔注・「公平原則」として後述〕を要求することは憲法21条に反し違憲」であるとする論者〔松井茂記「放送における公正と放送の自由」（石村古稀『法と情報』信山社出版，1997年）p. 332.〕などが出現しています。

　現在のところ，この点に関する私自身の見解はなお定まっているとは言えませんが，一応，①すでに第２章および第４章において述べたように，「一般人の知る権利を充足せしめるための制度・装置」であるマス・メディア企業に対しては一定の責任（一般人には課されない義務）を設定することが必要であると同時に，それを構成する個々のジャーナリストに対しては特権（一般人のもたない自由）を付与することが必要であり，この原則はもちろん，新聞のみならず放送にも適用される，②その法的責任の基本は，いわゆる反論権と内部的自由の確保（第４章参照）であり，また特権の根幹は各種の取材特権（第２章および第３章参照）であるが，放送メディアについては，

それを構成する各メディア（地上波，BS，CS，CATVなど）ごとに，その技術的特性と歴史的経緯に応じた"一般人（自然人）の自由の充足"の方法が追求されうるのであり，必ずしもすべての放送メディアに新聞と同様の責任を課し，またすべての放送制作者に新聞ジャーナリストと同等の特権を与える必要はない，③放送メディアが，自らの法的責任を正しく遂行しているか否かを監督する行政機関が必要であるとすれば，それは総務省（旧・郵政省）ではなく独立行政委員会（内閣から独立した準司法的権限を有する合議制の行政機関）でなければならないと考えています。

公平原則とは何か　さて，前項において見たさまざまな放送メディアに固有の法規制のうち，マス・メディアの自由との関係でとくに問題となるのは内容規制，中でも一般に「公平原則」と呼ばれている放送法第3条の2第1項の次の規定です。

「放送事業者は，国内放送の放送番組の編集に当たつては，次の各号の定めるところによらなければならない。……二　政治的に公平であること……四　意見が対立している問題については，できるだけ多くの角度から論点を明らかにすること。」

この規定には，いくつかの検討すべき法的論点が含まれていますが，中でも重要なのは，ここで要求されている放送の「政治的公平」を一体いかなる方式で実現していくべきなのかという問題です。そしてこの点に関しては，大別して二つの方式を想定しうるように思われます。第一の方式は「自己完結型公平」と呼びうる方式であり，これは公平の確保をもっぱら放送局の内部的・自己完結的努力によって実現してゆこうとするものです。政治的公平を実現するために，放送局に対し「意見が対立している問題については，できるだけ多くの角度から論点を明らかにすること」のみを要求しているわが国の放送法は，この第一の方式を採用していると見ることができます。第二の方式は「参加型公平」と呼びうる方式であり，これは公平の

確保を多様な意見・立場を有する一般人・民間団体の放送メディアへの直接参加によって実現してゆこうとするものです。大陸ヨーロッパの多くの国々，たとえばフランスやドイツなどがこの方式を採用しています。

放送の政治的公平の実現の方式としてどちらの方式がよりすぐれているかは意見の分かれるところですが，わが国伝統の自己完結型公平の問題性（限界）を如実に示していると思われるのが1993年に発生したいわゆる椿発言事件です。この事件は，テレビ朝日の椿貞良報道局長（当時）が，日本民間放送連盟（民放連）の放送番組調査会の席上，非自民政権誕生を後押しする放送をせよと番組制作担当者に指示した旨発言したことが問題となったものです。社会的な議論の対象になった論点は多岐にわたりますが，その核心は"放送の公平は究極的には何によって担保されるべきか"という点でした。

この点について，政府は当時，次のような見解を示しています〔1993年10月27日の衆議院逓信委員会における郵政省放送行政局長（当時）の見解〕。

「最終的には郵政省において，……政治的公平であったかないかについては判断するということでございます。ただ，その判断材料につきましては，放送番組の編集に当たっては自主性をたっとぶという立場にございますので，まず，放送事業者において，我が番組における公正さというものを説明してもらう，それを受けて我々が判断するというふうにしているところでございます。」

このような考え方，つまり公平性というものは究極的には行政機関のお墨付きによって担保されるものであるという考え方は，放送メディアのみならず新聞も含めたわが国のメイン・ストリームのマス・メディア全体の行動様式を究極のところで規定しているものであるように思われますが（この点については，第12章参照），考えてみるとこれこそがまさに自己完結型公平の行き着くところ，つまり論

理的限界なのではないでしょうか。しかし，政治的公平の判断の主体が政府であるというのは，私には一種のブラック・ユーモアとしか思えません。

もしそうであるとすれば，放送における政治的公平の担保の方式そのものを根本的に変革してゆくこと，つまり自己完結型公平から参加型公平への転換を視野に入れた制度改革が望まれるでしょう。価値観がこれだけ多様化した現代社会において，放送局がなおも報道機関であることを標榜し，社会的・政治的諸問題に積極的・主体的にかかわってゆこうとするならば，少なくとも地上波放送においては反論権やパブリック・アクセス番組の実施といった方式で外部の人々や団体の放送参加を促進するとともに，企業内ジャーナリストに一定の内部的自由を保障することが必須であるように思われます。

なお本来，以上の論点に先立って論じるべき問題として，この放送法第3条の2第1項の規定が，放送局に対して一定の法的義務を課すものであるのか，それとも単に放送番組編集の際の指針を示す一種の訓示規定にすぎないのかという論点があります。この点に関して，NHKが参議院議員選挙における候補者の動向を取り扱うテレビ番組において，ある選挙区の候補者30数名のうち有力候補者数名に焦点を絞って報道したことが公平原則違反であるか否かが争われたいわゆる「激戦区シリーズ」事件の高裁判決（東京高判昭和61年2月12日）は，公平原則の法的効力を承認しつつも，「選挙に関する報道又は評論において，政見放送や経歴放送と同じレベルにおける形式的な平等取扱を要求しているとは解しえないところであり，……〔NHKの報道は〕番組編集の自由の範囲内にあるものということができる」と述べて，放送メディアの「番組編集の自由」すなわち公平性に関する自主的・裁量的な判断を尊重する見解を示しています。

2　放送の自由をめぐる諸問題

放送メディアへのアクセス　すでに前章において述べたとおり，わが国においては，新聞に対する一般人のアクセス（反論，訂正等）を認める法律は存在していません。しかし放送メディアに関しては，放送法（第4条1項）が次のように規定し，メディア・アクセス制度の一種である訂正放送請求の制度がおかれています。

「放送事業者が真実でない事項の放送をしたという理由によつて，その放送により権利の侵害を受けた本人又はその直接関係人から，放送のあつた日から三箇月以内に請求があつたときは，放送事業者は，遅滞なくその放送をした事項が真実でないかどうかを調査して，その真実でないことが判明したときは，判明した日から二日以内に，その放送をした放送設備と同等の放送設備により，相当の方法で，訂正又は取消しの放送をしなければならない。」

問題はこの規定が，真実でない事実の放送により名誉・プライバシー等の権利を侵害された者に対し，具体的権利としての訂正放送請求権を付与する趣旨のものであるか，すなわち，この規定を「メディア・アクセス権」を承認する規定と解釈しうるか否かですが，この点に関して学説は「消極説」と「積極説」に分かれています。

このうち消極説は，①放送法第4条1項の規定が「真実でない」放送に対する訂正放送請求権を保障したものということになると，放送事業者は放送内容に公共性・公益性・相当性（名誉毀損の免責要件：第6章参照）が認められる場合においても訂正放送を義務づけられることになるが，これは明らかにマス・メディアの自由を侵害する解釈であること，②この規定はマス・メディアのうち放送に対してのみ特別の義務を課す内容のものであるが，名誉・プライバシーの救済に関して新聞と放送とをこのように区別する理由が存在しな

いことなどを理由に,「この規定は,あくまで行政法的な規制であり,この規定を権利規定と読むべき理由はない。……この規定が義務付けているのは,放送事業者〔自身〕が誤りがあったと判断した場合の訂正放送にすぎない」と解釈します（松井茂記「マス・メディアと名誉毀損・プライヴァシーの侵害」法律時報 2002 年 1 月号 p. 40.）。これに対し積極説は,①放送法は,単に国家と放送メディアとの関係を規律する法規として解釈されるべきものではなく,一般人も,何らかの理由で放送と特別の利害関係をもつ場合には,その運用に参加することが承認されるべきであること,②かりに放送法の規定があいまいであるとしても,法律の読み方の視点を一般人のレベルにおき,それを彼らの利益に合致するように解釈すべきであることを強調し,この規定のメディア・アクセス権的性質に一定の理解を示します〔奥平康弘「放送の自由をめぐるパラダイム変換」日本民間放送連盟研究所編『「放送の自由」のために』（日本評論社, 1997 年）pp. 30-31. および「生活ほっとモーニング」事件高裁判決（東京高判平成 13 年 7 月 18 日）参照〕。

　私自身は,放送法の諸規定に関して,これを極力放送制度の外側にいる一般人の制度への参加を承認し,促進する方向で解釈すべきであるとする積極説の考え方に賛成しますが,しかしながらなお,放送法第 4 条 1 項が,放送において真実とは異なる事実を公表された人物に対して訂正放送請求権を承認する規定であると解釈することには逡巡をおぼえずにはいられません。それは,消極説の述べる①の理由,すなわち,放送メディアが公共的事項（社会の正当な関心事である事柄）について,相当性（真実と信じたことについてそれ相当の理由があること）をもって報道を行った場合にもなお,訂正放送の実施を強制されることになれば,放送メディアの言論機関性──言いかえれば,権力批判力──が著しく減殺され,結果的にわが国のジャーナリズムの衰弱という結果をまねくのではないかと危惧する

からです。真実とは異なる放送によって自らの権利を侵害されたと主張する人物に対しては，訂正放送請求権ではなく，むしろ一定の条件の下で反論権を承認すべきであり，そのような方向での放送法改正が必要でしょう。

多チャンネル化時代の放送規制　すでによく知られているように，放送・通信衛星の実用化とデジタル伝送技術は，わが国の放送メディアにいわゆる「多チャンネル化」をもたらしました。そして，すでに述べたように，こうした変化は従来の有力な放送規制根拠であった「電波稀少説」の崩壊あるいは動揺を生み，また，従来ハードとソフトが一体となっていた放送企業（業界）の構造にも変革を迫ることになりました。政府は，こうした新時代の到来に対応するかたちで，1989年に放送法の改正を行い，「電波法の規定により受託国内放送……をする無線局の免許を受けた者」（放送法第2条第3の4号）である「受託放送事業者」と，「受託国内放送……をする無線局の免許を受けた者に委託して放送番組を放送させる業務……に関し，認定を受けた者」（同条第3の5号）である「委託放送事業者」という新しい概念を放送法に導入しました（いわゆる「ソフト・ハードの分離方式」）。しかしその一方で，政府は，いわゆるソフト供給者である委託放送事業者の"認定"に関して，たとえば，「委託して放送をさせることによる表現の自由ができるだけ多くの者によつて享有されるようにするためのものとして〔の〕郵政省令で定める基準に合致すること」（放送法第52条の13第1項3号）とか「その認定をすることが放送の普及及び健全な発達のために適切であること」（同4号）といった条件を付し，また同時に，場合によってはいったん得た認定の取消・停止が可能である旨（第52条の23・第52条の24）をも規定し，自らの規制権限を巧妙に温存することも忘れませんでした。

言うまでもなく，こうした政府の多チャンネル化への対応方式には，放送の自由の観点から見てかなり大きな問題があるように思わ

れます。批判すべき点としては，たとえば，①自らは送信設備を持たず，放送局にソフトを供給することをその事業内容とする委託放送事業者に対して取消・停止処分を伴う"認定"制度を定めることは，実質的には言論（表現）機関に対する言論（表現）内容の審査を伴う免許制の導入であり，表現の自由，とりわけその中核である検閲の禁止に抵触する疑いが存在すること，②原理的には多チャンネル化は政府による放送メディアに対する規制権限の縮小をもたらすはずであるが，それにもかかわらず，放送行政当局の規制権限，とりわけ表現内容規制権限がほとんど縮小していないこと，③多数のチャンネルを擁するCSデジタル放送が「善良な風俗を害しない」（放送法第3条の2第1項）ことを放送メディアに求める放送法による規制の下におかれる一方で，ポルノ・チャンネルすらも認定される（1997年）という説明しがたい矛盾が発生していることなどをあげることができますが，それでは，これらの点を克服するために，今後われわれはどのような放送政策を志向し，どのような放送制度を構築すべきでしょうか。

　この点に関して参考になるのが，民間のマス・メディア研究機関であるメディア総合研究所が1998年に提案した改革案です〔メディア総合研究所編『放送を市民の手に：これからの放送を考えるメディア総研からの提言』（花伝社，1998年）pp. 35-39.〕。この改革案の骨子は，①現在広く放送とされているものを事業の内容によって「放送」と「非放送」とに分け，前者には放送法を適用するが，後者には自主的な規制システムの設置のみを求めること，②「放送」には，公共放送，公共の利益のために活動する市民組織の放送，ニュース・株式情報専門チャンネルが含まれ，それらは受信料による放送（NHK），広告収入による放送（民間放送）あるいは無料放送を行うことができること，③「非放送」はすべて有料とし，放送がそれを享受する電波利用料（税），回線使用料等の減免措置等の特別待遇の

対象とはならないことですが，有料放送を原則として「非放送」と位置づけることの是非はともかく，ここで示されているような方向性，すなわち，放送概念の再検討を通じて放送の公平性を維持すると同時に，政府による新しいメディアへの過剰な介入を抑制しようとする努力は，基本的に正当なものであると言えるでしょう。

3　インターネット表現の法的地位

インターネット表現の自由を考える際の前提　続いて，インターネット表現に対する規制のあり方について考えてゆきたいと思いますが，それに先立って，いわば予備知識として，この問題にかかわりの深い表現の自由の解釈に関する二つの理論を再確認しておきたいと思います。

第一の理論は，「表現」と「通信」の区別です（第1章参照）。この理論によれば，憲法第21条1項に規定される「表現の自由」によって保護される典型的な行為は不特定多数者に向けて情報を伝達する行為（マス・コミュニケーション）であり，特定の人（あるいは，人たち）に向かって情報を発信する行為（パーソナル・コミュニケーション）は，同条2項の「通信の秘密」による保護を受けるものとされます。さらに，憲法が通信（パーソナル・コミュニケーション）に対して保障しているのは「自由」ではなく「秘密」ですから，パーソナル・コミュニケーションの内容は原則として公共の福祉を理由とする制限の対象とはなりません。つまり，パーソナル・コミュニケーションの自由はマス・コミュニケーションの自由よりも高いレベルの保護を受ける自由ということになるわけです。

第二の理論は，「放送の自由」の特殊性です（本章1参照）。すでに見たように，現在のわが国においては，新聞などのプリント・メディアと放送メディアの法的地位には相違があります。すなわち，プ

リント・メディアの自由が基本的に"国家からの自由"であるのに対して、放送の自由は"国家による後見の下におかれる自由"としての性格を有しているのです。具体的には、放送メディア全般(有線放送を除く)を規律する法律として放送法がおかれ、その中にすでに見た放送番組に関する公平原則などの固有の規定が盛り込まれています。

以上のように、わが国においては、「通信」「プリント・メディア」「放送」の各メディアごとにその自由制約の論理構造(あるいは、自由保障の水準)はそれぞれ異なっています。問題は、インターネットを不特定多数者に対して情報の伝達を行いうるような方式で利用する場合(たとえば、ホームページの開設など)、そうした行為の自由を憲法上どのように構想するかという点ですが、この点に関しては、大別して三つの考え方が存在しています。

インターネット表現の自由の構想　第一の考え方は「放送モデル」説であり、この説をとる論者は、インターネットに対しては放送と同等の自由(国家による後見の下におかれる自由)を保障することが望ましいと主張します。そして、その理由としては、①インターネットのホームページは世界的な規模で情報発信ができる映像媒体であり、放送メディア的な性格を有していること、②インターネットは青少年を含む個人の居室において容易にアクセスしうるメディアであることなどの点が挙げられています。この説をとる場合、必然的に、放送メディアに放送法という独自の規制法が存在するように、インターネットについても包括的な「インターネット法(サイバー法)」の制定が必要であるということになるでしょう。

第二の考え方は「プリント・メディア・モデル」説であり、この説を説く論者は、インターネットには電波の稀少性という規制根拠は存在せず、またそれは一般人が容易に"送り手"たりうるメディアであるから、「思想の自由市場(政府の介入の極小化)」という古典

的な法理が適用されるべきであることを指摘した上で，インターネット表現に対しても基本的にプリント・メディアを対象とする既存の法律（名誉毀損法制，わいせつ表現規制法など）を適用すればよいと主張します。

第三の考え方は「自主規制モデル」説であり，この立場に立つ者は，①情報が容易に越境する環境の下では，インターネットに対する実効性のある法規制は不可能，あるいは多大なコストを必要とすること，②一般人が情報の"送り手"となりうるインターネット空間においては，他者の情報発信に対しても寛容の姿勢で臨むべきであり，被害を受けた場合にも言論の応酬による解決が図られるべきであることなどを根拠として，法規制ではなく自主規制によって諸問題の解決をはかるべきであると主張します。

ところで，以上の点，すなわちインターネット表現の自由に関する政府の考え方には，微妙な変遷が見られるようです。当初，政府（とくに旧・郵政省）は，「通信」概念と「放送」概念とを相対化することにより，従来は秘密（絶対的な自由）を享受しうる伝達手段であったインターネットを含む通信分野に対する法規制の道を切り開こうとする指向性を有していました。ところがその後はむしろ自己責任の原則が強調され，今後は，限定された場合における一定のプロバイダー責任を承認しつつも〔2001年11月に制定・公布された「特定電気通信役務提供者の損害賠償責任の制限及び発信者情報の開示に関する法律（プロバイダー責任法）」参照〕，むしろ最小限の法規制と自主規制によるインターネット規制が構想されるべきであることが示唆されているように思われます。

以上，インターネット表現の憲法的位置づけに関する日本の状況を略述しましたが，私自身は，インターネット空間におけるある種の——具体的には不特定多数者が受信しうるような——情報伝達については，これを"表現"として規制することも原理的には可能で

あると考えています。ところが、後述するように、インターネット表現の特性を考えた場合、実際にはそれが享有しうる自由の範囲はプリント・メディアの自由以上に拡大することもまた確かであるように思われます。この点について、名誉毀損的表現（公然と事実を摘示し、人の社会的評価を低下させる表現；詳しくは第6章参照）とわいせつ表現（違法な性表現；詳しくは第8章参照）を素材として検討してみたいと思います。

4　インターネット表現の自由をめぐる諸問題

インターネットにおける名誉毀損　インターネット表現による名誉毀損の問題を考える際に重要な示唆を含むと思われる判例として、パソコン通信のフォーラムでの発言が問題になったニフティサーブ事件が存在しています。この事件の原告はパソコン通信ネットワーク「ニフティサーブ」の会員であり、ネットワーク上のフォーラムである「現代思想フォーラム」の「フェミニズム会議室」に活発に書き込みを行っていました。ところが、原告の発言に反発した別の会員（被告）が、原告の主張に反駁し、あるいはそれを揶揄する発言を同会議室に書き込んだため、しばらくして原告はこのフォーラムから離れ、ニフティサーブ内の別の場所に「フェミニスト・フォーラム」を開設しました。しかし被告がこの後も現代思想フォーラムにおいて原告を批判・揶揄する発言を続けたため、原告は同フォーラムのシステム・オペレーターに対し発言の削除を要求するとともに——この要求にもとづき実際に削除が行われました——さらに被告に対して名誉毀損を理由とする損害賠償請求を行いました。

この請求を受けた東京地裁は、平成9年5月、次のように述べて請求を認める判決を下しました（東京地判平成9年5月26日）。

「電子会議室に書き込まれた発言は、多数の会員がこれを読むこ

とができるという意味において公然性を有する〔。〕」「〔被告の〕発言は，いずれも激烈であり，また，原告を必要以上に揶揄したり，極めて侮蔑的ともいうべき表現が繰り返し用いられるなど，その表現内容は，いずれも原告に対する個人攻撃的な色彩が強く，原告の社会的名誉を低下させるに十分なものというべきである。」「〔被告の発言は〕原告に対する正当な批判あるいは思想的な批判ないし論争として是認し得る範囲を逸脱するものといわざるを得ない。」

　この事件の第一の問題点は，パソコン通信，ひいてはインターネットの表現に名誉毀損の成立要件の一つである「公然性」（第6章参照）を認めるか否かです。この点に関してこの事件の判決は，「多数の会員がこれを読むことができる」ことを理由にパソコン通信におけるフォーラムに公然性の存在を認めました。しかし公然性の認定は"多数"の読者がアクセス可能である点に求められるべきではなく，あくまでも"不特定"の読者がアクセス可能である点に求められるべきでしょう。そして，もしそうであるとすれば，インターネット空間の公然性がほぼ自明であるのに比べ，会員のみがアクセス可能な空間であるフォーラムに公然性を承認するか否かについてはより立ち入った考察が必要であるように思われます。

　第二の問題点は，言論の応酬の中で生起した批判・中傷的言辞の名誉毀損性の認定の問題です。従来より，名誉毀損的な言辞が公表された場合であっても，それが一連の論争の中で行われ，かつ相手方（原告）に反論可能性があった場合には，原則として訴訟の提起ではなくモア・スピーチによって失われた名誉の回復がはかられるべきであるという判例理論が形成されてきました〔水俣病論争事件判決（熊本地裁八代支判平成2年3月30日）〕。このような判例の考え方に立脚すれば，インターネットやパソコン通信における論争の中で行われた批判的言辞については，①それが相手方に適切な反論の機会を保証しないような形式で表明されるか，あるいは，②それが当該論

争の文脈を超えた個人攻撃的な内容の事実を表明するものであるような特別の場合〔この点に関しては，異物注入法事件判決（東京地判平成2年1月30日）参照〕にのみ名誉毀損を構成すると考えるべきでしょう。ニフティサーブ事件の被告の発言は確かに原告に対する罵詈雑言を含むものでしたが，原告が被告の論争的・批判的態度に対してとった高圧的・論争回避的な態度——被告のフォーラムからの排除を画策し，かつシスオペに対して被告の言辞の削除を要求し，さらには新設のフォーラムへの被告のアクセスを拒否するなどの対応——がその背景にあることを考えれば，これが論争の文脈を超えた違法なものであったとまでは言えないように思われます〔なお，本事件の高裁判決（東京高判平成13年9月5日）は，「フォーラムにおいては，批判や非難の対象となった者が反論することは容易であるが，言葉汚く罵られることに対しては，反論する価値も認め難く，反論が可能であるからといって，罵倒することが言論として許容されることになるものでもない」と述べて，被告（控訴人）の控訴を棄却しています〕。

インターネットにおける性表現　次に，インターネット性表現（サイバー・ポルノ）の規制の問題を，この領域におけるリーディング・ケースであるベッコアメ事件を素材として検討してゆきたいと思います。この事件の被告人は，インターネット接続業者「ベッコアメ」の会員であり，同社の所有・管理するサーバー・コンピューター内に性器・性交場面を撮影した画像を含むホームページを開設しましたが，この行為が刑法第175条に規定されるわいせつ物公然陳列罪に問われました。そして，この事件を審理した東京地裁は1996年4月，大要次のような判決（東京地判平成8年4月22日）を下しました。

「被告人は，……インターネット対応パソコンを有する不特定多数の利用者に右わいせつ画像が再生閲覧可能な状況を設定し，もって，わいせつ図画を公然と陳列したものである。……我が国内においてもインターネットの利用者は広範かつ多数に及んでおり，青少

年を含む多数の利用者が家庭等でいながらにして容易にわいせつ画像を閲覧できる状況を設定したことからすると，その公然性は著し〔い。〕」

　後にあらためて述べるように（第8章），国家がある種の性表現を規制しうる唯一の根拠は「見たくない人の保護」であると考えられます。このことは，インターネットにおける性表現にもあてはまります。すなわち，そうした表現に接触することを欲しない者がそれに触れてしまうようなやり方で勝手にあるいは無差別に性表現を送りつけること〔天気予報画像事件（大阪地判平成9年10月3日）参照〕を禁止することは必要ですが，それ以外の理由でインターネット上の性表現を規制することは許容されるべきではありません。この事件においては，望まない者が性表現に巻き込まれるおそれがあるという特別の事情があったとは思われず，その意味で有罪判決には疑問が残るところです。

　ところで，ベッコアメ事件に端的に見られるように，インターネットの普及によって世界各国から発信されたハードな性表現に青少年が容易にアクセスしうるような状況が生まれています。ここで考えるべき問題は，こうした状況に対処するために青少年の保護を目的とする何らかの対策をとることが適切か否かという点です。青少年がインターネットを通じて自らの欲する性表現に自由に接触することが性犯罪・性非行の増加など何らかの具体的な害悪を発生させるという確かなデータが現状において存在していない以上（第8章参照），それを欲する青少年に対するインターネット性表現への接触規制を政府が権力的に行うことはもとより支持できません。すなわち，青少年の性表現への接触環境を決定し，それを実現する責任は親（あるいはそれに代わる保護者）にあるのであり，国家の役割は――それが可能であるとすれば――「見たくない青少年」を性表現に巻き込まないという目的の範囲内でのみ行使されるべきでしょう。し

かし現在，若年層に対するいわゆる情報教育が産官一体となって推進されており，子どもたちに対して"パソコンぐらいは使いこなすことができる"ようになることが必修科目的に求められるようになっています。当然のことながら，こうした教育の結果として，自室でサイバーポルノあるいはグロ・鬼畜サイトなどと呼ばれるものに接触する一部の青少年が出現することになりますが，こうした状況が何らかの未知の問題をもたらすのか，あるいはそれは考慮にあたいしないことなのかを見極めることは，規制云々とは別に産業政策や教育制度を考える上で重要な論点になりうるように思われます。

インターネット表現の倫理　以上見てきたように，インターネット表現をめぐる諸問題を権力的に（法的に）解決することは非現実的であり，また，限られた場合，すなわち相手の反論を封じるようなやりかたでなされる名誉毀損や見たくない人を巻き込むような性表現の伝達を除いては望ましくもありません。しかしながら，この後見るように，これまで現実空間においてはあまり見られなかったような激しい表現がサイバースペースに存在していることもまた事実です。こうした事情でインターネットに対する何らかの倫理的規制が検討されることになりますが，では一般の報道倫理とインターネット倫理とでは本質的にどのような相違があるのでしょうか。

　後に述べるように（第10章），報道倫理とは，マス・メディア（ジャーナリズム）の組織・活動にかかわる自律的な社会規範です。そしてこれも後に述べるように，倫理規範とは本質的に自律的規範，すなわちそれを遵守すべき者がその制定者となるべき社会規範なのですから，必然的に報道倫理とは報道を行う者たちの職業倫理，すなわち「ジャーナリスト倫理」ということになります。しかしながら，多数の一般人が情報の"送り手"となりうるインターネットについてはおのずから事情は別です。すなわちそこでは，倫理を遵守すべき存在は専門職業人たるジャーナリストではなく一般人なのであり，

したがってその倫理は従来の報道倫理とは異なり「共同体の倫理(社会全体の倫理)」と理解すべきであると思われます。

ところで，わが国においても，インターネット表現の倫理性に関する議論を喚起したいくつかの事件が発生しています。これらを整理すると，①告発・告白サイト関係の事件〔たとえば東芝クレーマー事件 (1999年)，子供虐待日記サイト (1999年)，大手ハウスメーカー告発 (中傷) サイト (1999年) など〕，②犯罪奨励・礼讃サイト関係の事件〔酒鬼薔薇崇拝サイト，「ドクターキリコの自殺相談室」事件 (1998年)，強姦請負サイトなど〕，③鬼畜・エロ・グロ・サイト関係の事件，④憎悪表現サイト関係の事件 (高卒は死ねサイトなど) に分類することができます (このうち，東芝クレーマー事件は，メーカーのアフターサービス担当者の態度を実況音声によって告発するホームページに膨大な数のアクセスがあり，結局，メーカー側が実質上の謝罪に追い込まれたというものです)。ここで特徴的なのは，インターネット空間という科学技術の粋を集めたような場所に，それには似つかわしくないような抑圧された情念，あるいはこれまで公式の場では到底表明され得なかったような言説が噴出していることです。つまり，サイバースペースは電子商取引や政治的討論の場であると同時に，情動的・他者攻撃的な空間でもあるのです。

このような状況を背景として現在，インターネット表現に関しては，各種倫理綱領に見られるように政府の指導・後見の下での"自主規制"による倫理の実現が志向されています。しかしこれは，本来「共同体の倫理」であるべきインターネット倫理を「国家の後見の下におかれる業界倫理」にすりかえようとするものであり，私としては到底賛成することができません。いかにしてインターネットの倫理性を確保するかはむずかしい問題ですが，たとえば，政府・業界と絶縁した民間の"調査・情報提供・格付け機関"――競合的に複数存在することが望ましいでしょう――とユーザーとの契約に

よる自己防衛，および，問題のサイトに関する苦情や告発を受理し，紛争処理と警告にあたる民間の倫理委員会である「インターネット倫理委員会」の設立等が対策の基本になるべきでしょう。

―― **第5章・参考文献** ――

A．放送制度――主要なものに限る。

E・E・スミード著，崎山正毅訳『ラジオ・テレビジョンと言論の自由』（自由アジア社，1964年）

J・E・クーンズ著，日本民間放送連盟放送研究所訳『放送の自由と責任』（岩崎放送出版社，1964年）

伊藤正己編『放送制度：その現状と展望1～3』（日本放送出版協会，1976～1978年）

芦部信喜編『ニューメディア時代の放送制度像：共同討議』（日本放送出版協会，1986年）

塩野　宏『放送法制の課題』（有斐閣，1989年）

長谷部恭男『テレビの憲法理論：多メディア・多チャンネル時代の放送法制』（弘文堂，1992年）

郵政省放送行政局監修『国境を越えるテレビ』（第一法規，1993年）

桑原昌宏他編『ニュー・メディアと放送・通信法』（総合労働研究所，1993年）

友安　弘『フランスの政治ジャーナリズムと視聴覚メディア：多元主義と平等主義とに関する法制度論的分析』（風間書房，1994年）

東京大学社会情報研究所編『放送制度論のパラダイム』（東京大学出版会，1994年）

根岸　毅他編『放送・通信新時代の制度デザイン：各国の理念と実態』（日本評論社，1994年）

菅谷　実他編『通信・放送の融合：その理念と制度変容』（日本評論

社，1997年)
日本民間放送連盟研究所編『「放送の自由」のために：多チャンネル時代のあり方を探る』(日本評論社，1997年)
メディア総合研究所編『放送を市民の手に：これからの放送を考えるメディア総研からの提言』(メディア総研ブックレット，花伝社，1998年)
鈴木秀美『放送の自由』(信山社，2000年)
舟田正之他編『放送制度の現代的展開』(有斐閣，2001年)
片岡俊夫『新・放送概論：デジタル時代の制度をさぐる』(日本放送出版協会，2001年)

B．放送論・放送ジャーナリズム論——最近の，主要なものに限る．

鈴木みどり『テレビ・誰のためのメディアか』(學藝書林，1992年)
松平　恒他編『多メディア状況を読む』(大月書店，1992年)
松田　浩他『戦後史にみるテレビ放送中止事件』(岩波ブックレット，岩波書店，1994年)
佐藤二雄『テレビ・メディアと日本人』(すずさわ書店，1994年)
渡辺武達『テレビ：「やらせ」と「情報操作」』(三省堂，1995年)
清水英夫『テレビと権力』(三省堂，1995年)
土谷精作『放送：その過去・現在・未来』(丸善，1995年)
松岡由綺雄編『現場からみた放送学』(学文社，1996年)
伊豫田康弘他『テレビ史ハンドブック』(自由国民社，1996年)
和田千年『テレビは何を伝えているか』(新潮社，1996年)
田宮　武『テレビ報道論』(明石書店，1997年)
服部孝章編『放送：テレビは21世紀のマスメディアたりえるか』(大月書店，1997年)
碓井広義『テレビが夢を見る日』(集英社，1998年)
小泉哲郎『テレビジャーナリズムの作法：米英のニュース基準を読む』(メディア総研ブックレット，花伝社，1998年)
津金澤聰廣他編『テレビ放送への提言』(ミネルヴァ書房，1999年)

川崎泰資『NHK と政治：蝕まれた公共放送』（朝日文庫，朝日新聞社，2000 年）

岡村黎明『テレビの 21 世紀』（岩波新書，岩波書店，2003 年）

松田士朗『テレビを審査する：現場からの TV リテラシー』（現代人文社，2003 年）

C．インターネット表現──主要なものに限る。

藤原宏高編『サイバースペースと法規制：ネットワークはどこまで自由か』（日本経済新聞社，1997 年）

歌田明弘『仮想報道』（アスペクト，1998 年）

インターネット弁護士協議会編『インターネット法学案内：電脳フロンティアの道しるべ』（日本評論社，1998 年）

J・ローズナー著，銀座第一法律事務所訳『サイバーロー：インターネットの法律』（中央経済社，1999 年）

名和小太郎『デジタル・ミレニアムの到来：ネット社会における消費者』（丸善ライブラリー，丸善，1999 年）

前屋　毅『全証言東芝クレーマー事件』（小学館文庫，小学館，2000 年）

ニフティ訴訟を考える会編『反論：ネットワークにおける言論の自由と責任』（光芒社，2000 年）

サイバーロー研究会編『サイバースペース法：新たな法的空間の出現とその衝撃』（日本評論社，2000 年）

高橋和之他編『インターネットと法・第 2 版』（有斐閣，2001 年）

松井茂記『インターネットの憲法学』（岩波書店，2002 年）

堀部政男編『インターネット社会と法』（新世社，2003 年）

第2部 マス・メディアの自由の法的限界

第6章　名誉毀損

1　名誉毀損とは何か

名誉毀損とは何か　第1部においては，わが国の「マス・メディアの自由」の基本構造について見ましたが，第2部においては，この「マス・メディアの自由」を規制する各種の法制度，すなわち，名誉毀損的表現の規制，プライバシー侵害表現の規制，性表現の規制，差別的表現の規制について見てゆきたいと思います。まず最初にとりあげるのは，名誉毀損的表現の規制です。

名誉毀損の問題は，いわば"古くて新しい"問題であると言えます。なぜならば，表現行為の自由に対するさまざまな法的規制の中で，名誉毀損的表現に対する規制の問題が，性表現（わいせつ表現）に対する規制と並んで最も長い歴史をもっているにもかかわらず，その問題性は，巨大マス・メディアが言論市場を支配する現代の社会状況においてもいささかも減じていないからです。現在においても，マス・メディア（ジャーナリスト）がその日常業務において享有しうる自由の程度は，実際上は，その国の名誉毀損制度の態様とその運用に多くの部分を依存しているのです。

名誉毀損とは，「公然と事実を摘示し，人の名誉を毀損」（刑法第230条1項）する行為です。このうちまず「公然と」とは，ごく簡単に言

えば"マス・コミュニケーション手段によって"という意味であり，したがって不特定の人々に問題の情報が伝達されればそこに"公然性"が認められることになります。次に「事実」とは，それが本当のことであるか否かを証明することが可能な程度に具体性のあるストーリーのことを指します。私たちは日常，「～は事実である」という表現を「～は真実（本当のこと）である」という意味で用いますが，ここにいう"事実"とはもちろん"真実"という意味ではありません。なお，事実（ストーリー）を摘示せずに，たとえば「極悪人」，「鬼畜」，「ブス」といったような抽象的な罵声を人に向け，それによってその人の社会的評価を低下させる行為を侮辱といい，これも法的規制の対象になります（刑法第231条）。第三に「名誉」とは，人がその人格的価値（品格，道徳性，名声，信用など）について社会から受ける客観的な評価，すなわち"社会的評価"のことです。したがって，自分が自らの人格的価値に対して与えている"主観的評価（名誉感情）"については，かりに他者がそれを傷つけたとしても原則として名誉毀損にはなりません。以上の説明を要約すれば，名誉毀損とは「マス・コミュニケーション手段によって，具体的なストーリーを提示し，人の社会的評価を低下させる行為」であるということになります。

名誉毀損法制の概要　名誉毀損にあたる行為をしてしまった場合，マス・メディア（ジャーナリスト）などには，その行為が民法第709条および第710条に規定される不法行為であることから，当然にいわゆる民事責任（被害者に対する損害賠償をはじめとする各種の責任）が発生しますが（民事名誉毀損），それとともに，場合によっては，刑法第230条に規定される名誉毀損罪に該当するとして刑事罰が科せられる，すなわち刑事責任が発生する場合もあります（刑事名誉毀損）。ただしもちろん，民事名誉毀損の成立のためには被害者がマス・メディアなどの加害者を相手とする訴訟を提起することが必

要ですし，また刑事名誉毀損についても，名誉毀損罪はいわゆる親告罪ですから(刑法第232条)，公訴の提起に際しては被害者などからの告訴(犯人の処罰を求める意思表示)が行われることがその前提条件となります。なお，刑事名誉毀損訴訟の数は実際には民事名誉毀損訴訟のそれに比べてきわめて少なく，さらに現在では，①名誉毀損を行った者を国家が処罰することは，名誉毀損制度に関する古い考え方——すなわち，この制度を権力者や特権階級の尊厳性を確保し，ひいては社会秩序を維持するための制度として位置づける考え方——の残滓にすぎず，個人の人格権の尊重の理念に立脚する現代の名誉毀損にはマッチしないこと，②刑事告訴が政治的・社会的権力をもつ者によって恫喝的あるいは自己アピール的に濫用され，表現の自由に悪影響を及ぼす危険があることなどを理由に，刑事名誉毀損制度を廃止すべきであるとする考え方も見られます。

さて，名誉毀損に関する法制度を見てゆく場合に忘れてはならないのが，いわゆる「真実性証明による免責」のルールです。これは，名誉毀損行為が「公共の利害に関する事実に係り，かつ，その目的が専ら公益を図ることにあったと認める場合には，事実の真否を判断し，真実であることの証明があったときは」，その行為が免責されるというルールです(刑法第230条の2第1項)。このルールは刑法の中に規定されていますが，刑事名誉毀損のみならず民事名誉毀損にも適用されます。なぜ公共性(公共の利害に関する事実)，公益性(公益を図る目的)，真実性の三要件(免責要件)をすべて満たす場合に名誉毀損が許されるのかについては議論の余地がありますが，一般にその目的は，社会問題に関する公正な議論を妨げたり萎縮させたりしないこと，言いかえれば，マス・メディアなどの表現行為の自由と人格権の一つとしての名誉の保護とのバランスをとることにあると理解されています(なお，刑法第230条の2第2項の規定によって「公訴が提起されるに至っていない人の犯罪行為に関する事実」には公共性

が，同条第3項の規定によって「公務員又は公選による公務員の候補者に関する事実」には公共性と公益性が，それぞれ無条件に認められることになっています）。この免責要件については，続く2においてやや詳しくその内容を分析してみたいと思います。

2　名誉毀損の免責要件

公共性要件　名誉毀損的な記事や番組が免責されるために必要な三要件のうちの第一のものは，問題の記事（番組）において提示された事実が「公共の利害に関する事実」に該当することです（公共性要件）。この「公共の利害に関する事実」の意味はいまだ十分に明確ではありませんが，一応，それが"社会の正当な関心事であること"すなわち"その公正さについて一定の社会的期待が存在する事柄"であるか否かを公共性の存否を判断する指標としうるように思われます。なぜならば，それが公正であってもなくてもどちらでもよい事柄については，他人の名誉を毀損してまでもあえて表沙汰にする必要は全くないと考えられるからです。政治家や公務員の職務上の事柄にこの"公正さについての社会的期待"が存在することは当然ですが（刑法第230条の2第3項参照），政治家・公務員の私生活上の事実，あるいは民間人（私人）の社会的・職業的活動にかかわる事実にどこまで公共性が認められるか，言いかえればこうした領域において公私の線引きをどのように行うかはなかなかむずかしい問題です。この点について最高裁は，巨大な宗教信者団体である創価学会の会長の乱脈な女性関係に言及する月刊誌の記事が問題となった『月刊ペン』事件の最高裁判決（最一小判昭和56年4月16日）において，次のような注目すべき見解を示しています。

「私人の私生活上の行状であっても，そのたずさわる社会的活動の性質及びこれを通じて社会に及ぼす影響力の程度などのいかんに

よっては，……『公共ノ利害ニ関スル事実』にあたる場合があると解すべきである。」

この見解によれば，公共性の存否は，名誉を毀損された人物の制度上の地位に着目して——すなわち，その人が公務員であるか民間人であるかといったレベルで——判断されるのではなく，その人物が実際に果たしている社会的役割（機能）に着目して——すなわち，その人の人間像や活動が人々の生活にある程度以上の影響力を有しているか否かといったレベルで——判断されることになります。そして，こうした柔軟な発想が，場合によっては民間人の私生活上の事柄であっても公共性が認められるという，この判決のある意味では大胆な解釈につながるのです。このような公共性に関する機能的な理解は，一面では，社会構造が複雑化し，どこに批判の対象とすべき真の権力が存在しているのかが容易にはわからない現在の状況に適切に対応するものとして評価することができますが，他面においては，「公共の利害に関する事実」の領域を流動化させる，言いかえれば裁判官が恣意的にそれを決定する危険をも内包しているように思われます。

さて，この『月刊ペン』事件最高裁判決以降の下級審（地裁・高裁）における公共性判断においては，全般的に見て「公共の利害に関する事実」の範囲を拡張してゆこうとする傾向が顕著であるように見受けられます。すなわち，これまでにたとえばプロ・ボクシング業界の内情〔「傷だらけの英雄」事件判決（東京地判昭和60年1月29日）〕，百貨店の商法〔「第二のニセ秘宝」事件判決（東京地判平成4年7月28日）〕，私大経営のありかた〔「N大のヒトラー」事件判決（東京地判平成4年10月27日）〕，新興宗教団体の活動〔オウム真理教事件判決（福岡地判平成5年9月16日）〕，自然保護団体の組織運営〔山本野鳥の会事件判決（東京地判平成5年10月26日）〕などが判例によってその公共性を承認されています。しかし一方，甚大な被害をもたらした詐欺商法グ

ループの会長の愛人であり経営上のパートナーでもあった人物を特定し，批判する記事に公共性を認めない判決〔豊田商事愛人報道事件判決（東京地判昭和 63 年 2 月 15 日）〕なども存在しています。

公益性要件　名誉毀損的記事（番組）が免責されるための第二の要件は，事実の提示が「専ら公益を図る目的」で行われることです（公益性要件）。「専ら公益を図る目的」であるとは，簡単に言えば，その記事（番組）における"表現行為の動機"および"表現方法"が正当かつ真摯なものであることを意味します。したがって，たとえば，ある人物に対する憎悪や報復の感情につき動かされて，ことさらに人身攻撃を仕掛けるような記事には公益性は認められません。ただし，問題の記事（番組）に「読者の娯楽的興味に応えようとする側面があること」は，その表現の公益性を否定する要因とはならないと判断されています〔「黒い抵当証券」事件判決（岡山地判平成 3 年 9 月 3 日）〕。

さて，この公益性要件に関しては，一般紙や在来のテレビなどにおける表現についてはほとんど無条件にその存在が認められる一方，たとえば書籍，小雑誌，ミニコミ紙などについては，比較的厳格にその審査がなされる傾向があること——すなわち，公益性の判断においてメディア間格差が存在していること——が指摘されています。たしかに，一般紙の記事やテレビ番組が，ある特定の人物に対する憎悪の感情にもとづいて制作されたり，または，いたずらにある人物を攻撃し嘲笑するなどといったことは通常考えられないことです。しかし，もしもこうしたメディア間格差の背後に，裁判所のマイナーなメディアに対する軽蔑や猜疑心，あるいは戯文や風刺に対する無理解が多少なりとも存在しているとすれば，それは公益の名による一種の"言論浄化"につながりかねない危険なものであり，注意を要します。また，このように考えてゆくと，名誉毀損の免責三要件のうち第一と第三の要件を満たす表現，すなわち公共性が認めら

れる事柄に関する真実の表現については，その表現行為の動機や表現方法がいかなるものであれ免責を認めるべきであり，公益性要件は不要なのではないかという根本的な疑念も生ずるように思われます。

真実性要件　名誉毀損の免責三要件のうち第三のものは，問題の記事（番組）が真実であると認められることです（真実性要件）。この真実性の証明は，記事（番組）の"主要部分"についてなされればよいものとされています〔十全会事件最高裁判決（最一小判昭和58年10月20日）〕。また，真実性要件において特に重要なのは，かりに提示された事実の真実性が証明されない場合でも，記者などがその事実を真実と信じたことについて，前後の状況からみてやむを得なかったと見なしうる事情がある場合（真実と信ずるについて相当な理由のある場合）については，真実性の証明があった場合と同様に免責が認められるということです（相当性事由による免責）。つまりマス・メディア（ジャーナリスト）は，かりに名誉毀損的事実を公表したとしても，まず公共性要件を，次に公益性要件をクリアした上で，さらにその事実の主要部分についての真実性を証明するか，あるいは，その事実を真実と信じたことについて相当理由があったことを証明するかすれば，最終的に免責されるわけです。

この相当性事由による免責は，速報性が要求される，すなわち短時間に出来事を取材・報道しなければならないマス・メディアの実情をふまえて，最高裁判例によって名誉毀損法制に正式に組み入れられたものですが〔「署名狂やら殺人前科」事件最高裁判決（最一小判昭和41年6月23日；民事名誉毀損）および『夕刊和歌山時事』事件最高裁判決（最大判昭和44年6月25日；刑事名誉毀損）〕，特に事件報道（犯罪報道）においてはその自由の範囲を画定する重要なポイントになっています。従来の判例は，警察による公式発表にもとづき記事（番組）を制作した場合には相当性を認め，非公式な情報提供にもとづく場合や

独自取材にもとづく場合には相当性を認めないという原則を維持してきました。しかし最近では，公式発表があった場合においても，その発表に明らかな疑わしさがあるにもかかわらず情報を"鵜呑み"にした場合には相当性を認めない判例〔「教授が産業スパイ」事件判決（大阪高判昭和60年6月12日）〕や，逆に独自取材の場合においても，特別の調査権限をもたないマス・メディアに対して「裏付資料や根拠の高度の確実性を要求することはできない」と述べて相当性を認める判例〔「市有地払下げに疑惑」事件判決（大阪地判昭和59年7月23日）〕もあらわれています。また，信頼性を有する通信社が真実に反する内容の名誉毀損的記事をマス・メディアに配信した場合，責任を問われるのはその通信社であり，その事実を公表したマス・メディアは相当性事由による免責を受けることができるとするいわゆる「配信サービスの抗弁」について，最高裁はそれが認められない場合もある旨の判断を示しています〔「大麻草を家に隠す」事件最高裁判決（最三小判平成14年1月29日）〕。

3　名誉毀損の救済手段

損害賠償　　民事名誉毀損における通常の救済手段は，いわゆる損害賠償（金銭賠償）です。民法第710条は，「他人ノ身体，自由又ハ名誉ヲ害シタル場合ト財産権ヲ害シタル場合トヲ問ハス前条ノ規定ニ依リテ損害賠償ノ責ニ任スル者ハ財産以外ノ損害ニ対シテモ其賠償ヲ為スコトヲ要ス」と述べ，名誉毀損のような人の精神的利益の侵害に対しても，その身体的利益や財産的利益を侵害した場合と同様に，金銭によってその償いがなされうると規定しています。しかしながら，従来，裁判においては，身体や財産への侵害に比べて精神的ダメージは低く見積もられる傾向にあり，賠償金額は通常100万円程度というのが常識でした。ところが，1999年8月に，政

権政党である自由民主党の「報道と人権等のあり方に関する検討会」が，マス・メディアに対して命じられる賠償金額の不当性を指摘したことなどをきっかけとして，短期間に政治家，企業経営者，芸能人，スポーツ選手などに対して高額(500〜1000万円程度)の損害賠償を認める判決が相次いで出され，さらに2002年9月には，司法研修所の「損害賠償実務研究会」が，①報道による名誉毀損の賠償金額の算定に関して，交通事故と同様の"点数制"導入すべきこと，②賠償金額の平均基準を500万円程度とすべきことを提案するなど，現在"名誉の値段"の高額化が進行・定着しつつあります。

　名誉毀損事件における従来の賠償額があまりにも低額であり，マス・メディアの過度の商業主義やセンセーショナリズムに対する十分な抑止効果をもたなかったことは，これまでにも多くの論者によって指摘されてきました。そして，こうした状況を是正するために，ある程度までの賠償金額のアップが必要であることは，おそらく多くの人の支持するところであろうと思われます。しかし，現在の判例の傾向を見ると，こうした高額化は，訴訟を提起するための十分な資金力をもたない"貧しい"名誉毀損被害者を救済するのではなく，わが国の政治・経済・文化の第一線に立つ人々，すなわち社会の指導層の名誉を手厚く保護し，ひいてはこれらの人々に対するマス・メディアの批判力・追及力を減殺させる方向に機能していることが明らかです（すでに紹介したいわゆる"点数制"の具体的内容を見ても，社会的地位が高い者ほどその名誉が手厚く保護される傾向が見られます）。また，こうした高額化が，特に十分な資金力をもたない中小のメディアに対する萎縮効果をもたらし，ひいては意見・情報の多様性が脅かされる危険が生じかねないことも見逃せません。

　賠償金額の高額化がもつこうした弊害を除去するためには，免責要件の緩和，すなわち，いわゆる「現実的悪意」の理論〔政治家等の公的な人物が被害者である名誉毀損訴訟においては，問題の記事（番組）

を公表するにあたって，マス・メディア（ジャーナリスト）が，事前にその内容を虚偽であると知っていたか，あるいは，その内容が虚偽であるか真実であるかを全く無視する態度をとっていたかしなければ——しかもそれを被害者側が立証しなければ——名誉毀損が成立しないという合衆国の判例理論)の導入，公益性要件の撤廃，「相当性事由による免責」の範囲の拡張などの措置を同時進行的に行うことが必要であるように思われます。

名誉回復処分　　名誉毀損の救済手段として時折用いられることのあるのが，民法第723条に規定される名誉回復処分です（民法第723条は，「他人ノ名誉ヲ毀損シタル者ニ対シテハ裁判所ハ被害者ノ請求ニ因リ損害賠償ニ代ヘ又ハ損害賠償ト共ニ名誉ヲ回復スルニ適当ナル処分ヲ命スルコトヲ得」と規定しています）。この名誉回復処分の通常の形式はいわゆる謝罪広告，すなわち「……の記事は事実に相違しており，貴下の名誉を傷つけご迷惑をおかけしました。ここに陳謝の意を表し……」といった内容のお詫び広告の公表であり，この広告の様式，文言，掲載媒体は裁判所が決定し，判決の中で加害者側に具体的に指示するのが通例です。しかし，こうした謝罪広告の公表命令は，訴訟には敗れたが謝罪の意思はもたない，つまり自らの表現内容の正当性をなおも確信しているジャーナリスト（マス・メディア）にとっては，通常耐え難いものであると考えられます。なぜならば，それは，明らかに国家権力による自らの内心(本心)とは異なる意思表明の強制であり，その意味で「思想・良心の自由」を規定する憲法第19条に違反する疑いすらも存在するからです。

この点に関し最高裁は，いわゆる謝罪広告事件最高裁判決(最大判昭和31年7月4日)において，「単に事態の真相を告白し陳謝の意を表明するに止まる程度のものにあっては，……倫理的な意思，良心の自由を侵害することを要求するものとは解せられない」として，謝罪広告が思想・良心の自由を侵害するものではないという見解を示

しています。しかし，かりに最高裁の言うように謝罪広告が憲法違反ではないとしても，こうしたやり方は名誉回復のための方策として適切であるとは到底言えないように思われます。名誉回復処分として最も適当であると思われるのは，判決内容に即して被害者が作成する反論広告の公表を命ずることであり，この形式によって名誉の回復をはかることは，第4章において紹介したメディア・アクセス権の基本精神にもかなうものであると言えるでしょう。現在，下級審判例の中には，その傍論（判決の中のいわゆる"一般論"の部分）において「〔名誉回復処分とは〕通常は，謝罪広告……であるが，これに代えて又はこれと共に，反論文を掲載することが有効，適切である場合には，反論文掲載請求が許容されることもありうると考えられる」と述べるものが出現しており〔『諸君！』事件判決（東京地判平成4年2月25日）〕，今後実際に，名誉毀損事件の被告に対して反論広告の掲載を命ずる判決が出されるかどうかが注目されます。

事前差止め　名誉毀損の救済手段として，すでに紹介した金銭賠償，名誉回復処分以外に，新聞・雑誌・書籍などの表現物に対して事前差止めが行われる場合があります。表現物の事前差止めとは，表現物の公表によってある人物の名誉（あるいはプライバシー）がまさに侵害されようとするとき，その人物の請求にもとづいて裁判所が緊急に問題の表現物の公表を差止める命令（仮処分命令）を発し，それによってその侵害を予防するというものであり，その根拠となるのは「……仮処分命令は，争いがある権利関係について債権者に生ずる著しい損害又は急迫の危険を避けるためこれを必要とするときに発することができる」と規定する民事保全法第23条2項です。このような表現物の事前差止めが可能であることをはじめて示唆したのは，プライバシー権（私的領域を侵害されない権利；詳しくは第7章参照）をはじめて承認した判決として有名な『宴のあと』事件判決（東京地判昭和39年9月28日；この判決についても第7章参照）ですが，

それ以後，実際に表現物による名誉・プライバシー侵害を予防するための差止め請求が行われるようになり，またそのうちのいくつかは裁判所による認容の決定を得て実現しました。

この表現物の事前差止めは，すでに紹介した他の救済手段とはちがって被害の発生を未然に防止することを可能にするものですから，名誉・プライバシーの保護にとっては非常に有利なものであるといえます。しかし一方，明らかにそれは，ある表現物が一般の人々に向けて公表される以前の段階で発表を禁止する措置，すなわち表現の事前抑制（第1章参照）であり，これが濫用されればマス・メディアの自由に大きなダメージを与えかねないこともまたたしかです。この点をふまえて最高裁は，知事選候補者が裁判所に対して自らに対する名誉毀損的な個人攻撃を繰り返す月刊誌の差止めを求め，これが認容されたため，こんどは月刊誌側がその候補者と国を相手に損害賠償を求めた事件である『北方ジャーナル』事件の最高裁判決（最大判昭和61年6月11日）において，「公務員又は公職選挙の候補者に対する評価，批判等の表現行為に関する……事前差止めは，原則として許されない」とした上で，そうした場合であっても，「その表現内容が真実でなく，又はそれが専ら公益を図る目的のものでないことが明白であって，かつ，被害者が重大にして著しく回復困難な損害を被る虞があるとき」に例外的に事前差止めが許容されるという見解を示しています。

このように最高裁は，事前差止めといういわば"劇薬"的な救済手段に対して，一定程度警戒的な姿勢を示しているように見受けられますが，実際にはこの判決以降，やや安易に名誉・プライバシー侵害的表現物の差止めを認めるいくつかの判決が出されており，現在，マス・メディアの自由は，いわば"司法による検閲"の危機に直面していると言えます。名誉・プライバシーの侵害の予防のための事前差止めは，①公共の利害に関する事実，すなわち"その公正

さについて一定の社会的期待が存在する事柄"を含まず，かつ，②事後的な救済手段（金銭賠償および名誉回復処分）による回復がほとんど望めない取材・報道に対してのみ，例外的・限定的に行われるべきであるように思われます（たとえば，犯罪被害者の，事件とは全く関係のない私生活上の事実を暴露する記事などがこのような例外的・限定的場合に該当するでしょう）。

4 名誉毀損をめぐるその他の問題

論評による名誉毀損　すでに述べたように，名誉毀損とは，基本的には"事実"，すなわち，そのことがあったかなかったかを客観的に確認できる程度に具体性のあるストーリーの公表によってひきおこされるものです。しかし，考えてみると，そうした事実の叙述によってではなく，ある事柄に関する意見の表明，すなわち論評（コメント）によってある人物の社会的評価の低下がもたらされる可能性も存在しています。そして，このような場合に名誉毀損の成立・不成立を判断するための——言いかえれば，マス・メディアの自由と名誉との調整を行うための——ルールとして裁判所が採用しているのが，一般に「公正な論評（フェア・コメント）の法理」とよばれる判断基準です。

「公正な論評の法理」とは，名誉毀損的な論評であっても，それが，①その論評の前提となる事実が，その主要な点において真実であること，②その論評の目的が専ら公益を図るものであり，人身攻撃に及ぶなど論評としての域を逸脱したものでないこと，③その論評の対象が，公務員がその地位において行う行動など公共の利害に関する事実であること，という三要件を満たす場合には免責される，と定式化しうるルールであり，最高裁も，ある都市における多数の小学校教師の実名を挙げて「有害無能教師」と論評するビラを配布

した行為が問題となった「有害無能教師」事件の最高裁判決（最一小判平成元年12月21日）において，このルールを承認しています。

上述の三要件を一見するとわかるように，論評による名誉毀損の場合には，事実の提示による通常の名誉毀損における「相当性事由による免責」にあたるものが存在していません（つまり，論評によって人の社会的評価を低下させた者は，その論評の前提となる事実を真実と信じたことについて相当な理由があり，さらに，②と③の要件を満たしたとしても免責されません）。わが国の名誉毀損制度においては，現在のところ"事実の提示"の場合の免責要件と"意見の表明"の場合のそれとの間に差異が存在しているわけです。このような差異化の背後には，事実の提示，すなわち報道についてはかなりの迅速性が要求されるが，意見の表明，すなわち論評については必ずしもそうした迅速性は要求されず，したがって相当性事由による免責は不要であるという見方が存在しているように思われます。しかしながら，迅速な事実の報道だけではなく迅速な論評・解説も要求されるという現代における報道スタイル，さらには"事実の提示"と"意見の表明"との明確な区別の困難さを考えたとき，このような差異化には疑問の残るところです〔なお，わが国においてはじめて公正な論評の法理を承認した女子プロレス事件判決（東京地判昭和47年7月12日；いわゆる女子プロレスに対して，「ストリップと紙一重」などと論評する新聞記事が問題となった事件）をはじめとする最高裁判決以前のいくつかの下級審判決は，公正な論評の法理の中に相当性事由による免責を組み込んでいました〕。

犯罪報道と名誉毀損　　いわゆる犯罪報道の名誉毀損性に関しては，すでに紹介した「相当性事由による免責」をめぐる論点以外にも，たとえば，犯罪被疑者の実名報道，犯罪被疑者の私行報道，犯罪事実に関して推論を展開する報道（推論報道）がそれぞれ名誉毀損を構成するかどうかという問題が存在しています。また，これに関

連して，護送中あるいは現場検証中の被疑者・被告人の肖像の公表がプライバシー侵害（第7章参照）にあたるかどうかも問題となります。

　第一に，実名報道の名誉毀損性ですが，最高裁は，「被疑者の特定は，犯罪ニュースの基本的要素であって，犯罪事実自体と並んで公共の重要な関心事である」との見地に立って，犯罪被疑者を実名で報道することがただちに名誉毀損になるとは言えない，としたある高裁判決〔敬称抜き実名報道事件判決（名古屋高判平成2年12月13日）〕を支持する判決を下しています（最三小判平成5年3月2日）。犯罪報道において被疑者の実名を報道するか否かは，基本的にマス・メディアの倫理（マス・メディアの自律的ルール；第3部参照）に委ねられるべき問題であり，実名報道それ自体が名誉毀損や侮辱にあたると見ることは適切ではないでしょう。しかし逆に，マス・メディアがある記事（番組）において匿名報道を採用した場合，かりにそれが十分な結果，すなわち，一般読者（視聴者）が被疑者を特定できないような状況をもたらさなかったとしても――もしそうした状況がもたらされれば，当然，名誉毀損そのものが成立しません――，それを「報道が興味本位に流れる傾向を制限する効用を持つという意味で，違法性の程度の判断の際に，これを軽減する一要素として考慮」〔北朝鮮スパイ報道事件判決（東京地判平成6年4月12日）〕することは望ましいように思われます。

　第二に，犯罪被疑者の私行に関する報道ですが，この点に関しては，「犯罪事実に関連して，犯罪（容疑）者の経歴，交友関係等の私行についての摘示も許されないわけではないが，……一般的にはその範囲は犯罪事実及びそれに密接に関連する事実に限られるべきである」とした上で，その範囲を逸脱した私行報道を名誉毀損と認定した判決が存在しています〔「大物サギ師」事件判決（東京地判昭和56年6月30日）〕。この判決においては，一定の限度を超える犯罪被疑者の

私行の報道が"名誉毀損"に該当するという考え方が示されていますが、それは、本来は"プライバシー侵害"の問題として追求されるべき事柄であるように思われます。

第三に、いわゆる推論報道ですが、最高裁はこの論点に関して、「表現に推論の形式が採られている場合であっても、……証拠等によってその存否を決することが可能な他人に関する特定の事項を右推論の結果として主張するものと理解されるときには、同部分は、事実を摘示するものと見るのが相当」であるとの見解を示しています〔「何を語る推理小説」事件最高裁判決（最二小判平成10年1月30日）〕。つまり、推論を展開し、あるいは疑惑を提示する形式での犯罪報道による名誉毀損事件において真実性証明の対象となるのは、推論や疑惑の存在ではなく、その推論・疑惑の内容を構成する事実の存在そのものであるというのです。こうした見解は、犯罪に関して読者の興味におもねる、無責任な報道がなされることを抑止するという意味では正当ですが、一方でこの見解は、マス・メディアが、たとえば政治家の不正疑惑に関連して「～であるとの推測も可能である」あるいは「～という疑いがある」といった形式で報道を行うことまで抑圧してしまう危険性を内包しています。

最後に、護送中あるいは現場検証中の被疑者・被告人の肖像の公表ですが、いわゆる護送写真の公表に関して、それを違法なプライバシー侵害ではないとしつつ、「勾留中の刑事被告人に関しては、一見して身柄を拘束されていることが分かる状況の下でその姿を公衆の面前にさらすことは、一般に屈辱感、羞恥心等の多大な精神的苦痛を与えることになると考えられるので、できる限りそのようなことのないように配慮する必要がある」と述べる判例があります〔ロス疑惑護送写真事件判決（東京地判平成5年5月25日）〕。護送中あるいは法廷内での被疑者の肖像の撮影・公表がすべてプライバシー侵害にあたるとは言えませんが、たとえばいわゆる引き回し（捕縄などによっ

て身体の自由を奪われた被疑者を，取材カメラマンの面前に連れ出すこと）のシーンを撮影した写真の公表のように読者（視聴者）に有罪を強く印象づけるものについては，一種の侮辱的表現として損害賠償責任を発生させる場合があると考えるべきでしょう〔侮辱的表現を行った者に損害賠償責任が発生することを承認する判例として，「顔は悪の履歴書」事件判決（東京地判昭和61年4月30日）があります〕。

―― 第6章・参考文献 ――

※名誉毀損とプライバシー侵害の双方を取り扱うものは，ここに収めた。

A．名誉毀損制度・全般

日本新聞協会編『新聞の責任：名誉棄損を中心として』（岩波書店，1956年）

大野文雄他『判例実例・名誉・プライバシーの裁判基準（民事刑事）』（酒井書店，1963年）

五十嵐清他『名誉とプライバシー』（有斐閣，1970年）

野村好弘『名誉侵害の民事判例』（有斐閣，1972年）

伊藤正己編『名誉・プライバシー』（日本評論社，1972年）

竹田　稔『名誉・プライバシー侵害に関する民事責任の研究』（酒井書店，1982年）

平川宗信『名誉毀損罪と表現の自由』（有斐閣，1983年）

五十嵐清『人格権論』（一粒社，1989年）

飯室勝彦『報道の中の名誉・プライバシー』（現代書館，1991年）

日外アソシエーツ編『表現の自由・著作権・名誉毀損：やさしく引ける判例総覧』（日外アソシエーツ，1993年）

のぞみ総合法律事務所編『名誉毀損：被害の実態とその対策実務』(商事法務研究会，1998年)

静岡県弁護士会編『情報化時代の名誉毀損・プライバシー侵害をめぐる法律と実務』（ぎょうせい，2000年）

竹田　稔他編『名誉・プライバシー保護関係訴訟法』（青林書院，2001年）

B．外国の名誉毀損制度

P・ウィッテンバーグ著，小西健吉訳『危険な言葉：名誉毀損の実際的研究』（有信堂，1953年）

三島宗彦『人格権の保護』（有斐閣，1965年）

斎藤　博『人格権法の研究』（一粒社，1979年）

塚本重頼『英米法における名誉毀損の研究』（中央大学出版部，1988年）

喜多村洋一『報道被害者と報道の自由』（白水社，1999年）

第7章 プライバシー侵害

1 プライバシー侵害とは何か

プライバシー権とは何か　「プライバシー」という言葉はすでに日本語化しており，したがって，われわれは「プライバシー権」という用語の指し示す内容について少なくとも漠然としたイメージを思いうかべることができます。プライバシー権の正確な意味とその内容については後から詳しく述べることにして，まずはこの権利が現在のようなかたちで成立するに至る歴史を見ておくことにしましょう。

　プライバシー権の今日の発展の出発点になったのは 19 世紀末の合衆国です。この時期，欧米諸国では資本の蓄積，教育の普及，技術開発，輸送・通信手段の発達などの社会的条件がかさなり，現在のような産業としてのマス・メディア（新聞）が成立しますが，これらの中には有名人などのゴシップ（噂話）やスキャンダル（醜聞）を好んで取り扱うもの，すなわちイエロー・ジャーナリズムも含まれていました。プライバシー権という考え方は，主としてこの種の新聞による容赦のない私生活の暴露に対抗するために提唱されたものであり，したがってその意味するところは，当時の言い回しを用いれば「ひとりにしておいてもらう権利」，言いかえれば「私的領域を

侵害されない権利」でした。

その後20世紀に入ると,合衆国各州は,順次この新しい概念を法的保護にあたいする権利として承認してゆきます。また,このようなプライバシー保護の考え方は,次第にヨーロッパ諸国をはじめとする諸外国にも影響を及ぼすことになります。わが国では,やや遅ればせながら1964年に,いわゆる『宴のあと』事件の判決(この事件については,後で詳しく紹介します)において,裁判所がプライバシーを名誉とならぶ人格権の一つとして位置づけた上で,それを法的保護の対象になりうるものとして承認したことが,この権利を一般の人々に認識させるきっかけになりました。

しかし1960年代以降,欧米諸国をはじめとする各国でコンピューターが普及し,それまで不可能であったような個人データの蓄積・利用が可能になると,それに伴ってプライバシー権の意味内容も拡張・変化を余儀なくされます。具体的には,これまで「私的領域を保護される権利」としてもっぱら理解されてきたプライバシー権が,新たに「自己の情報をコントロールする権利」としての側面をも有するものとして認識されるようになったのです。そして,こうした新しい考え方は,比較的早い時期からコンピューターの普及が見られたわが国にも導入され,1981年には最高裁が,「前科等のある者もこれをみだりに公開されないという法律上の保護に値する利益を有する」,すなわち,人に一定の「自己の情報をコントロールする権利」が存在することを承認する判決を下しました〔前科照会事件最高裁判決(最三小判昭和56年4月14日)〕。このような経緯をふまえて,現在わが国においては,プライバシー権を基本的に「自己の情報をコントロールする権利」と把握した上で,「私的領域を侵害されない権利」をその自由権的側面(「自由権」と「請求権」の区別については,第1章参照)として位置づける考え方が比較的有力に主張されています。マス・メディアの自由との関係で問題となるプライバシー権が,主と

してこの「私的領域を侵害されない権利」であることは，改めて言うまでもないでしょう〔なお，マス・メディアの自由とプライバシー権の請求権的側面（個人情報を保護される権利）との関係については，第3章参照〕。

プライバシー侵害の諸類型　さて，現在の社会において，プライバシー侵害（以下，この言葉を「私的領域の侵害」の意味で用います）はさまざまなかたちで発生しますが，それらを大きく，①私的領域への侵入，②私生活上の事実の公表，③肖像・氏名の無断利用，に類型化することが可能です。

　プライバシー侵害の第一の類型は，いわゆる侵入です。この侵入の典型的なものは他人の住居に無断で立ち入ることですが，住居の一部に第三者の立ち入りが予定されている場合——たとえば，住居の一部が店舗や医院になっている場合——には，その部分への営業時間内における立ち入りは原則的に許容されます〔春椎赤十字事件判決（神戸地裁姫路支判昭和58年3月14日）〕。また，チェックインした後のホテルの個室や入院中における病室なども，住居と同様に基本的には立ち入りが許されない場所とみなすことができます。ただし，わが国においては，不正・違法を問われるなどして窮地に陥った権力者が"病気治療"と称して入院したり，あるいは，入院中の政治家が実際には大きな政治的影響力を行使したりする場合がありますが，こうしたことが疑われる場合にもマス・メディア（ジャーナリスト）が病院における取材を一切つつしむべきであるかどうか，すなわち病院の聖域化の是非については議論の余地があるように思われます〔なお，武富士会長事件判決（東京地判平成2年5月22日）は，病室のみならず病棟内においても「完全な私生活が保証されてしかるべき」であるとしています〕。なお，侵入は，他人の私的領域への立ち入りを伴わない方法，すなわち盗聴や盗撮によって遂行される場合もあります〔井上ひさし"愛人"盗撮事件判決（東京地判平成元年6月23日）〕。

プライバシー侵害の第二の類型は、他人の私的事実の公表です。先に触れたわが国における最初のプライバシー裁判であるいわゆる『宴のあと』事件は、作家・三島由紀夫の小説『宴のあと』の主人公のモデルとされた元外務大臣・有田八郎が、この小説における私生活上の事実の公表が自らのプライバシー権の侵害にあたるとして提訴した事件であり、まさにこの類型の典型的な例であると見ることができます。この事件を審理した東京地裁は、私的事実の公表をプライバシー侵害と認定しうるための条件として、「公開された内容が(イ)私生活上の事実または私生活上の事実らしく受け取られるおそれのあることがらであること、(ロ)一般人の感受性を基準にして当該私人の立場に立った場合公開を欲しないであろうと認められることがらであること……(ハ)一般の人々に未だ知られていないことがらであること」という要件（プライバシー三要件）を提示しましたが、この要件はその後の判例において必ずしも踏襲されておらず、したがって定着した構成要件とは言えません。また、この要件に従えば、私生活上の真実の暴露のみならず、真実と受け取られるおそれのある事柄の公表についてもプライバシー侵害とみなしうる、言いかえれば"自らの真の姿とは異なるイメージを流布されない権利"も法的に保護されることになりますが、このような考え方には、プライバシー侵害の輪郭、とくに名誉毀損との棲み分けをあいまいなものにし、ひいてはマス・メディアの自由を不当に制約する危険もひそんでいるように思われます〔なお、いわゆる"人違い写真"の掲載の違法性を認めた人違い写真事件判決（東京地判昭和62年6月15日）は、"自らの真の姿とは異なるイメージを流布されない権利"を認めた判例と見ることができます〕。

プライバシー侵害の第三の類型は、他人の肖像、氏名の無断利用です。一般に、自らの肖像を無断で利用されない権利——ここにいう「利用」には、肖像の"公開"のみならず、その前段階における

"撮影"あるいは"加工"も含まれます——を「肖像権」と呼び，また，自らの氏名を無断で利用（取得，加工，公表）されない権利を「氏名権」と呼びます。この二つの権利は，すでに最高裁判例によってその存在が認められていますが〔京都府学連事件最高裁判決（最大判昭和44年12月24日：肖像権）および外国人氏名事件最高裁判決（最三小判昭和63年2月16日：氏名権）〕，これらの権利は絶対的なものではなく，とくにマス・メディア（ジャーナリスト）には，原則としてその取材・報道において関係者の氏名および肖像を取得し，公表する自由が与えられていると見るべきでしょう。もちろん，たとえば犯罪の被疑者や被害者の肖像や氏名が恣意的に，あるいは興味本位で公表されてはならないことは明らかですが，それは原則として報道の"倫理"によって制御されるべき問題であると思われます（第11章参照）。なお，自らの肖像や氏名のもつ経済的価値（顧客吸引力）を自らのビジネスの源泉にしているいわゆる著名人には，人格的権利としての氏名権・肖像権とは別に，財産権としての肖像権・氏名権（自己の肖像や氏名を勝手に用いて商売を行うことを許さない権利）が認められており，これらを一般にパブリシティー権と総称しています。

　さて，以上のような行為（侵入，私的事実の公表，氏名・肖像の無断利用）が行われた場合，それは民法第709条・第710条に規定される不法行為にあたるとみなされ，行為者に損害賠償その他の責任が発生します（なお，刑法にはいわゆるプライバシー侵害罪は規定されておらず，人の私的領域の侵害が刑事責任を発生させるのは住居侵入，信書開披などのごく例外的な場合に限定されています）。ただし，名誉毀損の場合に免責要件が存在するのと同様，プライバシー侵害行為に何らかの正当性が存在する場合（たとえば，それが正当な取材・報道活動の一環として行われた場合など）には当然にその行為は許容されます（この点について詳しくは，本章2参照）。

2 対メディア・プライバシー訴訟

対メディア・プライバシー訴訟の展開　1においては，プライバシー権とは何か，あるいは，具体的にどのような行為がプライバシー侵害（私的領域の侵害）に該当するのかについて見ましたが，続く2では，とくにマス・メディアを相手方として，それが行った，あるいは現に行っている取材・報道がプライバシー侵害にあたることを理由に提起される訴訟——ここでは，こうした訴訟をかりに「対メディア・プライバシー訴訟」と呼ぶことにします——に限定して考察を進めてゆきたいと思います。まず，わが国における対メディア・プライバシー訴訟の歴史的展開について，簡単に跡づけておくことにします。

すでに紹介したように，わが国におけるプライバシー訴訟の出発点となった『宴のあと』事件が，まさにこの対メディア・プライバシー訴訟であったわけですが，しかしその後，昭和40年代および50年代（1965～1984年）の約20年間には，この種の訴訟はなぜかほとんど影をひそめてしまいました（この20年間で，わずかに数件を数えるのみです）。この時期，わが国においては，すでにジャーナリズムの大衆化が相当進行しており，有名人や事件関係者などに関するプライバシー侵害的報道はごく日常的なものとなっていましたが，彼らは，「私生活上の事実または私生活上の事実らしく受け取られるおそれのあることがら」（『宴のあと』事件判決）を公表された場合であっても，多くの場合は訴訟を提起せず，また，かりに訴訟を提起する場合であっても，プライバシーの侵害ではなく自らの名誉（社会的評価）の侵害をその理由とするのが通例でした。こうした状況をもたらした要因が何であるかは必ずしも明らかではありませんが，いかなる社会的評価・批判の対象にもならない私的領域（社会に対峙する

個)を保護するというプライバシーの発想——この発想が，外来のものであることはすでに見たとおりです——そのものに，当時の日本人がいまだ十分になじんでいなかったのではないかという推測が一応は可能であるように思われます。

ところが，昭和60年代に入ると，対メディア・プライバシー訴訟の数はにわかに増加してゆきます。こうした急激とも言える変化がもたらされた背景には，①1981年（昭和56年）に写真週刊誌『フォーカス』が創刊されて以降，いわゆる写真週刊誌ブーム——最盛期に存在した5誌のイニシャルをとって，3FET時代などと呼ばれました——が到来し，有名人などの私生活を執拗に追跡・撮影し，かつそれを煽情的に提示する取材・報道スタイルが一般化したこと，②いわゆる"ロス疑惑"（1984年の初頭に連載された『週刊文春』の記事「疑惑の銃弾」を発端とする保険金殺人疑惑）をめぐって，疑惑の渦中におかれ過熱取材・報道のターゲットとなった人物が，マス・メディアに対して500件以上の名誉・プライバシー訴訟を提起したこと，③以上のような状況をうけて，弁護士をはじめとする実務法律家の間でプライバシーに関する認識・理解が進んだこと，といった事情が存在していると考えられます。しかしながらその一方では，たとえば過熱取材・報道にさらされる犯罪被害者の遺族などが自らのプライバシーの保護を求めて訴訟を提起することはほとんどない，といった状況もいまだに残されており，現時点では，わが国において対メディア・プライバシー訴訟が定着したと見るのはいささか早計であるようにも思われます。

プライバシー侵害の免責要件　さて，以上のような対メディア・プライバシー訴訟における中心的論点は，言うまでもなく「プライバシー権」と「取材・報道の自由」との調整をどのように行うかであり，具体的には，マス・メディアによってある人のプライバシーが侵害された場合の免責要件は何かが問題になります。この点につ

いて最高裁は，あるノン・フィクション作品の中で自らの過去の犯罪事実を実名とともに公表された人物が，この公表がプライバシー侵害にあたるとして著者に対し損害賠償を請求した事件である『逆転』事件の判決（最三小判平成6年2月8日）において，過去の犯罪事実の公表が不法行為を構成するか否かは「その者のその後の生活状況のみならず，事件それ自体の歴史的又は社会的な意義，その当事者の重要性，その者の社会的活動及び影響力について，その著作物の目的，性格等に照らした実名使用の意義及び必要性をも併せて判断すべきもので，その結果，前科等にかかわる事実を公表されない法的利益が優越するとされる場合には，その公表によって被った精神的苦痛の賠償を求めることができる」と述べ，プライバシー権と取材・報道の自由の調整は，名誉毀損の場合のように一定の免責要件に従って行われるのではなく，むしろ個別的比較衡量の考え方（対立する二つの権利・利益のいずれかを選択すべき場合には，諸事情を総合的に考慮した上，ケース・バイ・ケースで判断すべきであるとする考え方）によるべきであることを示唆しています。しかしながら，こうした考え方は，①裁判所は，個人の私的事柄を日常的に取り扱うマス・メディア（ジャーナリスト）に対して，その公表が許容される範囲を一定の明確さをもって提示する必要があること，②前章において見たように，民事名誉毀損訴訟においても，公共性・公益性・真実性という刑事名誉毀損訴訟に関して法律（刑法第230条の2第1項）が規定する免責要件が適用されており，プライバシー侵害訴訟の場合にもこれと軌を一にすることが望ましいことなどを考えたとき，必ずしも適切とは言えないように思われます。

実際，下級審の判例の中には，プライバシー侵害の場合にも名誉毀損の免責要件に類似した抽象的判断基準を採用すべきであるという考え方をとるものがあります。たとえば，上述の『逆転』事件の高裁判決（東京高判平成元年9月5日）は，公表された私的事実が「公共

の利害に関わり，これに対する社会一般の関心が正当なものと認められるような特別な事情がある場合に，公益を図る目的で当該事実を公表することは適法である」と述べ，プライバシー侵害の表現（報道）であっても，そこに公共性および公益性（これらの要件については，第6章参照）が認められる場合には原則として免責されるという見解を示しています。このような見解は，①すでに『月刊ペン』事件の最高裁判決（第6章参照）において，「私人の私生活上の行状であっても，そのたずさわる社会的活動の性質及びこれを通じて社会に及ぼす影響力の程度などのいかんによっては，……『公共ノ利害ニ関スル事実』にあたる場合がある」との見解が提示されていること，②他人の私的な事柄を暴露する報道を行う場合には，その"表現行為の動機"が正当であり，かつその"表現方法"が真摯であることが必要であるように思われること，という二点を考慮したとき，基本的に正当であると評価しうるでしょう。

プライバシー侵害の救済手段　対メディア・プライバシー訴訟におけるもう一つの問題点は，マス・メディア（ジャーナリスト）によって自らのプライバシーを侵害された場合に，一体いかなる救済手段が許容されるのかという点です。そして，この点に関して具体的には，①名誉毀損の場合と同じくプライバシーの侵害の場合にも，謝罪広告の公表などのいわゆる名誉回復処分（民法第723条）による救済が認められるか，②プライバシー侵害予防のための事前差止めはいかなる場合に許容されるべきか，という二つの論点が存在しています。

まず第一の点については，プライバシーを侵害する記事を公表したマス・メディアに対して謝罪広告の掲載を命じることによって，「読者の本件写真〔注・プライバシーを侵害する肖像写真〕に対する認識の仕方を変えることにより本件写真の社会的な意味を質的に変容させ，もって本件肖像権及びプライバシーの侵害の原因を相当程度

減少させることができる〔のみならず〕……過去の侵害による……精神的な損害をも一定程度軽減することができる」として，プライバシー侵害の場合にも謝罪広告による救済が可能であるとする武富士会長事件判決（前掲）と，「民法723条は……人の社会的名誉が侵害された場合に限り例外的に原状回復措置を認めたものであって，プライバシーが侵害された場合に同条に基づき原状回復措置を求めることはできない」とする「熱海お大尽行状記」事件判決（東京高判平成4年12月21日）とが対立しています。

次に第二の点については，従来，私的事実の公表によるプライバシー侵害に関しても，名誉毀損事件である『北方ジャーナル』事件の最高裁判決（第6章参照）が提示した差止め認容基準（①その表現内容が専ら公益を図る目的のものでないことが明白であり，かつ，②被害者が重大にして回復困難な損害を被るおそれがあること）を適用して差止めの認否を判断するいくつかの下級審判例が存在していましたが〔仙台育英学園事件決定（東京地決平成元年3月24日）および『ジャニーズおっかけマップ・スペシャル』事件判決（東京地判平成10年11月30日）〕，2002年9月に最高裁は，作家・柳美里の私小説のプライバシー侵害性が問題となった『石に泳ぐ魚』事件に関する判決（最三小判平成14年9月24日）において，「予想される侵害行為によって受ける被害者側の不利益と侵害行為を差し止めることによって受ける侵害者側の不利益とを比較衡量して〔差止めの認否を〕決すべきであ」ると述べ，個別的比較衡量基準がプライバシー侵害を理由とする表現物の差止めの認否判断にあたって用いられる旨を示唆しました。また，以上の判例のうち『ジャニーズおっかけマップ・スペシャル』事件判決は，「自宅等の住居の所在地に関する情報をみだりに公表されない利益」（これを「住所権」と呼ぶことも可能でしょう）をプライバシーの一環として位置づけた上で，芸能人の住所および住居に関する情報を明らかにする特定の書籍のみならず，将来におけるそれと同種

の出版物すべての差止めを許容するものですが,こうした差止め,すなわち裁判所がある具体的な表現物ではなく,一定の表現内容を指定してそれを禁止する内容の差止めは,マス・メディアの表現活動に対して重大な萎縮効果を及ぼすものであり,許容されるべきではないでしょう(芸能人のプライバシーの保護は,表現物の差止めではなく,芸能人の住居に対する押しかけ,取り囲み,見張り等の行為の差止めによって実現されるべきでしょう)。

以上,プライバシー侵害の救済手段をめぐる判例状況について見ましたが,考えてみると,ある人のプライバシーすなわち私的領域は,人の名誉すなわち社会的評価とは異なり,一旦それが侵害されれば,謝罪広告をはじめとする何らかの事後的措置によってはほとんどその回復が見込めない点に特徴を有するように思われます。したがって,その救済手段に関して事前差止めのはたす役割が名誉毀損の場合にくらべて高まることは必然的であり,具体的には,第6章において提言した差止め要件〔①公共の利害に関する事実,すなわち"その公正さについて一定の社会的期待が存在する事柄"を全く含まず,かつ,②事後的な救済手段(金銭賠償および名誉回復処分)による回復がほとんど望めない場合に差止めを許容する〕を適用しつつ,プライバシー侵害の場合には②の要件充足性を名誉毀損の場合より多少緩やかに判断して差止めを認容すべきであるように思われます。

3 プライバシー侵害をめぐるその他の問題

芸能人のプライバシー　芸能人とは,一般大衆の人気を背景に,マス・メディアや興行を通じて,身体器官や道具を用いた情緒的な表現活動(芸能)を職業的に行う人々を指します。こうした芸能人に関しては,マス・メディアによってその私生活にかかわる記事や番組が日常的に公表されているような印象があるにもかかわらず,実

は彼らが自らのプライバシーの保護を求めて訴訟を提起する例はほとんどありません。しかしその一方、芸能人が、自らの私生活にかかわる虚偽の事実を公表され、その社会的評価を傷つけられたと主張して提起する名誉毀損訴訟は、これも数は少ないもののいくつか存在しており、こうした訴訟においては、彼らの私生活上の事実の公表に公共性（「公共の利害に関する事実」該当性）が認められ、マス・メディアが免責される場合があるか否かが最大の争点になっています（公共性については、第6章参照）。

この点に関する判例はほぼ、芸能人は、政治家や公務員とは異なり一般の人々に対して何らの権力・権限をも行使する立場にはないことや、一般人が芸能人に対して寄せる人気・興味は単なる好奇心であって法的に保護されるべき正当な関心とは言えないことなどを理由に、芸能人に関する私的事実の公表に公共性を認めない点で一致しています〔たとえば「スター交歓図」事件判決（東京地判昭和55年7月7日）、「女優Ｉ来春離婚」事件判決（東京地判平成5年9月22日）など〕。また学説上も、芸能人の私生活上の事実が犯罪性を帯びたり公序良俗に反したりする場合や、芸能人が自らの人気やイメージを政治目的に利用している場合などを除いて、彼らの私生活上の事実の公表に公共性を認めない見解が有力に主張されています。

しかしながら、このような見解は、①芸能という仕事が本質的に、たとえば性愛、死（破局）、追憶といった人の私的領域の深部にかかわる感情を刺激し、操作することによって成立するものであり、われわれ一般大衆が芸能人の私生活に寄せる飽くなき関心は、ある意味ではその当然の反映であること、②現代の芸能人は単に芸（技術）を売る存在ではなく、そのライフ・スタイル（生きざま）や思想信条なども青少年をはじめとする一般大衆の価値観・行動に広く深い影響を及ぼしていることなどを考えたとき、やや一面的に過ぎるように思われます。たしかに、写真週刊誌やワイドショーなどによる芸

能人のプライバシーの取り扱いが商業主義的で興味本位のものであり，また，時に芸能人に対する蔑視さえ含むものであることは重大な問題ですが，それでもなお，芸能人に関しては，一般的には私的領域の核心部分と考えられる家族関係，交友関係，思想信条などに関する事実の公表についても，その公共性が承認されるべき場合が存在していると言いうるでしょう。

モデル小説とプライバシー　「モデル小説」とは，実在の人物・事件に取材しつつ，作者自身の問題意識や感性を表現した小説であり，従来，わが国では多くの作家によってこの種の小説が手がけられてきました（たとえば三島由紀夫は，すでに紹介した『宴のあと』以外にも，『青の時代』『金閣寺』『絹と明察』など多くの傑作モデル小説を残しています）。すでに評価の定まっている人物や事実に関して，世間的・通俗的な見方とは異なる個性的な解釈を提示し，作者自身の思想や感性を鮮明に浮かび上がらせるというのがモデル小説のねらいですが，その反面，このような手法は，芸術の名の下にモデルとされた人物の名誉やプライバシーを蹂躙する危険性をも内包するものであり，実際，これまでにもこの種の小説をめぐっていくつかの訴訟が提起されています。

こうした訴訟における第一の論点は，モデル小説が芸術作品として自立し，完全に作者のものとなっていれば，つまり，読者がその小説をモデルとされる人物に関する単なる"記録"あるいは"報告"として読むのでなければ，そもそも名誉やプライバシーの問題は発生しないのではないかという点です。この点に関して裁判所は，初期の判例〔『幹事長と女秘書』事件判決（東京地判昭和32年7月13日）〕においては，以上のような一般論（芸術性・虚構性による権利侵害の昇華の可能性）を承認しつつも，それはそのモデル小説が「モデル……個人に関する事実を推知せしめない程度に完全なフィクションになっている」場合に限定されるとの見解を示していました。しかし裁判

所は，後の判例〔『名もなき道を』事件判決（東京地判平成7年5月19日）〕においては，モデルが特定可能な場合であっても，一般読者がその作品を「作者の芸術的想像力の生み出した創作であって虚構」であると認識する場合には，プライバシー侵害は発生しないという考えを提示しています。前者の考え方は，モデルとされる人物の名誉・プライバシーの保護にとっては有利かもしれませんが，しかし結局のところ，モデル小説という文学の一ジャンルの存在意義を否定し，それを窒息させるものであることは明らかであり，むしろ後者の考え方に説得力があると言えます。

　モデル小説に関する第二の論点は，小説の題材となる事件の発生からどのぐらい時が経過すれば，その事件は"歴史上の事実"として定着し，その自由な利用が許されるようになるのかという点です。この点に関して，ある判例〔『落日燃ゆ』事件判決（東京高判昭和54年3月14日）〕は，「死者に関する事実も時の経過とともにいわば歴史的事実へと移行していくものということができるので，年月を経るに従い，歴史的事実探求の自由あるいは表現の自由への配慮が優位に立つ」と述べ，ある人物の死から一定の時間が経過すれば，原則として自由にその人物をモデルとする小説などを創作・公表しうるという考えを明らかにしています。こうした考え方は，いわゆる歴史小説（時代小説）の自由にとっては有利なものですが，その反面，この考え方の背後にもし，ある人物の存命中においてはその人物をモデルとする文芸作品の公表は厳しく制限されるという見方が存在しているとすれば〔この点を示唆する判例として，『逆転』事件の高裁判決（前掲）があります〕，それはたとえばノン・フィクション作品（作者の問題意識や感性に立脚しつつ，実在の人物や事件を記録・評価する文芸作品）のような同時代の息吹を伝えようとする文芸にとっては非常に不利であるように思われます。

── 第 7 章・参考文献 ──

A．プライバシー・全般

戒能通孝他編『プライヴァシー研究』（日本評論新社，1962 年）
堀部政男『現代のプライバシー』（岩波新書，岩波書店，1980 年）
阪本昌成『プライヴァシーの権利』（成文堂，1982 年）
阪本昌成『プライヴァシー権論』（日本評論社，1986 年）
大家重雄編『最新肖像権判例集』（ぎょうせい，1989 年）
榎原　猛編『プライバシー権の総合的研究』（法律文化社，1991 年）
J・ルーベンフェルド著，後藤光男他訳『プライヴァシーの権利』（敬文堂，1997 年）
竹田　稔『プライバシー侵害と民事責任・増補改訂版』（判例時報社，1998 年）
皆川治廣『プライバシー権の保護と限界論：フランス法研究』（北樹出版，2000 年）
新保史生『プライバシーの権利の生成と展開』（成文堂，2000 年）
船越一幸『情報とプライバシーの権利：サイバースペース時代の人格権』（北樹出版，2001 年）
村上孝止『勝手に撮るな！肖像権がある！』（青弓社，2002 年）

B．プライバシーとマス・メディア

山川洋一郎他編『有名人とプライバシー』（有斐閣，1987 年）
亀井　淳『写真週刊誌の犯罪』（高文研，1987 年）
筑紫哲也監修『たけし事件：怒りと響き』（太田出版，1987 年）
村上孝止『プライバシー vs マスメディア：事例が語る新しい人権』（学陽書房，1996 年）
石田佐恵子『有名性という文化装置』（勁草書房，1998 年）
砂守勝巳『スキャンダルはお好き？』（毎日新聞社，1999 年）

芸能報道とプライバシーを考える会編『芸能人とプライバシー』(鹿砦社, 2000 年)

鹿砦社編集部編『「表現の自由」とは何か？：プライバシーと出版差し止め』(鹿砦社, 2000 年)

海野　弘『スキャンダルの時代』(集英社新書, 集英社, 2000 年)

A・パニョッタ著, 菊地真美訳『スクープ撮！』(講談社, 2001 年)

青弓社編集部編『プライバシーと出版・報道の自由』(青弓社, 2001 年)

玉木　明『ゴシップと醜聞：三面記事の研究』(新書 y, 洋泉社, 2001 年)

フォーカス編集部編『フォーカス スクープの裏側』(新潮社, 2001 年)

第8章　性表現規制

1　性表現規制の現状

性表現を規制する法規　　性表現規制の問題は，表現の法的規制をめぐるさまざまな問題の中で，かなり身近な問題であるにもかかわらず，実は最もわかりにくい問題なのではないかと思われます。なぜならば，その他の表現規制の問題——たとえば，すでに見た名誉毀損やプライバシー侵害の問題——については，規制対象となる表現がはっきりしないとか，あるいは現在のやり方では過剰な規制なのではないかとか，規制の"範囲"や"方式"についてはいろいろ難しい論点を含んでいるものの，規制の"理由"そのものが明確でないなどということはないのに対して（名誉・プライバシーの場合で言えば，それは人の人格の保護ということになります），性表現の規制については，そもそもそれを規制する理由そのものが必ずしもはっきりしていないという事情があるからです。したがって，性表現の規制のありかたを考えるにあたっては，必然的にその規制理由を明らかにすることが中心的な考察テーマになりますが，ここではその問題にとりくむ前に，そのための予備知識として，性表現規制の現状，すなわち，①現在，わが国において性表現の自由を規制している諸法規，および，②それらがこれまで規制対象としてきた性表現の内

容について簡単に見ておこうと思います。

まず，性表現を規制する諸法規ですが，わが国における性表現規制システムの中核に位置するのが「わいせつな文書，図画その他の物を頒布し，販売し，又は公然と陳列した者は，二年以下の懲役又は二百五十万円以下の罰金若しくは科料に処する」と規定する刑法第175条です。そして，この条文の周辺に，「公安及び善良な風俗を害しないこと」を放送番組編集の際の基本原則として掲げる放送法第3条の2，「公安又は風俗を害すべき書籍，図画，彫刻物その他の物品」の輸入を禁ずる関税法・関税定率法，いわゆるチャイルド・ポルノ（児童ポルノ）の頒布，販売，貸与，公然陳列を禁止する児童買春ポルノ禁止法（児童買春，児童ポルノに係る行為等の処罰及び児童の保護等に関する法律），「映像送信型性風俗特殊営業」を規制する風俗営業法（風俗営業等の規制及び業務の適正化等に関する法律），青少年が性的あるいは暴力的な表現に接触することを規制する都道府県・市町村の青少年条例などのさまざまな性表現規制法規が存在しています。またこの他，いろいろな業界の自主規制規定，たとえば，雑誌編集倫理綱領(1963年)，日本民間放送連盟放送基準(1970年)，放送倫理の確立に向けて（NHK，1999年），映画倫理規程(1959年)などにも，性表現をコントロールするための規定や文言が盛り込まれています。

規制される性表現の内容　さて次に，規制対象とされる違法な性表現の内容ですが，それぞれが独自の規制領域をもつ児童買春ポルノ禁止法，風俗営業法，青少年条例，各種の自主規制規定は別として，それは基本的には「わいせつな」表現ということになります。では，このわいせつな表現とははたしてどのような表現を指すのでしょうか。

刑法第175条にいう「わいせつ」の定義を最高裁としてはじめて正式に提示したのが，イギリスの小説家D・H・ロレンスの小説『チ

ャタレイ夫人の恋人』(伊藤整訳・1950年出版)のわいせつ性が争点となったいわゆるチャタレイ事件の最高裁判決 (最大判昭和32年3月13日) です。この判決において最高裁は、ある表現物をわいせつと認定するためには、その表現が、①いたずらに性欲を興奮または刺戟せしめ、②普通人の正常な性的羞恥心を害し、かつ、③善良な性的道義観念に反するものであることが必要であるとした上で、この三要件(一般に、「わいせつ三要件」と呼ばれています)に該当するか否かの判断は「社会通念」に従って行われる旨を示唆しました。

しかしこのわいせつ三要件は、一見すればわかるように、必ずしもわいせつ表現の内容を明確に限定するものとはいえず、わいせつの定義やわいせつ判断の手法をめぐる議論はその後も長く続きました。そして、こうした議論をふまえて、最高裁として一歩進んだわいせつ判断の手法を示したのが、雑誌『面白半分』に掲載された永井荷風作と伝えられる戯作「四畳半襖の下張」のわいせつ性が争われた「四畳半襖の下張」事件の最高裁判決 (最二小判昭和55年11月28日) です。この判決において最高裁は、「文書のわいせつ性の判断にあたっては、当該文書の性に関する露骨で詳細な描写叙述の程度とその手法、右描写叙述の文書全体に占める比重、文書に表現された思想等と右描写叙述との関連性、文書の構成や展開、さらには芸術性・思想性等による性的刺激の緩和の程度、これらの観点から該文書を全体としてみたときに、主として、読者の好色的興味にうったえるものと認められるか否かなどの諸点を検討することが必要であり、これらの事情を総合し、その時代の健全な社会通念に照らして、それが……〔わいせつ三要件に該当する〕といえるか否かを決すべきである」と述べ、わいせつ判断を精密に行うためのチェックポイントを整埋し、提示しています。

さて、その後、1996年に伊藤整訳の『チャタレイ夫人の恋人』の完訳版 (伊藤礼補訳) が出版され、それが現在まで規制の対象となら

ずに販売されているという事実に象徴的にあらわれているような社会通念の変化の中で, 性表現規制の主な標的は小説などの文書表現から写真, 映画, ビデオなどの映像表現およびコミック表現(2002年10月, 成人向けマンガ『蜜室』を発行した出版社の社長が, 刑法第175条違反の容疑で逮捕され, 2004年1月13日, 東京地裁はこの社長に有罪の判決を下しました)へと移行しているように見受けられますが, このうち映像表現のわいせつ性の判断に役立つ手法として重要なのが, いわゆるビニール本事件の最高裁判決(最三小判昭和58年3月8日)において最高裁が提示したいわゆる「ハード・コア・ポルノ論」です。この考え方は, 刑法第175条違反が疑われる表現——とくに, 映像表現——に関して, それをハード・コア・ポルノ(性器あるいは性交を露骨かつ詳細に描写し, その支配的効果がもっぱら受け手の好色的興味に感覚的官能的に訴えることにある表現)と準ハード・コア・ポルノ(性器あるいは性交を連想させ, その支配的効果がもっぱら, あるいは, 主として好色的興味をそそるところにある表現)に峻別し, 前者を表現の自由の射程外にあるものとして主たる規制の対象としつつ, 後者についても, その表現によってもたらされる害悪の程度とその表現の有する社会的価値との比較衡量を行い, 前者が後者を凌駕する場合には規制が許容されるとするものであり, この考え方が, 原則として性器の露出をタブーとする現在の映像表現の規制手法の理論的根拠になっていると考えられます。

2 性表現の規制理由

最高裁の考え方　さて, いよいよ性表現の規制理由についての考察に入ってゆきたいと思います。さまざまな考え方について見る前に, まず最高裁判所の考え方を見ておく必要がありますが, それはすでに紹介したチャタレイ事件に関する判決の中で明らかにされて

います。最高裁は次のように述べています。

　「猥褻文書は性欲を興奮，刺戟し，人間をしてその動物的存在の面を明瞭に意識させるから，羞恥の感情をいだかしめる。そしてそれは人間の性に関する良心を麻痺させ，理性による制限を度外視し，奔放，無制限に振舞い，性道徳，性秩序を無視することを誘発する危険を包蔵している。」

　しかし，以上の見解のうち，人間が性的に刺激をうけ興奮することそのものが害悪であるという前段の論理は，明らかに人の内心への不当な干渉であり，およそ容認できるものではありませんし，また，性表現が性犯罪や性非行などの反社会的行為を誘発する危険性をもつという後段の論理も，結局のところ科学的・経験的な裏付けを欠く裁判官の主観的な性表現イメージであると言わざるをえません。

　そこで最高裁は，近年，チャタレイ事件判決の規制理由論に対する批判，とくにその「反社会的行為誘発論」に対する厳しい批判をふまえて，論理の再構築に向けての一歩を踏み出しているように思われます。とくに注目されるのは，ポルノ写真事件の最高裁判決（最一小判昭和58年10月27日）において団藤重光裁判官が詳説した，一般に「精神的社会環境論」と呼ばれる次のような考え方です。

　「性風俗を維持するということは，なにも強姦のような性犯罪やその他の犯罪の防止を主眼とするものではない。むしろ，端的に，社会環境としての性風俗を清潔に保つことじたいを本来の目的とするものである。社会環境には物心両面にわたって種々のものがあるが，たとえば市街等の美観風致を保持するために広告物の制限や一定地区内における建築物の制限などが刑罰の制裁のもとにみとめられていることを考えるとき，このような物理的・視覚的な美観にかぎらず，風俗的にいかがわしい商品等が世上に氾濫することのないようにして，いわば精神的社会環境ともいうべきものを保護するこ

とが許されないはずはない〔。〕」

　しかし、一見耳ざわりの良いこうした考え方も、その実体は「風俗的にいかがわしい商品」の流通を抑制することによって一般の人々の「精神的社会環境」を浄化し、思想や言論の世界の"美観"を維持しようというかなり危険な発想であるように思われてなりません。かりにある種の性表現の規制が許容されうるとしても、それは精神的社会環境の維持などというあいまいな、あえて言えばいかがわしい論理によるのではなく、もう少し可視的・具体的な害悪の抑止を目標とすべきなのではないでしょうか。

　「青少年の保護」という規制理由　　それでは、性表現を野放しにすることによって生じる具体的・可視的害悪、すなわち性表現の規制理由として、具体的にはこれまでにどのようなものが提示され議論されているのでしょうか。三つの規制理由を順次紹介し、検討を加えたいと思います。

　第一の規制理由は「青少年の保護」、すなわち青少年の健全な育成・発達のために必要な性表現の規制は許容されるという考え方です。すでに言及したように（そして、後に 3 で詳しく紹介するように）わが国においては、とくに青少年に関して、彼らが性的・暴力的な表現に接触することを制限する内容を含むいわゆる「青少年条例」が長野県を除くすべての都道府県および一部の市町村において制定されており、また、2003 年現在、いわゆる「青少年健全育成法案」および「青少年有害社会環境対策基本法案」（これらについても、3 で詳しく紹介します）の成立へ向けての動きが進展していますが、こうした動向の背後にあるのが、この"大人はいいが子どもはダメ"という論理です。ではなぜ子どもはダメなのか、この点に関しては、青少年条例の合憲性が争われたいわゆる岐阜県青少年条例事件の最高裁判決（最三小判平成元年 9 月 19 日）における伊藤正己裁判官の補足意見が次のように詳細に論じています。

第 8 章 性表現規制　139

「青少年は，一般的にみて，精神的に未熟であって，……〔知識・情報の〕選別能力を十全には有しておらず，その受ける知識や情報の影響をうけることが大きいとみられるから，成人と同等の知る自由を保障される前提を欠くものであり，したがって青少年のもつ知る自由は一定の制約をうけ，その制約を通じて青少年の精神的未熟さに由来する害悪から保護される必要がある〔。〕……たしかに青少年が有害図書に接することから，非行を生ずる明白かつ現在の危険があるといえないことはもとより，科学的にその関係が論証されているとはいえないかもしれない。しかし，青少年保護のための有害図書の規制が合憲であるためには，青少年非行などの害悪を生ずる相当の蓋然性のあることをもって足りると解してよいと思われる。」

しかし，伊藤裁判官のいう「〔性表現が〕青少年非行などの害悪を生ずる相当の蓋然性」は本当に存在しているのでしょうか。心理学者の福島章は，さまざまなデータを提示しつつ，「性表現の問題についていえば，コミックをはじめとする若者向け性情報の氾濫に反比例して，日本ではここ 30 年間，性犯罪が減り続けているのが〈事実〉なのである。……日本の少年少女は，実際の性行動や性非行に走る〈かわりに〉，コミックやビデオや雑誌などを〈読む〉〈見る〉という行動によって，性（セクシャリティ）を楽しんでいる。性は，行動の次元から情報の次元に大幅にシフトしている。青少年は性的な情報を貪欲に〈消費〉しているおかげで，実際の性行動や性非行に走らないのである」と述べていますが〔清水英夫他編『青少年条例』（三省堂，1992 年) pp. 29-38.〕，もしこうした考え方も検討にあたいするとすれば，伊藤裁判官の所説に象徴される最高裁の考え方は，かなり主観的で情緒的なものであると言わざるをえないでしょう。青少年の性情報への接触の規制は，国や地方公共団体がイニシアチブをとるべき事柄ではなく，基本的には，その保護者（親など）や流通業者（書店など）による自律的コントロールに委ねられるべき問題であ

ると考えられます。

「差別の禁止」という規制理由　第二の規制理由は「差別の禁止」，すなわち，ある種の性表現は社会に存在する男性・女性間の支配・服従関係を維持・強化する機能を有しており，したがって法的規制の対象となるという考え方です。この考え方を打ち出したのは，C・A・マッキノンという合衆国の法学者で，彼女によれば違法な性表現である「ポルノグラフィー」とは，「映像や言葉を通じて女性を従属させるような性的にあからさまな素材」〔C・A・マッキノン『ポルノグラフィ』（明石書店，1995年）p. 40.〕ということになります。マッキノンはさらに，こうしたポルノグラフィーが禁止されなければならない理由について次のように述べています（同書 pp. 40-42.）。

「現実のポルノグラフィ産業では，女性は物質化され，性的対象物または使える『物』として非人間化された形で描写されている。……ポルノグラフィではまた，性的にあからさまな描写という面と，女性であるというだけの理由で，傷つけたり，品格を下げたり，侵害したり，侮辱したり等の行為，つまり積極的に隷属化し，人間以下として不平等に扱うことが行われる。……ポルノグラフィの伝える思想とは，……性的階級制度における男性の権威であり，物化された女性に対する男性の所有である。」

こうした考え方は，わが国においても，たとえば広告表現などにおいて女性の"性"が商品化されている実態を告発する「性の商品化に関する研究」（東京都女性問題調査研究報告，1990年）などの採用するところであり，また，女性学研究者をはじめとするかなり多くの研究者がこの考え方を支持しています。しかし一方，この差別禁止論に対しては，①性表現における人間の物化（商品化）は男女共通のものであり，そこにおいて女性のみがモノ扱いされているとは言えないのではないか，②かりに女性のみが性表現においてモノ扱いされていると言いうるとしても，人間が商品化されていることその

ものが即，法規制を肯定する根拠にはならないのではないか，③女性をモノ扱いする性表現に対する規制が許容されるならば，当然に女性をモノ扱いする性行為そのものが禁止されるべきなのではないか，といった批判も存在しています。ある種の性表現が女性に対して男性にとって都合のいいある社会的役割を押し付け，また時には，男性の性的欲望を充足させるためのモノとして女性を取り扱っているという「差別の禁止」論の主張は，性産業の現状や性表現の社会的機能に関する一面の真実を衝くものであるといえますが，しかし一方，女性差別の問題は，たとえば刑法第175条を女性保護の文脈で解釈あるいは改正することによって解決するものではないようにも思われます。性差別的性表現問題の解決は，法規制ではなく，もっぱらメディアの倫理のレベルで議論され追求されるべきものでしょう。

「見たくない人の保護」という規制理由　第三の規制理由は「見たくない人の保護」，すなわち，性表現を見たい人が見ることは自由であるが，それによって見たくない人まで性表現に巻き込んではならず，そのための規制は許容されるという考え方です。混雑した駅のホームや車両の中でヌード写真の掲載された夕刊紙や週刊誌を読む行為，バラエティー番組などにおける女性（男性）の身体を露出させ，性的魅力を強調する演出，社会問題を論じる週刊誌における性欲喚起的な記事やグラビアの掲載など，わが国においては，見たくない人を不可避的に巻き込むような形式で，きわめて無秩序に性的表現が流布している印象がありますが，もし見たくない人を保護するための性表現規制が許容されるとすれば，こうした性表現流通のありかたこそが問題とされるべきであるということになります〔なお，「見たくない人の保護」の考え方を正面から認める判例は，わが国においては今のところ存在していませんが，販売目的ではなく個人的鑑賞のためにわいせつ表現物を輸入する行為は関税法に違反しないと述べるゲ

イビデオ雑誌輸入事件高裁判決(東京高判平成4年7月13日)は，この考え方と軌を一にするものであるように思われます〕。

　私見によれば，この「見たくない人の保護」こそが性表現の流通を法的に規制する理由となりうる唯一のものです。そのことは，やや唐突ですが性表現を政治的論説や政党パンフレットなどの政治的表現と比べれば明らかです。政治的表現は，現実の社会を動かし，あるいは変革することを目標とするものであり，したがって公開討論の場に投げ込まれ，多数意見の形成をめざしますが，これに対して性表現は，受け手個人の私的幸福（性的自己実現）に資することがその究極の目標であり，公開討論や多数意見の形成には縁がありません（いくつかの政治的な主張やプログラムについて，どれが正しいかを社会全体で議論することには大きな意味があるのに対して，いくつかのポルノについて，どれが素晴らしいかをみんなで討論することには――好事家たちの趣味として以外には――あまり意味がないのはこの点によります）。そして，もしそうであるとすれば，政治的表現が他者との意見交換・情報の相互公開の原理にもとづく規制（たとえば，少数意見の顕在化のための規制など）に服するのに対して，性表現は，基本的には他人の性的自己実現との共存原理に立脚する規制に服することになるはずです。これが，「見たくない人の自由」が性表現の正当な規制理由となるゆえんです。

　この考え方を採用すれば，あたかも現在，社会において「喫煙者の自由」が「嫌煙者の自由」を侵さない範囲で認められているのと同様に，「親ポルノ者の自由」は「嫌ポルノ者の自由」を一定レベル以上に侵害しない範囲でのみ許容されることになります。具体的には，不特定者をポルノ（ここでは，これを「画像により性器・性行為などを詳細に描写し，それによって人を性的に興奮させる表現」と定義しておきたいと思います）に巻き込む危険性のある行為を禁止するための法的規制が行われ，また，バラエティー番組における性的演出やス

ポーツ紙・夕刊紙・総合男性誌などにおけるヌード・グラビアなどに対しては自主的な規制が求められることになります。こうした規制の結果，一部の媒体（夕刊紙，スポーツ紙，総合男性週刊誌など）の販売部数は減少し，さらには性表現物の高額化がもたらされると予想されますが，しかしそのことは，わが国のマス・メディアの自由にとって真に重大な問題であるとは言えないでしょう。

3 青少年・暴力・自殺

青少年保護とマス・メディア　性表現規制にかかわりの深い表現規制問題として，青少年保護を理由とする表現規制の問題，暴力表現規制の問題，自殺唱導表現規制の問題が存在しています。以下，これらにつき順次検討したいと思います。

まず，青少年保護を理由とする表現規制について見てゆきます。わが国においては，この種の規制は，「青少年条例」と総称される地方公共団体の条例によって広範に行われています。青少年条例とは，青少年(18歳未満)の健全な育成をはかるために，その妨げとなるさまざまな行為を規制する条例であり，1950年4月制定の岡山県をかわきりに，現在では長野県を除くすべての都道府県において制定されており（東京都は1964年に制定），また一部の市町村もこうした条例を制定しています。青少年条例には，玩具・薬品類の販売制限，深夜営業・風俗営業などへの入場制限，有害広告物・モーテルの規制，淫行・わいせつ行為の禁止さらには深夜外出制限など多くの規制が盛り込まれるのが通例ですが，マス・メディアとの関係でとくに問題なのは，こうした条例がいわゆる「有害図書」（「著しく青少年の性的感情を刺激し，又は著しく残忍性を助長する」図書などと定義される表現物）に関する販売規制（自販機収納禁止など）を含んでいることです。また，いくつかの条例においては，卑猥な姿態や性行為など

の写真が総ページの一定割合（2分の1, 3分の1など）を占める図書について，審議会への諮問などの手続を経ることなく自動的に有害図書に指定するというういわゆる「包括指定方式」が採用されています。

　以上のような規制に対しては，そもそも青少年の保護は表現の自由の法的規制の根拠にはなりえないのではないか，という根本的な疑問のほかに，①包括指定方式は憲法第21条が原則として禁止するいわゆる事前抑制に該当するのではないか，②有害図書の概念は漠然不明確であり，こうした概念によって表現規制を行うことはできないのではないか，③自販機収納禁止は成人の知る自由を侵害するのではないか，といった批判がなげかけられています。しかし，前述（本章2）の1989年の岐阜県青少年条例事件最高裁判決は，こうした批判をしりぞけ，「有害図書が……青少年の健全な育成に有害であることは，既に社会共通の認識になっている」といういささか乱暴な断定にもとづいて，青少年条例はマス・メディアの自由を侵害するものではないと結論づけています。

　なお，青少年保護を理由とする表現規制をめぐる最近の動向として，2002年現在，自民党が議員立法による実現を目指している「青少年健全育成法案」および「青少年有害社会環境対策基本法案」（後者の正式名称は「青少年を取り巻く有害社会環境の適正化のための事業者等による自主規制に関する法律案」です）をめぐる問題が存在しています。この二つの法律は，青少年の性・暴力に関する価値観の形成に悪影響を及ぼし，あるいは，性的逸脱行為，暴力的逸脱行為，残虐行為を助長するおそれのある社会環境から青少年を保護するための法律であるとされ，その内容を見ると，①出版社などの事業者の国・地方公共団体に対する協力責務を伴う「国民的広がりをもった一体的な取組」としての青少年社会環境対策の推進，②事業者による「有害社会環境適正化協定」の締結と主務大臣への届出，③事業者によ

る青少年有害社会環境対策のための「協会」の設立と行政による助言・指導，④苦情処理のための公的機関である「青少年社会環境対策センター」の設立などが含まれています。ここで指向されている「青少年保護」という大義名分の下での行政主導の翼賛型・国家総動員型の言論"浄化"システムの構築は，そもそもマス・メディアの自由のみならず思想・良心の自由(憲法第19条)，さらには児童の権利に関する条約などに違反する疑いが濃厚ですが，さらにこの法案のもつ社会的問題点として，①青少年の犯罪・非行に関する科学的・経験的知識を無視した感情的な表現規制の推進，②しばしば政治家・官僚の不正やスキャンダルを暴いてきた出版メディアの狙い撃ちなどの点を指摘することができます。

暴力表現規制　次に，暴力表現規制について見てゆきます。暴力表現とは，とくに放送メディアにおける「人間，生物または無生物の対象に，物理的，心理的危害を直接的，間接的に与える行為の描写を含む」〔佐々木輝美『メディアと暴力』(勁草書房，1996年) p. 95.〕表現を指しますが，現在，ドラマやバラエティー番組などにおいて実際にこの種の表現が過度に頻繁に用いられており，それが暴力行為に対する視聴者の感覚を鈍麻させ，さらには暴力に対する価値観の形成に悪影響をもたらしているという批判が存在しています。

従来，放送メディアは，こうした暴力表現に対していわゆる自主規制による対応を行ってきましたが〔たとえば民放は，日本民間放送連盟放送基準（1970年）の中に，「⒄児童向け番組で，悪徳行為・残忍・陰惨などの場面を取り扱う時は，児童の気持ちを過度に刺激したり傷つけたりしないように配慮する。……⒆武力や暴力を表現する時は，青少年に対する影響を考慮しなければならない」（第3章・児童および青少年への配慮），「⒆暴力行為は，その目的のいかんを問わず，否定的に取り扱う。⒆暴力行為の表現は，最小限にとどめる。⒆殺人・拷問・暴行・私刑などの残虐な感じを与える行為，その他，精神的・肉体的苦痛を，誇大または刺

激的に表現しない」(第9章・暴力表現)といった規定を置いています),1997年のいわゆるギフト・シンドローム——主人公がバタフライナイフを用いて暴力行為を行うシーンを含むテレビドラマ「ギフト」が放送された直後,少年がナイフで人を殺傷する事件が連続して発生したこと——を直接の契機として,1998年5月に郵政省が「青少年と放送に関する調査研究会」を発足させ,さらに,この研究会による提言をうけて1999年1月に郵政省,NHK,民放の三者が共同で「青少年と放送に関する専門家会合」を設置するなど,暴力表現に対する権力的統制を指向する新たな動きも生まれています。また,こうした規制圧力をうけて2000年4月,民放連とNHKは共同で,視聴者からの意見・苦情を受けつける青少年問題専門の第三者機関である「放送と青少年に関する委員会」を設立しました。

　学説の中には,政府主導の規制を警戒し,暴力表現問題はあくまでも放送機関による自発的・自主的なとりくみによってその改善がはかられるべき問題であるとする考え方がある一方,「〔わが国においては〕人々のメディア接触量が多いということや,テレビをまねた暴力事件が発生していること,そして自主規制に長年の間頼りすぎていることなどを考慮すると,……政府レベルでの対応が期待されるところである」(佐々木前掲書 p. 179.)と述べ,メディアにおける暴力シーンを削減するための法的規制を行うべきであると主張する論者も存在しています。もし,テレビ・ドラマやバラエティー番組の中のある種の暴力表現が実際に暴力行為を誘発し,あるいはそれを増加させるものであるならば,それに対してたとえばその総量の規制やVチップ(後述)規制といった法的規制を行うことが許容されますが,しかしその場合でも,政府による裁量的なコントロールは最小限度に抑制されなければなりませんし,また,「メディアは,キレる少年の原因ではなく予兆にすぎない。……逆に『代理満足』をもたらしている可能性すらある」(飯田譲治他「座談会・メディアに"ナイ

フ殺人"の責任はない」GALAC 1998 年 6 月号 pp. 16-23. における宮台真司発言）とも言いうるとすれば，短絡的な"暴力表現"即"暴力"という図式そのものを懐疑することがより重要になるようにも思われます。

さて，最後に，Ｖチップについて簡単に見ておくことにしましょう。Ｖチップ（violence chip：暴力表現対応回路）とは，あらかじめなされた個別番組の「格付け（レーティング）」にしたがって，視聴者が見たくない（あるいは，子どもに見せたくない）番組を自動的にカットすることを可能にする装置であり，「格付け」は番組の暴力性あるいは性的刺激の強弱に応じて行われます。この装置はカナダで考案されたものですが，これまで，その導入に積極的であったのは合衆国です（これに対し，ヨーロッパ諸国はＶチップの導入に消極的です）。

わが国では，1998 年 6 月に中央教育審議会が「幼児からの心の教育のあり方」についての答申の中でＶチップの導入を強く要望したことがきっかけとなり，現在に至るまでＶチップの是非をめぐる論争が繰り広げられています。Ｖチップは，視聴者自らが見たくない（見せたくない）表現を選別することを可能にする点において優れた特性をもっていますが，その反面，①政府が関与して「格付け」が行われる場合，それは明らかに事前抑制的な表現規制であること，②暴力的・性的表現の選別・格付けに関する客観的基準が存在しないこと，といった重大な問題をも内包しており，その導入には慎重にならざるをえないでしょう。

自殺唱導表現規制　　最後に，自殺唱導表現について見てゆきます。自殺唱導表現とは，自殺を奨励し，あるいは自殺の手段・方法を詳述するなどして自殺を誘発するおそれのある表現を指します。わが国においては，長らくこの種の表現を規制する法規は存在していませんでしたが，1993 年 7 月に『完全自殺マニュアル』というタイトルの自殺方法解説書が出版され，ベストセラーとなったことを

きっかけに，この種の表現に対して法的規制を加えようとする圧力が発生し，その結果，青少年条例（東京都）に自殺唱導表現に対する規制が組み込まれることになりました。

この事件の発端になったのは，『完全自殺マニュアル』の発売直後に，警視庁が同書を東京都青少年条例が規制（青少年への販売禁止）の対象とする「不健全図書」に該当すると判断して，規制権者である東京都に通報したことです。この通報をうけて東京都は，同書が東京都青少年条例にいう「殺人，傷害，暴行等の準備，実行行為を模倣可能なように詳細かつ刺激的に描写したもの」（第8条の1）に該当するかどうかの検討に入りましたが，結局，自殺の唱導は殺人や暴力の唱導にはあたらないとの理由で指定を見送りました。ところがこうした動きをうけて，同書の出版社（太田出版）が同書に関して，「18歳未満の方は購入をご遠慮ください」と書かれた帯を巻いた上でビニールパックするという自主規制を行ったため，これを不服とする著者（鶴見済）が版権引きあげを宣言するという事態に至りました。また，こうした一連の騒動の後，東京都は2001年3月に青少年条例を改正し，「自殺……を誘発するおそれのある」図書を「不健全図書」（他県における「有害図書」に該当する）と位置づけ，明確に規制の対象としました。

しかし，自殺唱導表現に対してこのような法的規制を行うことはおよそ不当であるように思われます。なぜならば，自殺も一つの人生の選択であるという主張を法的に禁圧することは思想・良心の自由の侵害であり，かつ，かりに自殺が殺人や暴力と同様の悪事であるとしても，自殺唱導表現が実際に自殺を誘発し，増加させるというデータは今のところ存在していないからです。ヨーロッパ諸国の中には自殺唱導表現に対して法的規制を加える国が存在しているのは事実ですが，自殺の評価に関して宗教的あるいは国民的な合意が存在しておらず，また，具体的害悪の防止を目的としない表現規制

が原則として許容されない（第1章参照）わが国においては、自殺の抑止・減少はたとえば"生きにくい社会"の改善や"心の健康"への配慮といった社会政策を通して追求されるべきテーマであり、自殺唱導表現の法的規制は許容されないと考えるべきでしょう。

―― 第8章・参考文献 ――

A．性表現規制

前田信二郎『文芸裁判の条理』（有光書房，1964年）
前田　宏他『わいせつ事件裁判例要旨集』（高文堂出版社，1973年）
長谷川卓也『最近の猥褻出版』（三一書房，1979年）
読売新聞社会部編『わいせつ裁判考』（読売新聞社，1979年）
奥平康弘他『性表現の自由』（有斐閣，1986年）
A・ドウォーキン著，寺沢みずほ訳『ポルノグラフィ：女を所有する男たち』（青土社，1991年）
中山研一『わいせつ罪の可罰性』（成文堂，1994年）
武田　誠『わいせつ規制の限界』（成文堂，1995年）
赤川　学『性への自由／性からの自由：ポルノグラフィーの歴史社会学』（青弓社，1996年）
C・A・マッキノン著，柿木和代訳『ポルノグラフィー：「平等権」と「表現の自由」の間で』（明石書店，1995年）
園田　寿『《解説》児童買春・児童ポルノ禁止法』（日本評論社，1999年）
森山眞弓編『よくわかる児童買春・児童ポルノ禁止法』（ぎょうせい，1999年）
A・スニトウ他著，藤井麻利他訳『ポルノと検閲』（青弓社，2002年）
C・マッキノン他著，中里見博他訳『ポルノグラフィーと性差別』（青木書店，2002年）

B．青少年・暴力・自殺

奥平康弘編『青少年保護条例・公安条例』（学陽書房，1981年）

法律時報増刊『青少年条例』（日本評論社，1981年）

H・J・アイゼンク他著，岩脇三良訳『性・暴力・メディア：マスコミの影響力についての真実』（新曜社，1982年）

月刊『創』編集部編『「有害」コミック問題を考える：置きざりにされた「性表現」論議』（創出版，1991年）

清水英夫他編『青少年条例：自由と規制の争点』（三省堂，1992年）

鶴見　済『完全自殺マニュアル』（太田出版，1993年）

コミック表現の自由を守る会編『誌外戦：コミック規制をめぐるバトルロイヤル』（創出版，1993年）

鶴見　済『ぼくたちの「完全自殺マニュアル」』（太田出版，1994年）

佐々木輝美『メディアと暴力』（勁草書房，1996年）

メディア総合研究所編『Vチップ：テレビ番組遮断装置は是か非か』（花伝社，1998年）

飯田譲治『TVドラマ"ギフト"の問題：少年犯罪と作り手のモラル』（岩波ブックレット，岩波書店，1998年）

橋本良明他編『子ども・青少年とコミュニケーション』（北樹出版，1999年）

橋本健午『有害図書と青少年問題：大人のオモチャだった"青少年"』（明石書店，2002年）

安部哲夫『青少年保護法』（尚学社，2002年）

第9章　差別的表現規制

1　差別的表現規制問題とは何か

差別的表現規制問題の浮上　　差別的表現とは何かを厳密に定義することは,「差別」を定義することと同じく困難ですが, ここでは一応, 特定の個人あるいは集団をとりあげて, その人種, 信条, 性別, 社会的地位, 血統などを理由に, 人間としての存在価値の優劣が存在するという不合理な信念を表明する表現を指して「差別的表現」と呼ぶことにします。差別的表現の多くは, たとえば部落差別表現や女性差別表現のようないわゆるマイノリティー差別表現ですが, たとえば皇室などの名家・名流に関して, それを構成する人々が一般の人々と比べて"価値の高い"人間であるということを不必要・不当に強調する表現も一種の差別的表現と見ることができます (天皇・皇室報道については第13章参照)。こうした差別的表現に関しては, 現在のところ直接それを規制する法規は存在していません。しかし学説上は, この種の表現のうち悪質なものについて, それを禁止・規制するための立法を行うべきであるとする主張 (規制肯定説) が存在し, これに反対する考え方 (規制否定説) と論争を行っています。

　このような論争のきっかけになったのは, いわゆる人種差別撤廃

条約（あらゆる形態の人種差別の撤廃に関する国際条約）です。この条約は，1959年から1960年にかけてヨーロッパやラテン・アメリカで見られた反ユダヤ主義の台頭に対する危機感から1965年に国連で採択された条約ですが，問題となったのは次のように規定する第4条です〔邦訳は，横田喜三郎他編『国際条約集・1990年版』（有斐閣，1990年）p.75.による〕。

「当事国は……特に，次のことを行う。(a)人種的優越又は憎悪に基づく思想のあらゆる流布，人種差別の煽動，並びに……人種又は皮膚の色若しくは民族的出身を異にする人の集団に対するあらゆる暴力行為……の煽動……〔が〕法律によって処罰されるべき犯罪であることを宣言する。(b)人種差別を助長し煽動する……組織的宣伝活動及びその他すべての宣伝活動が違法であることを宣言しかつ禁止〔する。〕」

一見してわかるように，この条文においては，人種・民族差別的な思想の流布を規制する国内法の制定が条約加盟国に求められています。したがって，もしわが国がこの条約を批准すれば，われわれはもはや差別的表現の問題を自主規制や倫理のレベルでの解決に委ねておくことはできず，それに対する何らかの規制法を制定しなければならなくなります。しかし，差別的表現が，そのターゲットになった社会集団に属する人々の人格の尊厳を冒瀆し，かつ，人間の存在価値の平等という社会の基本理念を嘲弄するものであることは疑いないとしても，それゆえにそれを法によって規制し，表現者を処罰することは，はたして必要な，あるいは望ましいことなのでしょうか。先に触れた論争の根本には，この点についての見解の相違が存在しています。結局，日本政府は1995年，世界で146番目にこの条約を批准しましたが，同時に第4条についてはその国内的効力を留保したため，わが国において差別的表現規制の是非は現在もなお，表現の自由，ひいてはマス・メディアの自由にとっての重要な

差別的表現の実態　さて，以上に述べたように，差別的表現を論じる際の中心的なテーマは，この種の表現に対して法的規制を加えることの是非ですが，その問題の考察に入る前に，いわば予備知識として，わが国における差別的表現の実態およびそれに対する自主規制の現状について見ておきたいと思います。

まず，差別的表現の実態ですが，一般に「差別的表現」と呼ばれるものの中には，実際にはやや性質の異なる二種の表現が含まれているように思われます。一つは，ある特定の個人・集団を差別する明確な意思をもって行われる表現であり，ここではそれをかりに「積極的差別表現」と呼ぶことにします。もう一つは，とくに差別的な意図で公表されたものではないが，そこに看過することのできない差別的なメッセージや言葉づかいが含まれている表現であり，ここではそれをかりに「消極的差別表現」と呼ぶことにします。

前者，すなわち積極的差別表現の代表的なものに，いわゆる『部落地名総鑑』があります。『部落地名総鑑』というのは，全国の同和地区の地名を一覧できるように記した出版物であり，かつて数種類に及ぶこの種の本が発行され，企業などに販売されていました〔なお，大阪府は，この種の出版物の編集を阻止するために，興信所や探偵社に対し「同和地区の所在地の一覧表の提供及び特定の場所又は地域が同和地区にあることの教示」をすることを禁止する条例（大阪府部落差別事象に係る調査等の規制等に関する条例）を 1985 年に制定していますが，これは，こうした表現物が頒布・販売されることを直接規制するものではありません〕。また，法廷に持ち込まれた積極的差別表現事件として，大蔵住宅事件があります。この事件は，ある住宅販売会社から自宅を購入した人物が，購入後にその住宅が同和地区内にあることに気づき，「これが大蔵住宅……の悪徳商法だ」と題し，「この地が同和地区であることを知り，大変ショックを受けました」「この被差別部

落に住みつく勇気はまだない」などと記述したビラを数万枚配布したというものです。法務局などはこの人物に対し配布行為を中止するよう勧告しましたが，受けいれられなかったため，部落解放同盟のメンバーがビラの印刷・配布の差止めおよび損害賠償を求める訴訟を提起し，勝訴しました（福岡地判昭和61年3月6日）。

　後者，すなわち消極的差別表現に関する著名な事件としては，次の各事例をあげることができます。

　①『ピノキオ』事件：小学館発行のイタリア童話『ピノキオ』（全5種類）の中の「びっこのきつねとめくらのねこのこじき」の描写が障害者差別であるとして，市民が同社に抗議し（1976年），これを受けて同社は「びっこ」「めくら」という表現のある4種類を回収しました。しかし『ピノキオ』が差別文学であるという点について，同社は"なお検討が必要である"として同意しませんでした。そしてこれを契機に，『ピノキオ』が差別文学であるか否か，全面回収が必要か否かなどの点をめぐって社会的論争が展開されました。また，この事件の後（1988年），同じような動きが黒人少年が主人公の童話『ちびくろサンボ』をめぐって発生しました。

　②『報道写真家』事件：1989年に出版された桑原史成著『報道写真家』の中の「戦場という異常な状況下では，牛や豚など家畜の屠殺と同じような感覚になるのだろうか」という記述に対し，東京都中央卸売市場の管理者が発行者である岩波書店に電話で抗議しました。これを受けて同社は同書の回収を決定し，さらに全国紙に「お詫びとお知らせ」を掲載しましたが，一部の部落解放運動団体からはこれが"言葉狩り"にあたるとの批判が提出されました。

　③ローリング・K事件：1989年に酒類メーカー・三楽から発売されたバーボン・ウィスキー「ローリング・K」の宣伝用ポスターおよびテレビCMがレイプを連想させる女性差別的なものであるとして，フェミニズム運動団体がポスターの撤去，CMの即時中止，新

聞での謝罪を要求しました。同社は「性的いやがらせではない」と反論しましたが，最終的には撤去・中止要求を受けいれました。

　④『日本・権力構造の謎』事件：1990年に出版されたオランダ人ジャーナリスト，カレン・ウォルフレンの『日本・権力構造の謎』（早川書房）の中の「特殊部落（special community）」という表現が不適切であり，かつ，同書中の"解放同盟の糾弾は官僚に評価され奨励されている"旨の記述が事実誤認であるとして，部落解放同盟が抗議しました。これを受けて部落解放同盟書記長とウォルフレン氏の公開討論会が行われましたが，結局，意見の一致をみませんでした。

　⑤「無人警察」事件：1993年，未来社会において「てんかんを起こすおそれのある者」が交通自動取締りの対象となる旨の記述を含む短編小説「無人警察」（筒井康隆作）が1994年度の高校国語教科書（角川書店版）に掲載される予定であることを知った日本てんかん協会が，角川書店に対し同小説の削除を要求しました。その後のマス・メディアの報道の事なかれ的姿勢に憤慨した作者・筒井氏が抗議の"断筆宣言"を行い，これが契機となって差別的表現の自主規制のあり方に関する広範な議論が生まれました。

　⑥『マルコポーロ』事件：文藝春秋発行の月刊誌『マルコポーロ』1995年2月号は，「驚愕の新事実」と銘打って，「ナチスのガス室はなかった」と題する記事を掲載しました。この記事は，いわゆるホロコーストの実在を否定する内容のものでしたが，これに対しユダヤ人人権団体が反発・抗議し，結局，同社はこの記事が公正を欠くものであったことを認め，同誌の廃刊，編集長の解任などの措置をとりました。

　以上の諸事件を概観すると，とくに社会的影響力の強いマス・メディアにおける表現に関して，そこに含まれる差別性が多方面から――すなわち，人種・民族差別，部落差別，女性差別，職業差別，

障害者差別などの見地から——問われてきたこと，および，多くの場合，ある表現物に対する告発が，その表現の差別性や規制の是非をめぐる社会的論争に発展していることを確認することができます。

差別的表現の自主規制　次に，差別的表現に対する自主規制ですが，わが国のマス・メディアはこの種の表現に関して，各種の自主規制基準の中でそれを排除・抑制する方針を示すとともに，各社が差別的ニュアンスをもつ言葉である「差別語」に関していわゆる「言い換えマニュアル」を作成し，それを日常業務における指針にしています。

前者の例としては，たとえば雑誌編集倫理綱領(1963年)の中の「(3)身体障害者，精神薄弱者等の取扱いに注意し，これらの人々の人格をそこなうようなことがあってはならない」(4．社会・風俗)「(4)職業を差別的に取扱わない」(同)という規定，NHK国内番組基準(1959年)の中の「3　職業を差別的に取り扱わない」(第1章第1項・人権・人格・名誉)「1　人種的，民族的偏見を持たせるような放送はしない」(第1章第2項・人種・民族・国際関係)「2　身体的欠陥などにふれなければならないときは，特に慎重に取り扱う」(第2章第8項・娯楽番組)という規定，日本民間放送連盟放送基準(1970年)の中の「(5)人種・性別・職業・境遇・信条などによって取り扱いを差別しない」(1章・人権)「(56)精神的・肉体的障害に触れる時は，同じ障害に悩む人々の感情に配慮しなければならない」(8章・表現上の配慮)などの規定をあげることができます。また，新聞労連が1997年に定めた新聞人の良心宣言の中にも，「(2)報道テーマに直接関係のない属性の記述によって，差別や偏見を招いたり侮辱を与えたりしないよう配慮する」(Ⅶ・プライバシー・表現)という規定があります。

後者のいわゆる「言い換えマニュアル」の一例として，朝日新聞の「取り決め集」(1994年)の内容を簡単に見ておきたいと思います。このマニュアルにおいては，次にその一部を掲げるようにきわ

めて詳細に差別語回避の方法が例示されています〔高木正幸『差別用語の基礎知識 '99：何が差別語・差別表現か？』（土曜美術社出版販売，1999 年）pp. 296-302. より抜すい〕。

　◇部落差別に関する言葉　・特殊部落──被差別部落，未解放部落，同和地区
　◇心身障害に関する言葉　・めくら──盲人，目が不自由な人　・おし，つんぼ──ろう者，ろうあ者，口が不自由な人，耳が不自由な人　・どもり──言語に障害のある人　・びっこ，ちんば，いざり──足の悪い人，足の不自由な人　・不具，廃疾──障害
　◇職業関係　・屠殺（場），畜殺（場）──食肉処理（場）　・掃除夫（婦）──清掃作業員，清掃従業員　・バタ屋──廃品回収業　・炭坑夫──炭坑労働者，坑内員　・人夫──労働者，作業員　・土工，土方──建設労働者，建設作業員　・飯場──建設宿舎，作業員宿舎　・ドヤ（街）──簡易宿泊所（街）
　◇国情，生活区域など　・後進国，未開発国，最貧国──開発途上国　・現地人──現地の人，○○国の人　・養老院──老人ホーム，老人養護施設
　◇性差別語　・未亡人──故○○氏の妻　・じゃぱゆきさん──アジア人入国者　・主人，亭主──夫

　こうした言い換え方式の発達は，有力な部落解放運動団体がある時期，とくに差別語をターゲットにして表現者に反省と意識改革を迫る糾弾闘争を繰り広げ，そうした戦略に対してマス・メディアがよく言えば自己啓発的に，反面においては事なかれ的に対応したことの結果であると言えます。無意識に使用されてきた言葉に含まれる差別性を指摘し，その使用を回避しようとすることは，たとえば「後進国」を「開発途上国」と言い換えるような意味変換的なもの

を別にすれば，基本的には正しい対応であるということができますが，しかし言葉にとらわれるあまり，マス・メディアが社会に現存する差別についてあたかもそれが存在しないかのように黙視・看過してしまうことや，あるいは被差別者の怒りや悲しみの表現にまで手を加えてしまうことは，およそあってはならないことでしょう〔こうした危惧が現実のものとなり，その是非が裁判で争われた事件として，NHK が被差別者の権利を主張する参議院議員選挙立候補者の政見放送の中の差別語を削除したことが公職選挙法違反であるか否かが争点となった政見放送削除事件（最三小判平成 2 年 4 月 17 日）があります〕。

2 差別的表現規制の是非

見解の対立　さて，いよいよ本題，すなわち差別的表現に対する法規制の是非についての検討に入りたいと思います。すでに述べたように，この点に関しては「規制否定説」と「規制肯定説」の両説が存在し，対立しています。

まず規制否定説ですが，その論拠はほぼ次の三点です。第一の論拠は，差別的表現に対しては法規制によるのではなく，対抗言論，すなわち反論や抗議によって対応することが正統的であり，得策でもあるという点です。差別的表現が誤った，あるいは不快な表現であることは明らかであるとしても，それが差別者のとらわれた差別意識のあらわれであり，かつ，社会に実在する差別構造の反映である以上，表層的な取締りは問題の解決にはつながらないばかりか，かえって差別意識を潜行させ陰湿化させてしまうおそれがあるというのです。

第二の論拠は，国家，とくに警察が介入することの危険性です。つまり，ある種の差別的表現が犯罪ということになると，その犯人（表現者）がわからない場合，それを割り出すために警察などが動く

ことになりますが，こうしたことが差別の解消に悪影響を及ぼすことを危惧するのです。また，差別，とくに部落差別の歴史を考えたときに，時に差別に手を貸し，あるいはそれを利用してきたお上の力によって差別の解消を行おうとすることは矛盾ではないのかという疑念も提出されています。

　第三の論拠は，差別的表現に対する法規制を行う場合，規制対象をきわめて狭く限定せざるをえないという点です。規制対象が絞られ，きわめて悪質な一部の差別的言辞のみが"違法"とされることで，一部の差別表現者が弁解の口実を得，その者が開き直り的な言辞を弄したり，あるいは，その者の差別意識が温存されたりする逆効果がもたらされかねないというのです。

　次に規制肯定説ですが，その論拠はほぼ次の三点です。第一の論拠は，差別的表現の場合，普通の表現の場合には存在している論争の対称性が存在していないという点です。つまり，こうした表現が存在する状況においては，差別者は全く安全な位置にいて，被差別者のみがもっぱら不合理な攻撃にさらされることになりますが，こうした非対称な，言い換えれば言論のキャッチボールが意味をなさないような関係においては，もはや刑罰によって事態の解決をはからざるをえないと見るのです。

　第二の論拠は，差別的表現は犯罪であるという，いわば"旗印"を立てることによって啓発的・教育的な効果が望めるという点です。またこの点に関連して，差別的表現が違法であることを確認することによって，国際社会に日本が差別を許さない国であることをアピールすることに意味があるという見解も示されています。

　第三の論拠は，差別的表現の存在価値は低いという点です。すなわち，表現の自由は，人間の人格や個性を発現するものであるとともに，民主主義のシステムを作動させるものとして重要な人権ですが，差別的表現に関して言えば，このどちらの局面においても存在

価値が低く，したがって規制を躊躇する必要はないというのです。

差別的表現への対応　私は，ある表現が，①人間の尊厳の平等性を断固として否定する，すなわち，人間には生まれつき存在価値の優劣が存在しているという不合理な信念を明示し，あるいはそうした信念に立脚するものであること，②もっぱら被差別者集団，あるいはそれに帰属する特定の個人をおとしめる意図をもって表明されること，③反復して執拗に行われること，という要件をすべて満たし，かつ，被差別者集団に帰属する個人あるいは被差別者の権利擁護のために活動する団体による告訴がある場合には，その表現者を処罰することが可能であると考えます（具体的には，『部落地名総鑑』，「女性社員容姿ランク付けリスト」の公表のような一部の積極的差別表現が規制対象になります）。なぜならば，そうした表現は，ひとりよがりの価値観を提示することによって被差別者集団に帰属する人々に不当な"息苦しさ"や"不安"を与えるものであるばかりではなく，彼らの人格的自律権（憲法第13条にその根拠を有する「他者による不当な干渉をうけることなく自己の人生を自由に創造しうる権利」）を侵害するものであると思われるからです〔2002年3月に国会に上程された「人権擁護法案」は，一部の差別的表現（「人種等の属性を理由としてする侮辱，嫌がらせその他の不当な差別的言動」や，「不当な差別的取扱いをすることを助長し，又は誘発する目的で〔の〕……不特定多数の者が……〔人種等の共通の〕属性を有することを容易に識別することを可能とする情報〔の公表〕」など）に関して，首相がその委員を任命する「人権委員会」が「必要な措置を講ずる」ことを規定していますが，こうした濫用のおそれの強い行政主導の差別的表現規制はもちろん許されるべきではありません。なお，2003年9月，新聞各紙はこの法案が廃案になる見通しであることを伝えています〕。

　ただし，確認しておかなければならないのは，このように一部の差別的表現を法によって規制したとしても，その効果は限られたも

のであり，とくにマス・メディアを舞台に発生しているさまざまな差別的表現の問題は，その解決がほぼ全面的に倫理〔マス・メディア（ジャーナリスト）の自己規律；詳しくは第10章参照〕に委ねられるということです。マス・メディアが早急に取り組まなければならない課題としては，まず第一に，"言葉狩り"あるいは"放送禁止"に象徴されるような差別問題に対する消極的・事なかれ的姿勢を改め，社会に現存し，あるいは新たに生み出される差別事象の掘り起こしに努めること（たとえば，差別問題をテーマとする記事・番組を顕彰・援助する制度を作ること）であり，第二に，自らの行った表現活動が差別的であるとの指摘を受けた場合に，その表現の差別性を検証・論争し，今後のあり方を模索するための公開の——すなわち，内部ジャーナリスト，外部の専門家，利害関係者が参加でき，かつ，そこでの討議内容が公表されるような——システムを作ることであり，第三に，たとえば一部の天皇・皇室報道やいじめ奨励的バラエティー番組に見られるようないわば"隠された差別性"の発見・改善に努めるとともに，差別問題に関する"ジャーナリストによるジャーナリストのための"啓発・教育システムを構築することであろうと思われます。そして，こうした取り組みは業界防衛的に行われるべきではなく，その実現に向けてのイニシアティヴをとるべきなのは実際に表現活動にたずさわるジャーナリストですが，当面は，放送・新聞メディアが最近相次いで設置したいわゆる第三者機関（詳しくは第10章参照）が，こうした仕組みの構築に向けてのコーディネーターになることが現実的でしょう。

3　女性差別的表現

女性差別的表現の現状　　女性差別的表現とは，男性と女性との間に存在価値の優劣（前者が後者に優越する）が存在しているという誤

った信念・認識にもとづいて示される表現であり、女性の人格的自律性（前項の「人格的自律権」参照）を不当に圧迫するものとして主に倫理的規制の対象になります。こうした女性差別的表現には、直接的・意図的な女性蔑視的表現のみならず、たとえば、①女性に男性にとって都合のよいある社会的役割を押し付け、あるいはそれを固定化する表現、②女性の人格・外観・行為を男性の興味をそそり、また男性にとって都合のいいように利用する表現なども含まれます。また、この意味における女性差別的表現は、子細に見れば表現・報道のほぼ全領域において見いだすことができますが、とくにこれまで問題視され、議論されてきたのは、性表現、犯罪報道、広告表現における女性差別の問題です。ここでは、これらのうち、すでに言及した性表現における女性差別の問題は除いて、残る二つについてその現状を簡単に見ておきたいと思います。

　まず、犯罪報道における女性差別の問題ですが、女性が犯罪に関係する場合、それが被疑者としてか被害者としてかを問わず、その容姿を論評され、事件とは直接関係のない私生活を興味本位に暴露され（ex. 筑波妻子殺害事件）、またその"落ち度""品行""母性"を問われ（ex. 西船橋ホーム転落事件、綾瀬女子高生コンクリート詰め殺人事件、桶川ストーカー殺人事件、巣鴨子ども置き去り事件）、さらには陳腐な"転落の女"的ストーリーの主人公にされ（ex. 音羽幼女殺害事件）がちな傾向があることが指摘されています（これらの事件について詳しくは第11章参照）。そして、こうした犯罪報道の女性差別性が集約的に表出されたのが1997年に発生したいわゆる東京電力女性社員殺害事件の報道であり、そこでは被害者の昼の顔（一流企業のエリート社員）と夜の顔（娼婦）の落差が強調され、さらにはそこに至る被害者の"心の闇""心の傷"が執拗に追求され、あげくのはてには被害者のヌード写真が週刊誌に掲載されるなどの興味本位の報道が展開されました。

次に，広告表現における女性差別の問題ですが，ここではとくに，①男女の"性役割"に関する硬直した価値観，すなわち"男らしさ，女らしさ"への信仰を固定し，強化する広告表現，②女性の容貌や肢体を当人の人格や人間性から切り離し，アイキャッチャーとして用いる広告表現，③強姦その他の性暴力を肯定的に取扱う広告表現などが問題になります。①の具体例としては，1975年のハウス食品のインスタントラーメン「シャンメン」のテレビ CM をめぐる事件があります。問題となったのは，CM に出演する女性の「わたし作る人」，男性の「ぼく食べる人」というセリフであり，これを性役割を固定するものとみなすフェミニズム運動団体が同社に抗議し，結局，この CM は中止されました。②の具体例としては，1989 年のビオフェルミン製薬の整腸剤「ビオフェルミン」の広告をめぐる事件があります。問題視されたのは，「おなか大切に」というコピーとともに示された腹部のまるみや胸のふくらみを強調する女性胴部の写真であり，フェミニズム運動団体の質問状を受けた同社は，結局，写真の差し替えを行いました。③の具体例としては，すでに本章中で紹介した 1989 年のローリング・K 事件があります。

女性差別的表現への対応　　以上のような女性差別的表現に関して，わが国のマス・メディアは，たとえば NHK がその自主規制基準である「放送倫理の確立に向けて」(1999 年) の中で「職業はじめ地位や身分などを差別的に扱ってはならない」と規定し，また民放は，その放送基準 (1970 年) の中で「(5)人種・性別・職業・境遇・信条などによって取り扱いを差別しない」(1 章・人権) と規定するなど，いわゆる自主規制基準による対応を行っています。しかし，意外なことに，たとえば新聞倫理綱領，新聞広告掲載基準，出版倫理綱領，広告倫理綱領，さらには「新聞人の良心宣言」の中には，女性差別的表現を直接の規制対象とする規定は含まれていません。このことは，期せずして，わが国のマス・メディアがこれまで女性差

別的表現を重大な倫理的問題と認識してこなかったことを示しているように思われます。

こうした状況を改善するために，マス・メディアはいま，いかなる取り組みを行うべきでしょうか。もちろん各種の自主規制基準に女性の人格的自律性の保護の視点を正しく盛り込むことは望ましい改革と言えますが，女性差別的表現問題の解決のためには，むしろより直接的に，マス・メディアにおける情報の送り手（経営者，編集者，記者）中に占める女性の割合を増やしていくことが必要なのではないかと思われます。すでに述べたように，マス・メディアは，単なる営利追求の企業ではなく，その活動には一般人の「知る権利」に奉仕するという「法的義務」を伴っています（第2章参照）。こうした企業においては，その構成員は，単に取材・報道活動の"戦力"として期待しうるという視点のみによるのではなく，人種，民族的出身，性別，社会的地位などの点で極力多様であり，かつ，社会における構成比をできるだけ反映するように構成されるべきでしょう。やや強く言えば，このようなかたちで内部におけるチェック・アンド・バランスのシステムを備えることによってのみ，マス・メディアは自らの差別的な活動・表現を主体的に改革し，かつ，女性差別をはじめとする差別問題に積極的に取り組むことができるのではないでしょうか（なお，1995年の北京国際女性会議において採択された「行動綱領」の中には，こうした視点からの各種の提言が盛り込まれています）。

しかしながら，単に人事方針を変更して多数の女性を記者として採用するのみでは，マス・メディアが"男の職場"から脱却することは不可能であり，むしろより重要なことは，記者・編集者という職務に内在する女性にとっての"働きにくさ"を取り除いてゆく努力であるように思われます。記者の仕事は，もちろん"9時5時"の事務仕事ではなく，部署によっては「夜討ち，朝駆け」といった

特殊な情報収集活動も要求される職場です。また，こうしたハードさは，記者という仕事に不可避的に伴うものであり，企業努力のみによってそれを全面的に改めることはおそらく不可能でしょう。しかし，もしそうであっても，マス・メディアは，可能な限りの措置を講じて少なくとも"女性を排除しない"職場環境を整備しなければなりません。また，民放のアナウンサー職は，マス・メディアにおける各職種の中で男女比が最も1対1に近い職種ですが，わが国における女性アナウンサーの現状を見ると，たとえば各種イベントや番組の華としてタレント扱いされ，あるいは，その個人的魅力によって取材対象とお近づきになることを求められる一方で，男性のあからさまな性的興味の対象にされ，また"女子アナバッシング"のターゲットになるなど，やや厳しく言えばその存在が女性の社会進出ではなく，むしろ社会における女性差別的構造の象徴にさえなっている印象があります。こうしたことは，放送メディアのイベント企業化の問題や視聴率競争とも深くかかわる問題ですが，われわれはあるべきアナウンサー像，さらにはその採用や育成のあり方について早急に再検討を行う必要があるでしょう。

—— 第9章・参考文献 ——

A．差別的表現——主要なものに限る。

部落解放研究所編『部落差別調査等規制条例の制定と意義』（解放出版社，1985年）
内野正幸『差別的表現』（有斐閣，1990年）
径書房編『『ちびくろサンボ』絶版を考える』（径書房，1990年）
内野正幸『人権のオモテとウラ：不利な立場の人々の視点』（明石書

店，1992年)

成澤榮壽編『表現の自由と部落問題』(部落問題研究所，1993年)

田宮　武『マスコミと差別表現論』(明石書店，1995年)

日本ペンクラブ編『「差別表現」を考える』(光文社，1995年)

湯浅俊彦他編『多文化社会と表現の自由：すすむガイドライン作り』(明石書店，1997年)

森　達也著, D・スペクター監修『放送禁止歌』(解放出版社，2000年)

西尾秀和『差別表現の検証：マスメディアの現場から』(講談社，2001年)

堀田貢得『実例・差別表現：糾弾理由から後始末まで，情報発信者のためのケーススタディ』(大村書店，2003年)

B．差別語——主要なものに限る。

磯村英一他編『マスコミと差別語問題』(明石書店，1984年)

部落問題研究所編『表現の自由と「差別用語」』(部落問題研究所出版部，1985年)

山中　央『新・差別用語』(汐文社，1992年)

田宮　武『マスコミと差別語の常識』(明石書店，1993年)

大山正夫『ことばと差別：本の絶版を主張する理由』(明石書店，1994年)

週刊文春編『徹底追及「言葉狩り」と差別』(文藝春秋，1994年)

高木正幸『差別用語の基礎知識'99：何が差別語・差別表現か？』(土曜美術社出版販売，1999年)

C．女性差別的表現

小玉美意子『ジャーナリズムの女性観』(学文社，1989年)

中山千夏他編『報道のなかの女の人権：「女子高生コンクリート詰め殺人事件」をめぐって』(社会評論社，1991年)

加藤春恵子他編『女性とメディア』(世界思想社，1992年)

C・A・マッキノン著，奥田暁子他訳『フェミニズムと表現の自由』(明石書店，1993 年)

春原昭彦他『女性記者：新聞に生きた女たち』(世界思想社，1994 年)

井上輝子他編『日本のフェミニズム 7・表現とメディア』(岩波書店，1995 年)

上野千鶴子他編『きっと変えられる性差別語：私たちのガイドライン』(三省堂，1995 年)

田中和子他編『ジェンダーからみた新聞のうら・おもて：新聞女性学入門』(現代書館，1996 年)

村松泰子他編『メディアがつくるジェンダー：日独の男女・家族像を読みとく』(新曜社，1998 年)

八塩圭子『女性アナウンサーという生き方』(日経 BP 社，1999 年)

石川弘義他編『広告からよむ女と男：ジェンダーとセクシュアリティ』(雄山閣，2000 年)

タイ女性の友編『出版倫理とアジア女性の人権』(明石書店，2000 年)

諸橋泰樹『ジェンダーの罠：とらわれの女と男』(批評社，2001 年)

諸橋泰樹『ジェンダーの語られ方，メディアのつくられ方』(現代書館，2002 年)

第3部 マス・メディアの自由の倫理的限界

第10章　報道倫理・総論

1　報道倫理とは何か

報道倫理とは何か　第2部においては，わが国のマス・メディアの自由を規制する各種の法制度を概観しましたが，第3部においては，マス・メディアの自由を規律する倫理規範（倫理的ルール）を検討したいと思います。本章はその第3部の総論にあたる部分ですが，ここではまず，報道倫理とは何かを定義した上で，わが国の報道倫理の基本的性格を明らかにし，さらには現存の報道倫理構造の改革を志向するいくつかの見解・実践を見てゆきます。

まずはじめに報道倫理の定義ですが，ここではそれを，ジャーナリズム（マス・メディア）の組織・活動にかかわる自律的な——すなわち，それに拘束される者がその制定者となる——社会規範（社会的ルール）であり，マス・メディアの組織・活動に関する他律的な社会規範である法（マス・メディア法）と協働し，また時には対峙しつつ，ジャーナリズム（マス・メディア）の活動を制御するという一つの機能を果たすもの，と規定しておきたいと思います。報道を規律するルールとして，なぜ「法」のみならず「倫理」が問題になるのかと言えば，一つは，ジャーナリズム（マス・メディア）の主要かつ本来の役割が"権力の監視"であり，したがってそれを規律するル

ールの制定・運用を全面的に国家権力に委ねることは不適切であるからであり、また、もう一つは、ジャーナリストが医師や弁護士と同様のいわゆる専門職業人（プロフェッショナル）であり、したがってその組織・活動に関するルールの決定もそうした専門性に立脚して行われなければならないからです。やや強く言えば、報道倫理が確立され、それが尊重されることこそが、マス・メディアが"公器"であるための、言いかえれば、読者・視聴者への情報伝達がジャーナリズム（公的活動の自覚の上で行われる時事問題の報告・解説）であるための必須の前提であると言えます。

報道倫理についての議論は、わが国におけるジャーナリズム研究（新聞学）の勃興とともに始まっています。しかし、それがマス・メディアにとっての主要かつ緊急の課題として浮上し、多面的に論じられるようになるのは、マス・メディアの取材・報道をめぐる倫理問題——たとえば、フライデー編集部襲撃事件(1986年)、朝日新聞サンゴ損傷事件(1989年)、NHKムスタン事件(1992年)、椿発言事件(1993年)、松本サリン事件報道問題(1994年)、TBSオウム真理教事件(1996年)、テレビ朝日ダイオキシン報道事件(1999年)など——が頻発し、また、それらを契機あるいは口実とする国家権力によるマス・メディアへの規制圧力が顕在化した1980年代後半以降のことです。そして、この時期の——つまり、最近の——議論に見られる特徴は、まず第一に、ジャーナリズム研究者のみならず、多くの法律家、ジャーナリスト、一般市民がそれに参加したことであり、第二に、従来からのジャーナリストの"良識"論のみならず、マス・メディアのシステムや組織の問題としての倫理論が語られるようになったことです。しかしその一方、こうした議論においては、報道倫理の定義や機能についての共通認識が存在せず、また、ややもすれば原理論と運動・戦略論とが混線し、スローガンとしての「倫理」が声高に叫ばれる一方で、客観的な報道倫理研究はむしろやせ細っ

ている印象すらあります。この点に関して，ジャーナリズム研究者や現場のジャーナリストの中には，ジャーナリズムという社会的営みの多様な存在形式，あるいはその思想性・啓蒙性を考えたとき，その倫理をルール化し，学問研究の題材とすることは不可能であり不適切であるという認識——つまり，「報道倫理研究(報道倫理学)」なるものは存立しえないとする見解——も根強く存在していますが，私自身は，少なくとも産業化した主流のマス・メディア（日刊新聞，放送，週刊誌など）に関しては，ジャーナリズムと人権の精神に依拠しつつ，その社会的役割からの逸脱を正しく指摘し，問題の解決策・予防策を提案する職業倫理学あるいは報道病理学としての報道倫理研究はそれなりの存在意義を有し，また固有の内容をもちうると考えています。

報道倫理の基本構造　　報道倫理が以上のように定義し，認識しうる概念であるとすると，わが国における報道倫理構造の根幹を形づくってきたのは，日本新聞協会が1946年7月に制定した「旧・新聞倫理綱領」と，同じく日本新聞協会が1948年3月に公表した「編集権声明」という二つの規範であると見ることができます。両者について，わが国の報道倫理の特質をよく示していると思われる部分を見てみましょう（なお，「旧・新聞倫理綱領」は2000年6月に「新・新聞倫理綱領」に改定されましたが，報道倫理の構造に関して言えば，両者の間に大きな相違は存在しません）。

「全国の民主主義的日刊新聞社は経営の大小に論なく，親しくあい集まって日本新聞協会を設立し，その指導精神として『新聞倫理綱領』を定め，これを実践するために誠意をもって努力することを誓った。そして本綱領を貫く精神，すなわち自由，責任，公正，気品などは，ただ記者の言動を律する基準となるばかりでなく……」
（旧・新聞倫理綱領）

「1．編集権とは新聞の編集方針を決定施行し報道の真実，評論

の公正並びに公表方法の適正を維持するなど新聞編集に必要な一切の管理を行う権能である。……報道の真実，評論の公正，公表方法の適正の基準は日本新聞協会の定めた新聞倫理綱領による。2．……編集権を行使するものは経営管理者およびその委託を受けた編集管理者に限られる。……3．……〔編集権に対する〕外部からの侵害に対してはあくまでこれを拒否する。また内部においても故意に報道，評論の真実公正および公表方法の適正を害しあるいは定められた編集方針に従わぬものは何人といえども編集権を侵害したものとしてこれを排除する。」(編集権声明)

　以上二つの倫理規範は，わが国の報道倫理の特質として次の二点を示唆しているように思われます。一つは，わが国の報道倫理の主体，すなわちその制定者が「企業（業界）」つきつめれば「経営者」であって，日常の取材・報道活動の担い手であるジャーナリストはその制定過程から疎外され，制度上は単なるその客体（名宛人）の地位におかれているという点です。そしてもう一つは，マス・メディアの外側にあって自らの「知る権利」をそれに委ねている一般市民も，こうした倫理構造の中に位置づけられていない点です。つまり，端的に言って，わが国における報道倫理は，これまでのところもっぱら「企業（業界）倫理」として認識され，展開してきていると言えるでしょう。

　また，以上に述べたようなわが国の報道倫理の特質〔「企業（業界）倫理」性〕は，基本的に新聞と放送とに共通のものであるということができます(放送における「新聞倫理綱領」に該当するものとしては，1996年9月にNHKと民放が共同で制定した「放送倫理基本綱領」があります)。しかしながら，放送倫理が新聞倫理と唯一，そして決定的に異なる点は，すでに第5章において見たように前者が放送法を通じて国家の監督の下におかれている点です。すなわち放送倫理は，新聞倫理が純粋な企業（業界）倫理であるのに対して，"国家による後見・

管理を受ける"企業倫理であると性格づけることができます。

報道倫理実現の伝統的手法＝自主規制　さて，報道倫理が企業（業界）倫理であることの必然的帰結として，わが国における報道倫理の追求・実践は，これまでのところ主として業界単位での各種の倫理規範の制定・運用，すなわち自主規制を通じて行われています。現存のこうした倫理規範（自主規制規範）としては，すでに紹介した「新・新聞倫理綱領」「放送倫理基本綱領」のほかにも，「新聞広告倫理綱領」（日本新聞協会；1958年10月）「新聞販売綱領」（日本新聞協会；1954年12月）「誘拐報道の取り扱い方針」（日本新聞協会；1970年2月）「航空取材に関する方針」（日本新聞協会；1965年6月）「国内番組基準」（NHK；1959年7月）「放送倫理の確立に向けて」（NHK；1999年4月）「日本民間放送連盟放送基準」（日本民間放送連盟；1970年1月）「日本民間放送連盟報道指針」（日本民間放送連盟；1997年6月）など多数があり，それらは取材・報道をはじめとするマス・メディアの諸活動を規律する基本原則を定めています。また，雑誌メディアに関しては，「出版倫理綱領」（日本雑誌協会・日本書籍出版協会；1957年10月）「雑誌編集倫理綱領」（日本雑誌協会；1963年10月）「雑誌広告倫理綱領」（日本雑誌広告協会；1958年5月）などの業界倫理規範が存在しています。

　さらに，以上のような業界単位での倫理規範とは別に，いくつかのマス・メディア企業は，日常の取材・報道の際の行動指針として，いわゆる「報道マニュアル」を独自に策定しています。こうしたマニュアルとしては，読売新聞の「新・書かれる立場　書く立場――読売新聞の[報道と人権]」（1995年4月）「記者行動規範」（2001年5月），日本テレビの「日本テレビ報道ガイドライン」（1994年2月）「情報番組倫理ガイドライン」（1996年9月），フジテレビの「フジテレビ・テレビ報道人ハンドブック」（1996年8月），TBSの「TBS報道倫理ガイドライン」（1996年12月）などがあり，これらは取材・報道の現

場において記者がとるべき行動を詳細に規定し，その誠実な遵守を内部ジャーナリストに対して要求しています。

しかし，以上のような「企業(業界)倫理」の理念に立脚する倫理＝自主規制の充実というわが国の伝統的手法に対しては，二つの異なる方向からの批判，およびそれとセットになった代替案の提示が行われています。第一の批判・提案は，「プレス・カウンシル(報道評議会)導入論」と呼ぶことが可能な見解であり，現在の倫理構造においては，マス・メディア(ジャーナリスト)の倫理逸脱行為――たとえば，権力との過剰な癒着や犯罪関係者の人格的利益の侵害など――による不利益を受ける立場にある一般市民が，マス・メディアの倫理システムに参画することができない点を指摘し，批判した上で，イギリスや北欧諸国に見られる市民参加的な倫理機関である「プレス・カウンシル(報道評議会)」をわが国にも導入し，それによって「企業(業界)倫理」としての報道倫理を「共同体(社会全体)の倫理」に転換することが必要であると主張します。第二の批判・提案は，「内部的自由確立論」と名付けることが可能な見解であり，現在の倫理構造においては，取材・報道の第一線に立つ内部ジャーナリストがただ企業(経営者)の制定する自主規制規範によって拘束されるのみであり，したがってマス・メディアの倫理努力がジャーナリズムに対する企業・資本による統制につながりかねないことを指摘し，問題視した上で，ドイツ，フランスにおいて見られるような企業内ジャーナリストの内部的自由に立脚する倫理システムを確立し，それによって「企業(業界)倫理」としての報道倫理を「ジャーナリストの倫理」に転換することが適切な方策であると主張します。2においては，これら報道倫理に関する二つの改革論を詳しく紹介し，分析してゆきたいと思います。

2　報道倫理改革論

プレス・カウンシル導入論　まず最初に紹介するのは,「プレス・カウンシル（報道評議会）導入論」です。プレス・カウンシル（報道評議会）とは，複数のマス・メディア業界の代表者と，複数の市民の代表者によって構成され，合議にもとづきマス・メディアに対する苦情の処理業務を行うと同時に，マス・メディアの倫理的水準の維持のための各種の活動を行う，マス・メディア業界によって設置される機関であり，すでに実現をみている報道評議会として，たとえば，イギリスの「プレス苦情処理委員会」，スウェーデンの「報道評議会」などをあげることができます。先に述べたように，プレス・カウンシル導入論者は，この種の組織をわが国にも導入し，報道倫理を社会全体（一般市民）に開かれたものにする必要があると説くのです。

　プレス・カウンシル導入論者は，こうした倫理機関を設立することのメリットとして，次のような点を挙げています。まず第一に，マス・メディアが倫理を逸脱した取材・報道を行った場合，それによって不利益をこうむるのは明らかに一般市民ですが，プレス・カウンシルが設立されれば，マス・メディアの倫理的決定の場にそうした一般市民の代表者が参加することが可能になること，第二に，プレス・カウンシルという市民に開かれた組織を作ることにより，マス・メディアと一般市民との間の連帯感が生まれ，これがマス・メディアへの権力的介入（法的規制）に対する抑止力につながること，第三に，国家権力の介入によらずに，裁判所に匹敵する能力と中立性，さらには裁判所にはない柔軟性をもってマス・メディアの諸活動をめぐる具体的な紛争の解決にあたることができることです。

　逆にプレス・カウンシルの問題点として指摘されるのは，現場の

ジャーナリストがその構成者とならない場所で決められる倫理的ルールをジャーナリズムの倫理として無条件に承認することはできないのではないかという点，あるいは，プレス・カウンシルの一部を構成する"市民"とは一体誰なのかが不明確であり，その顔ぶれによっては，この組織がマス・メディアの自由に対する政治・社会権力によるコントロールの場に転化するおそれすらあるという点，あるいはもし，カウンシルに十分な独立性と権限が与えられなかったり，もしくは市民代表の人選が恣意的に行われたりした場合，プレス・カウンシルそのものが形骸化し，マス・メディアの倫理逸脱行為の免責の場になりかねない点などです。

　なお，このプレス・カウンシル制度に類似した倫理制度として，一般にオンブズマン制度と呼ばれるものが存在しています。オンブズマン（ニュース・オンブズマン，プレス・オンブズマン）制度とは，マス・メディア企業（業界）が，原則として一名の企業（業界）外の人物を「オンブズマン」に任命して，マス・メディアに対する一般人からの苦情や意見を受け付ける窓口にするとともに，マス・メディア企業（業界）から独立した立場で問題の解決にあたらせる制度であり，合衆国のいくつかの新聞社や北欧諸国において現存しています〔「オンブズマン（ombudsman）」とは，「代理人」を意味するスウェーデン語です〕。ただし，その存在形式は多様であり，北欧諸国のように，オンブズマンが企業横断的に設置され，あくまでも一般人の代理人として行動し，かつ上位の裁定機関としてプレス・カウンシルが併置される場合と，合衆国の新聞企業のように，オンブズマンが企業単位で設置され，一般人の代理人というよりは経験豊富なシニア・ジャーナリストとして行動し，かつ自らが最終的な意思決定機関となる場合とがあります。しかし，いずれの場合においても，それがオンブズマンと呼ばれうるためには，①マス・メディア企業（業界）内部にありながら編集・営業両部門から独立した地位・組織を保

証され，かつ，独自の調査権限・能力を備えていること，②その職務の遂行にあたって，マス・メディア企業（業界）の他の部署の意向や権限に左右されることなく，自律的に行動しうること，③自らの調査結果，見解，裁定などをマス・メディアにおいて一般読者（視聴者）に公表する権限を有していることが必須であり，これらのうち一つでも欠落すれば，それはオンブズマン制度ではなく，社内考査制度あるいは紙面（番組）審査制度と見なされることになります。

オンブズマン制度，とくに合衆国におけるそれは，知識・経験の豊富なベテラン・ジャーナリストが，あくまでもジャーナリズムのあり方に関する個人の良心・経験的知識によりつつ具体的な紛争の解決にあたるというものであり，この点においてプレス・カウンシル制度とは異なり，むしろ後述する内部的自由型の倫理に近似する側面を有しています。しかし"オンブズマンによる倫理の実現"という処方箋には，価値観が多様化・複雑化し，またマス・メディアの規模も巨大化している現代社会においては，独任制機関が倫理問題の解決にあたることはもはや困難なのではないかという問題や，また，メディアと一般人との間の紛争において公正かつ積極的な問題解決を行うことのできる人物がそう簡単に見いだせるかという問題も伴っています。

内部的自由確立論　次に紹介するのは，「内部的自由確立論」です。すでに第4章において見たように，内部的自由とは，マス・メディア企業に所属するジャーナリスト（企業内ジャーナリスト）がその企業に対して要求しうるさまざまな精神的自由——たとえば，編集方針決定への参加権，編集方針拒否権，一定の個人表現活動権など——の総称であり，主としてドイツ，フランスなど大陸ヨーロッパの国々において制度化されているものです。内部的自由確立論者は，わが国においてもこうした自由を内部ジャーナリストに対して保障し，彼らに公共的な業務に従事する専門職業人（プロフェッショ

ナル)としての自覚と責任をもたせることが，報道倫理確立の前提条件になると主張します。すなわち彼らは，ジャーナリストが自らの精神的自由と専門的知識・経験に立脚しつつ，倫理規範の制定，違反者への制裁，後継者の養成・再教育，採用人事への介入などの活動を行うことによって，はじめて真の報道倫理が実現すると考えるのです。

内部的自由確立論者は，このような考え方，すなわち"自由"を媒介として"倫理"の確立を図ることのメリットとして，次のような点を挙げています。まず第一に，報道倫理の遵守者であるジャーナリスト自身がその制定者でなければならないというこの考え方は，倫理の"自律的ルール"性に最も忠実であり，個々のジャーナリストの内面に存する職業的プライドを刺激し，活性化する効果を有していること，第二に，ジャーナリストが倫理主体になることによって，わが国においてもしばしば指摘されている"政治権力と癒着するマス・メディア経営者・上層部"や"内部ジャーナリストに対する思想統制"に対抗する力が生まれること，第三に，フリー・ジャーナリストと企業内ジャーナリストの双方を含むジャーナリズム全体の倫理を確立してゆくことが可能になることです。

逆に内部的自由確立論の問題点として指摘しうるのは，ジャーナリストのプロフェッショナリズムが強調される一方で，倫理構造への市民参加にやや消極的であること，内部的自由に立脚する倫理を確立するためには，たとえば日本医師会や日本弁護士連合会のような企業横断的かつフリー・ジャーナリストを含む職能組合(日本ジャーナリスト連合)の設立が不可欠であるが，そうした組織化がかえってジャーナリストの自由を拘束するおそれもあること，もし企業内ジャーナリストに一定の精神的自由の行使を認めるとすれば，当然にマス・メディア企業経営者の精神的自由も大っぴらに認められることになり，それがマス・メディアの"傾向化"を促進したり，経

営者対ジャーナリストの企業(業界)内闘争に発展しかねないことなどの点です。

　私自身は，内部的自由確立論を，上述のような問題点を認識しつつもなお，報道倫理の原則に最も忠実であり，かつ，国家権力や社会権力によるジャーナリズム支配(倫理の蹂躙)に対する強い対抗力を構築しうる見解として支持します。ただしこの考え方は，先に述べたように，報道倫理構造へのジャーナリストの参加を強調する一方で，そこへの一般市民の参加については消極的にとらえる——あるいは，副次的要素としてとらえる——ものであるため，読者・視聴者とジャーナリズム（マス・メディア）との間に発生する具体的な紛争の解決力において弱点を有していることも確かです。したがって，この弱点を克服するためには，先に述べたジャーナリスト連合が，マス・メディア業界（企業）がプレス・カウンシルを設立し報道倫理を追求することを原則として支持した上で，カウンシルへの内部ジャーナリストの参加を要求してゆくことが必要であるように思われます。

3　報道倫理をめぐる状況

第三者機関の設立　すでに1において見たように，わが国における報道倫理は，これまで基本的に「企業（業界）倫理」として認識され，展開してきましたが，最近になって，2において紹介した報道倫理改革論の出現，マス・メディアの倫理に対する一般の人々の関心の高まり，さらにはマス・メディアの倫理逸脱を口実にした国家による報道統制の動きなどを背景として，マス・メディアやジャーナリストによる報道倫理改革に向けた動きが加速しています。そして，そうした動向をやや細かく見れば，そこには，すでに見た「プレス・カウンシル導入論」の影響下にあるマス・メディア企業（業界）

によるいわゆる「第三者機関の設立」と，これもすでに見た「内部的自由確立論」と深く関係している「ジャーナリスト倫理への模索」という二つの動きが存在していることがわかります。

このうち，まず第三者機関の設立ですが，そのさきがけとなったのは，放送メディアによる「放送と人権等権利に関する委員会（BRC）」の創設です。BRCとは，1996年に郵政省の「多チャンネル時代における視聴者と放送に関する懇談会（多チャンネル懇）」が，放送メディアに第三者的苦情処理機関の設立を提案したことを一つのきっかけとして，国家による放送内容への介入を未然に防止し，かつ，放送による名誉・プライバシー等の侵害を救済するためにNHKと民放が共同で設立した機関であり，放送番組に対する苦情を受理・審理して「勧告」や「見解」を放送局に通知し，救済や改善を求める権限を有しています。このBRCは，各界有識者の中から選任される8名以内の委員によって構成されることになっており，すでにいくつかの苦情申立てに関して関係放送局に是正を求める決定を下しています。なお2003年7月，BRCは，「放送と青少年に関する委員会」（第8章参照）など他の放送第三者機関とともに，新組織「放送倫理・番組向上機構（BPO）」の下におかれることになりました。

BRCが放送メディアにおける試みであるのに対して，新聞においては，いわゆる「第三者委員会」の設立が2001年から2002年にかけて一種のブームになりました。この第三者委員会とは，主として新聞企業外の人物（有識者）を構成員とし，新聞の取材・報道活動について意見表明を行い，さらに，取材・報道によって自らの権利・利益を侵害されたと主張する人物からの苦情を受理・審理・裁定するために（ただし，後者の権限はすべての第三者委員会がもつわけではありません），新聞企業が設立する倫理機関のことであり，2000年10月に毎日新聞が5名の委員によって構成される「『開かれた新聞』委員

会」をスタートさせたのをかわきりに，2002年4月の段階で，25の新聞・通信社においてこの種の委員会が設置されています〔たとえば，朝日新聞は2001年1月に「報道と人権委員会（PRC）」を，東京新聞は同じく2001年1月に「新聞報道のあり方委員会」を，読売新聞は2001年4月に「新聞監査委員会顧問」を，共同通信は2001年6月に「『報道と読者』委員会」をそれぞれ発足させています〕。

　しかし，以上のようなBRCや第三者委員会の設立を，わが国の報道倫理の進歩として肯定的に評価することはやや時期尚早であるようにも思われます。それは，こうした第三者機関に対しては，①その構成メンバーに元最高裁判事や元最高検検事といった"元・お上のお歴々"や，政府・地方自治体の政策立案に深く関与してきた研究者などが加わっているが，こうした人物によって構成される委員会を"市民（共同体）の倫理"の発現の場と見なすことができるか，②第三者機関の委員には法学者や弁護士が数多く名を連ねているが，それはマス・メディア企業（経営者）が"ジャーナリズムの倫理"と"法の論理"を混同していることを示すものではないか，③とくに苦情処理権限のない第三者機関の場合，それがいわゆる「名士サロン」化し，その活動が"ご意見番倫理"や"お飾り倫理"に堕してしまうおそれがないか，④とくにその活動が国家による一定のコントロールの下にある放送メディアにおいては，第三者機関（BRC）が放送行政当局の後見の下におかれ，下請け機関化するおそれはないか，といった危惧があるからです。わが国の現在の第三者機関が，将来，「プレス・カウンシル」と呼びうるものにまで成長してゆくためには，少なくとも，この機関に強い苦情処理権限を付与すると同時に，報道倫理の本来の主体はジャーナリストであることを考慮して，すでに2において述べたようにそこに内部ジャーナリストの代表を委員として参加させること――さらに言えば，「市民代表」と「ジャーナリスト代表」からなる同数委員会に新装すること――が必要

であるように思われます。

ジャーナリスト倫理への模索　次に，ジャーナリスト倫理の確立に向けた取り組みについて簡単に見ておきたいと思います。まず，新聞メディアにおける動向ですが，とくに注目されるのは，日本新聞労働組合連合（新聞労連）が1997年2月に発表した「新聞人の良心宣言」です。この宣言の最大の特徴は，それが新聞企業（業界）ではなく労働組合によって編纂された倫理規範であることであり，この点において新聞倫理綱領をはじめとするわが国の従来の新聞倫理規範とは性格を異にしています。職能団体としてのジャーナリスト連合ではなく，主として企業労働者の経済的利益を守るための組織である労働組合がこのような倫理規範を掲げることには若干の違和感がありますし，また，いわゆる内部的自由の法的保障が存在していないわが国の現状においては，この宣言はあくまでも運動方針でありプログラムにすぎません。しかしそれでも，企業経営者ではなくジャーナリストのイニシアティヴでこうした倫理規範が作成・提示されることは大きな意味があり，また内容的にも，たとえば「自らの良心に反する取材・報道の指示を受けた場合，拒否する権利がある」（1：権力・圧力からの独立）というジャーナリストの内部的自由にかかわる規定や，「……大資本からの利益供与や接待を受けない」（1：権力・圧力からの独立），「会社に不利益なことでも，市民に知らせるべき真実は報道する」（5：公私のけじめ），「記者は営業活動を強いられることなく，取材・報道に専念する」（10：報道と営業の分離）といった記者と新聞企業・大資本との関係を規律する規定など，業界（企業）の倫理規範には見られない特徴的な規定が含まれています。

次に，放送メディアにおける動向として注目されるのは，日本民間放送労働組合連合会（民放労連）が新聞人の良心宣言に先立つ1991年7月に採択した「視聴者のための放送をめざす民放労連の提案」

です。この提案は，多チャンネル時代の到来という放送メディアの新しい状況を見すえて，放送制度のありかたに関する民放労連の基本的見解を確認・提示したものであり，「放送の自律の確保」「放送の公正の確保」「視聴者の権利」「番組制作者の権利」「コマーシャル放送の改善」「聾唖者のために」「多角経営の禁止」の各部分に分類される 21 の条項によって構成されています。このうちとくに注目すべきは，「番組づくりに携わる制作者の言論・表現の自由を最大限に保障することによって，放送の多様性を実現すること。そのために，……次のような権利を保障すること。①直接的に言論・表現に携わる放送関係者は，本人の同意なしに異職種への配置転換あるいは契約解除を受けない。……③企画・制作過程，放送結果などについて会社側の措置に異論や批判がある場合，それについての自分の意見を内外に公表する権利があり，それを理由にいかなる不利益待遇も受けない。……⑤……自らの思想・信条・宗教に反する仕事を強要されない権利があり，拒否したことを理由にいかなる不利益待遇も受けない」と規定する第 11 条，「各放送局の番組審議会の審議委員に，……民主的に選ばれた放送局従業員代表を加えること」と規定する第 8 条であり，ここでもやはり，放送企業（経営者）に対するジャーナリストの内部的自由の要求が放送倫理（視聴者のための放送）の必須の構成要素として認識され，位置づけられています。

　以上二つの倫理規範は，わが国においても「企業（業界）倫理」論や「共同体（社会全体）の倫理」論とは異なる「ジャーナリストの倫理」論に立脚する報道倫理が，とくにマス・メディア企業に働く労働者によって意識され，追求されてきたことを示すものであると言えます。しかし，現在の状況を俯瞰的に見た場合，こうしたジャーナリストの倫理の考え方は，その倫理論・倫理運動としての正統性にもかかわらず，わが国では部分的・傍流的なものにとどまっており，残念ながら読者・視聴者やマス・メディア（ジャーナリズム）研

究者，あるいは企業内ジャーナリストの中においてすら未だ大きな支持を得ているとは言えないように思われます。

── 第10章・参考文献 ──

A．報道倫理

F・S・シーバート他著，内川芳美訳『マスコミの自由に関する四理論』（東京創元社，1953年）

W・シュラム著，崎山正毅訳『マス・コミュニケーションと社会的責任』（日本放送出版協会，1959年）

P・レビイ著，伊藤慎一訳『判決例にもとづく新聞倫理綱領：ザ・プレス・カウンシル』（時事通信社，1968年）

千葉雄次郎『知る権利：現代の新聞自由』（東京大学出版会，1972年）

川中康弘『新聞の自由と責任』（南窓社，1972年）

J・L・ハルテン著，橋本正邦訳『アメリカの新聞倫理』（新聞通信調査会，1984年）

前沢　猛『マスコミ報道の責任』（三省堂，1985年）

F・マッカロック編，前沢　猛訳『米国マスコミのジレンマと決断：新聞倫理の日米比較』（ビジネス社，1986年）

R・A・ウェブ編，村田聖明訳『ワシントン・ポスト記者ハンドブック』（ジャパン・タイムズ，1987年）

M・クロネンウェッター著，渡辺武達訳『ジャーナリズムの倫理』（新紀元社，1993年）

浅倉拓也『アメリカの報道評議会とマスコミ倫理：米国ジャーナリズムの選択』（現代人文社，1999年）

日本弁護士連合会人権擁護委員会編『人権と報道：報道のあるべき姿をもとめて』（明石書店，2000年）

田島泰彦他編『報道の自由と人権救済：《メディアと市民・評議会》

をめざして』(明石書店，2001 年)
毎日新聞社編『開かれた新聞：新聞と読者のあいだで』(明石書店，2002 年)
柏倉康夫『マスコミの倫理学』(丸善，2002 年)
C・J・ベルトラン編，前澤　猛訳『世界のメディア・アカウンタビリティ制度：デモクラシーを守る七つ道具』(明石書店，2003 年)

B．ジャーナリズム論・概説書——報道倫理に関係する，最近のものに限る．

内川芳美他編『日本のジャーナリズム：大衆の心をつかんだか』(有斐閣，1983 年)
桂　敬一『現代の新聞』(岩波新書，岩波書店，1990 年)
天野勝文他編『現場からみたマスコミ学：新聞・テレビ・出版の構造』(学文社，1994 年)
稲葉三千男他編『新聞学・第 3 版』(日本評論社，1995 年)
天野勝文他編『現場からみた新聞学』(学文社，1996 年)
天野勝文他編『現場からみたマスコミ学II』(学文社，1996 年)
原　寿雄『ジャーナリズムの思想』(岩波新書，岩波書店，1997 年)
桂　敬一編『新聞：転機に立つ新聞ジャーナリズムのゆくえ』(大月書店，1997 年)
田村紀雄他編『新版・現代ジャーナリズムを学ぶ人のために』(世界思想社，1999 年)
天野勝文他編『現代マスコミ論のポイント・第 2 版：新聞・放送・出版・マルチメディア』(学文社，2001 年)

C．ジャーナリズム論・研究書・啓蒙書——報道倫理に関係する，最近のものに限る．

原　寿雄『新聞記者の処世術』(晩聲社，1987 年)
原　寿雄『それでも君はジャーナリストになるか：続新聞記者の処世

術』(晩聲社, 1990 年)

藤田博司『アメリカのジャーナリズム』(岩波新書, 岩波書店, 1991 年)

前沢　猛『日本ジャーナリズムの検証』(三省堂, 1993 年)

門奈直樹『ジャーナリズムの現在』(日本評論社, 1993 年)

福井逸治『新聞記事作法』(三一書房, 1994 年)

原　寿雄『ジャーナリズムは変わる：新聞・テレビ――市民革命の展望』(晩聲社, 1994 年)

新聞労連編『新聞記者を考える』(晩聲社, 1994 年)

桂　敬一『日本の情報化とジャーナリズム』(日本評論社, 1995 年)

新聞報道研究会編『いま新聞を考える』(日本新聞協会, 1995 年)

川崎泰資他『ジャーナリズムの原点：体験的新聞・放送論』(岩波書店, 1996 年)

花田達朗『メディアと公共圏のポリティクス』(東京大学出版会, 1999 年)

原　寿雄編『市民社会とメディア』(リベルタ出版, 2000 年)

前澤　猛『新聞の病理：21 世紀のための検証』(岩波書店, 2000 年)

門奈直樹『ジャーナリズムの科学』(有斐閣, 2001 年)

林　香里『マスメディアの周縁，ジャーナリズムの核心』(新曜社, 2002 年)

中馬清福『新聞は生き残れるか』(岩波新書, 岩波書店, 2003 年)

柴田鉄治『新聞記者という仕事』(集英社新書, 集英社, 2003 年)

第11章　犯罪報道

1　犯罪被疑者報道

犯罪被疑者報道の問題性　　報道倫理をめぐる各論的問題の中で，ここ10数年の間，最も活発に議論がくりひろげられてきたのは，いわゆる犯罪報道の倫理の問題であると言えるでしょう。本章では，警察・検察によって事件の犯人と目された人物（被疑者および刑事被告人）をめぐる報道，すなわち「犯罪被疑者報道」の問題を論じ，次に，犯罪の被害にあった人物やその家族に関する報道，すなわち「犯罪被害者報道」について考えてみたいと思います。

　まず犯罪被疑者報道ですが，わが国ではこれまで，こうした報道のもつ問題性を端的に表す言葉として，しばしば「犯人視報道」という用語が使われてきました。犯人視報道とは，被疑者の有罪が確定する以前，とくに逮捕の前後の段階で，その者を犯人であると断定し，あるいはそのことを前提として行われる報道であり，重要な人権原則の一つである「無罪推定原則」——被疑者および刑事被告人はいまだ"犯人"ではなく，無罪の可能性がある以上，できる限りその者の人権が保障されるべきであるという原則——からの逸脱である点にその基本的な問題性があります。したがって，取材・報道における犯人視が一定の限度を超えれば，その取材・報道の標的

とされた被疑者・被告人の人権（名誉・プライバシー）侵害の問題が発生しますし（第6章参照），また，犯人視報道が反復され，読者・視聴者の犯罪を見る目を歪める効果をもたらしているとすれば，そこに報道倫理からの逸脱の問題も生じることになります。たとえば，ロス疑惑報道（1984年～），松本サリン事件報道（1994年），和歌山カレー毒物混入事件報道（1998年）などの諸事例は，わが国における犯罪被疑者報道が明らかに犯人視報道の色彩を帯びていることを示していますが，ではなぜ，このような報道が生み出され，くり返されてしまうのでしょうか。

　犯人視報道をもたらすものとしては，二つの要因を考えることができます。第一の要因は，犯罪に直面した読者・視聴者多数の抱く本能的な欲求・感情です。すなわち具体的には，①凶悪な犯罪が発生し，犯人も含めその詳細が不明であるという状況の中で──時に，長期間にわたって──不安・緊張を強いられた人々は，いったん被疑者逮捕という事態に至ると，その反動から安易な犯人視や短絡的な犯行理由の推測にひきつけられがちになること，②多くの人のもつ犯罪を憎む心や犯罪被害者に同情する心が，しばしば被疑者個人に対する憎悪にすりかえられてしまうこと，③被疑者の逮捕後，その者に刑が言い渡されるまでの期間が長期に及ぶため，人々は"展開の遅いドラマ"を見る不快感を覚え，それがマス・メディアによる代理裁判や代理刑を肯定する感情につながることなどですが，これらがかりに犯罪に直面した人間の自然な反応であるとしても，それをマス・メディアが安易に「読者（視聴者）のニーズ」と判断し，そうした欲求を充足するための取材・報道を行うことは，無罪推定原則という人権原則から見ても，社会現象としての犯罪の核心に迫るというジャーナリズムの精神から見ても，大きな問題があると言わざるをえないでしょう。

　犯人視報道をもたらす第二の要因は，犯罪の"イベント化"です。

マス・メディアが，その購読者・視聴者を確保し拡大する目的でスポーツ・イベントをはじめとするさまざまなイベントを企画し，実施していることは周知のとおりですが，犯罪，とくに世間の注目を集めうる人間ドラマや謎を秘めた犯罪は，マス・メディアにとっては——不謹慎な言い方ですが——天恵のメディア・イベントとも言いうるものです。マス・メディアは，この時を逃してはならじと被疑者（あるいは被害者）とその周辺に大量の記者などを繰り出し，事件がホットなうちに集中的に報道しようとします。このことが，いわゆる「集団的過熱取材（メディア・スクラム）」を生み，さらには「集中豪雨型報道」をもたらしますが，ここで取材・報道担当者に要求されていることの一つは，できるだけ多くの顧客（読者・視聴者）をその犯罪に吸引することであり，そのために犯罪を"お茶の間"にわかりやすく，しかもドラマチックに伝えるという奇妙な努力が払われ，しばしば陳腐で裏付けのない犯罪ストーリーがまことしやかに語られたりもします。

犯罪被疑者報道改革論　以上のような犯人視報道のもつ問題性を克服あるいは回避するために，二つの改革論が提示されています。一つは，いわゆる「原則匿名報道主義」であり，もう一つは「主観報道主義」と呼びうる考え方です。

　まず，原則匿名報道主義から見てゆきたいと思います。ここにいう原則匿名報道とは，その主な提唱者であるジャーナリズム研究者・浅野健一によれば，「権力の統治過程にかかわる問題以外の一般刑事事件においては，被疑者・被告人・囚人の実名は原則として報道しない」という報道スタイルを指します〔岡満男他編『メディア学の現在』（世界思想社，1997年) p. 157.〕。すなわち，原則匿名報道主義によれば，いわゆる権力犯罪（政治的・社会的権力を有する者が，自らの権力を利用し，あるいはそれを背景として行った犯罪）以外の犯罪事件については，その被疑者・被告人の氏名などは明らかにせずに報

道すべきであるというのです。この考え方が正当である理由として，原則匿名報道主義者は，①ニュースの構成要素としてこれまで５Ｗ１Ｈ(誰が，いつ，どこで，何を，なぜ，どのように行ったか)ということが言われてきたが，権力犯罪以外の一般の犯罪においては，誰が犯罪の嫌疑をかけられているかということを必ずしも読者に伝える必要はないのみならず，逆にそれを伝えることによって被疑者・被告人やその家族に対する甚大な人権侵害（名誉毀損やプライバシー侵害）がひきおこされる可能性があること，②被疑者・被告人に関する実名を用いた犯人視報道が，読者・視聴者ひいては司法関係者に予断を与え，それがいわゆる"冤罪"を生み出す温床になりかねないことなどを挙げています。

しかし，以上のような原則匿名報道主義に対しては，企業内ジャーナリストや一部のジャーナリズム研究者からの批判が存在しています。批判論者は，原則匿名報道主義の問題点として，①報道内容の真実性は，究極のところは事件の当事者の"実名"の提示によって担保されるのであり，被疑者・被告人を匿名で報道すれば，極端に言えば警察やマス・メディアによる事件の変造や捏造も可能になること，②匿名報道によって警察による匿名発表（被疑者の氏名を明らかにしないマス・メディアに対する事件情報の提供）が増加し，これがマス・メディアによる警察の捜査活動に対するチェックや批判を妨げること，③原則匿名報道主義においては，マス・メディア（ジャーナリスト）が一つの社会現象としての犯罪事件を掘り下げ検証すること，すなわち，犯罪の背後にある諸事情を取材・報道することの意義が軽視されていることなどを挙げ，一部の犯罪報道（たとえば微罪報道など）に関して匿名報道を行うことは必要であるとしても，匿名報道をマス・メディアによる犯罪報道の"原則"とすることは不適切であると主張します。

私見によれば，原則匿名報道主義は，犯罪報道における「無罪推

定原則」の軽視という現状に対する改革案として，一定の説得力を有しているように思われます。ただしこの改革案は，その性質から見て各マス・メディアが"横並び"で行わなければ大きな効果が期待できないため，マス・メディア業界をあげての"上からの"統制・管理がその実施にあたって必須の要素になること，また，犯罪報道において，もし"人権"の名の下に被疑者・被告人を匿名で報道するならば，犯罪被害者についても当然に匿名で報道すべきであり，その結果，紙面における「A氏」「Bさん」といった記述の氾濫が生じかねないこと，さらには，権力犯罪においてのみ「無罪推定原則」よりも国民の「知る権利」が優越し，したがって実名報道が許されるという考え方が，無罪推定原則の解釈として正当であるかどうか必ずしも明らかでないこと，といった論点を内包していることも同時に確認しておく必要があるでしょう。

　次に，主観報道主義について見てゆきたいと思います。主観報道主義とは，マス・メディア（ジャーナリスト）があくまでも事件の真相（客観的真実）を追求すべき存在である以上，犯罪事件に関してもその報道は警察が発表する事実（警察的真実）に過度に依存するものであってはならず，したがって犯罪報道においても必ず裏付け取材をし，さらに記事は複数の主観的事実の併記によって構成する必要があるとする考え方であり，それを最初に提唱したのはジャーナリストの疋田桂一郎です〔疋田の主張は，上前淳一郎『支店長はなぜ死んだか』（文藝春秋，1977年）において詳しく紹介されています〕。現在の犯罪報道を客観性を喪失した"警察の言い分"の受け売りと見る主観報道主義者は，マス・メディア（ジャーナリスト）に対し，具体的には，①犯罪事件の取材・報道にあたっては，警察発表を疑う姿勢で必ず裏付け取材をすること，②報道記事（番組）の中で，警察発表，被疑者側の主張，担当記者自身が独自取材によって得た情報を区別して書くこと（すなわち，「警察は……と発表した」「容疑者は弁護

士を通じて……と述べた」「記者の調べでは……ことがわかった」と書くこと），③判断材料が足りないときは，はっきり「わからない」と書くことなどを提案します。すなわち彼らは，こうした改革によって警察発表への過度の依存によってもたらされる被疑者の人権侵害が抑止・緩和され，同時に，犯罪を取材し報道する者としてのジャーナリスト（マス・メディア）の主体性も確保されると考えるのです。

　以上のような主観報道主義者の主張，すなわち，犯罪に関する真実がいまだ"藪の中"にある被疑者逮捕の前後においては，ジャーナリストは"客観性"を装う者を疑い，複数の当事者から取材してそれを記事(番組)の内容に反映すべきであるという考え方は，取材・報道の基本原則への回帰を志向するものである点において素朴な説得力をもっているように思われます。したがって，私は，基本的にこのような方向での犯罪被疑者報道の改革が行われるべきであると考えます。しかし一方，この主観報道の考え方に対しては，主として原則匿名報道主義者から，①「裏付け取材」のために記者が犯罪被疑者の周辺をかぎまわり，被疑者とその家族に対する人権侵害が一層拡大する，②犯罪事件の真相を明らかにし，有罪か無罪かを決定するのは司法当局であり，マス・メディアがそうした活動を行う必要はない旨の批判が提出されていることも確認しておく必要があるでしょう。

　なお，2003年3月に政府の司法制度改革推進本部が示した「裁判員制度」に関する政府素案の中には，裁判員やその候補者が犯罪事件に関して"偏見"をもつことを防止するために，マス・メディアはその犯罪被疑者報道において一定の"配慮"をしなければならない旨の規定が盛り込まれています。たしかに，海外，とくにヨーロッパ諸国の中には，無罪推定原則を大きく逸脱する報道に対して一定の法的制限を設ける国が存在していますが，報道の"偏見"を国家が監視するような仕組みをわが国において作動させることには，

大きなリスクを伴うと言わざるをえないでしょう。

さまざまな改革の実践　さて，以上に紹介したような被疑者報道改革論の提示と，さらには犯人視報道に対する法律家などからの批判——たとえば日本弁護士連合会は，1987年11月，「人権と報道に関する宣言」を採択し，マス・メディアに対し「捜査情報への安易な依存をやめ〔る〕とともに……原則匿名報道の実現に向けて匿名の範囲を拡大すること」を正式に求めました——をうけて，マス・メディア側も，犯罪被疑者報道のあり方を改善・改革してゆこうとする動きをみせています。まず，NHKや全国紙といったいわゆる大メディアにおいては，被疑者の"呼び捨て"の慣行が廃止され，広く「容疑者」という呼称が用いられるようになりました。最初に「容疑者」呼称にふみきったのはNHKであり〔「犯罪報道と呼称基本方針」（1984年）〕，また他の大メディアも，1989年11月に『毎日新聞』が社告「事件・事故報道で人権に配慮『呼び捨て』をやめます」を発表し，無罪推定原則などを理由として「容疑者」呼称を実施する旨を宣言したことを契機として，一斉にこの呼称を用いるようになりました。さらに，メディア各社によってその程度には差異があるものの，全般的に見て，被疑者の顔写真の掲載が抑制され，また，被疑者を匿名にする記事(匿名記事)や担当記者が署名を行う記事(署名記事)も増加する傾向にあるなど——たとえば『毎日新聞』は，1994年3月，「署名入り原稿を増やします」旨の社告を公表し，いわゆる原則署名報道にふみきっています——犯罪報道における無罪推定原則への配慮は少しずつではありますが具体化していると言えるでしょう。

しかし，こうしたNHKや全国紙などの大メディアの取り組みが，犯罪被疑者報道のもつ問題性の抜本的な改善につながっていると評することは到底できないでしょう。むしろ，この点については，地方紙やローカル紙の一部に意欲的かつ実効的な改革を試みるもの

が存在しています。たとえば，愛媛県八幡浜市で発行されているローカル紙の『南海日日新聞』は，1986年11月1日，次のような社告を紙面に掲載して，わが国の新聞としてはじめて原則匿名報道にふみきりました。

「本紙は……犯罪者やその家族の人権を守るために犯罪報道は匿名報道を基本とすることにしました。本紙が匿名報道にふみきったのは……実名が出ることによって①事件とかかわりのない被疑者，犯罪者の家族にまで差別の目をよびおこさせる，②犯罪を……個人的興味として取りあげさせる傾向が強くなる，③社会的制裁の面が強く，犯罪者のレッテルをはり，犯罪者の更生の道を閉ざし，社会的差別をよびおこしていくことにつながる……との立場に立っての結論です。……ただし，公的権力をもつ人や政治家などが，公的権力をもって行った犯罪に関しては実名報道します。」

今のところ，このような『南海日日新聞』の先駆的な取り組みに触発されて原則匿名報道を採用する地方紙，ローカル紙等は──著者の知る限りでは──出てきていないようですが，比較的狭い地域で発行・放送されるメディアが被疑者を実名で報道した場合，それが本人や家族に及ぼすダメージが計り知れないことを考えれば，このローカル紙が原則匿名報道というスタイルを選択したことにはそれなりの必然性があり，他のローカル紙などにおいてもこうした方式の採用が検討されるべきでしょう。

さて，この『南海日日新聞』の試みが，言うまでもなく原則匿名報道主義の主張に沿った改革の実践であるのに対して，主観報道主義的な犯罪被疑者報道の改革を行った新聞として，福岡を拠点とする有力地方紙『西日本新聞』を挙げることができます。一般に「福岡の実験」と呼ばれているこの紙面改革は，逮捕された被疑者の側の"言い分"を当番弁護士（逮捕の時点で被疑者と面会し，事件事実や取り調べについての無料相談に応ずる弁護士）を通じて取材し，それを

記事内容に反映させるというものであり、福岡県で当番弁護士制度が設置された1992年12月16日に開始されました。この日の同新聞紙面においては、次のようにその試みの趣旨が語られています。

「西日本新聞社は、……当番弁護士などから得た『容疑者の言い分』を一定の基準に基づき掲載します。否認事件が中心ですが、容疑を認めていても、動機や背景に社会性があると判断した場合には記事化します。事件取材では、容疑者が逮捕された時点で接触が不可能となるため、結果として警察情報だけに頼る一方的な報道という批判を受けてきました。今回の試みはこうした点を踏まえ、容疑者の人権に配慮するとともに、より客観的な報道に徹しようというものです。」

この「福岡の実験」は、その後、たとえばオウム真理教事件などの凶悪犯罪事件が多発したこともあって、いまだ十分に成功しているとは言えないようです。しかしこの試みは、対立する意見や立場がある場合には双方の言い分を聞く――とくに、当事者の一方がいわゆる公権力である場合には、反対当事者の主張を十分に聞く――という取材・報道の原則に立ち返ろうとするものである点で、きわめて真っ当な改革であり、犯罪報道を行うあらゆるマス・メディアにおいて被疑者側の主張の取材・報道が倫理原則として採用されるべきでしょう。

少年事件報道　さて、犯罪被疑者報道との関連では、いわゆる少年（20歳に満たない者）が犯罪・非行を行った場合の取材・報道のあり方についても考えておく必要があります。そして、この問題を扱う際にまず確認しておかなければならないのは、次のように規定する少年法第61条です。

「家庭裁判所の審判に付された少年又は少年のとき犯した罪により公訴を提起された者については、氏名、年齢、職業、住居、容ぼう等によりその者が当該事件の本人であることを推知することがで

きるような記事又は写真を新聞紙その他の出版物に掲載してはならない。」

　この規定の条文上の規制対象は「家庭裁判所の審判に付された少年又は少年のとき犯した罪により公訴を提起された者」に関する報道ですが，捜査段階すなわち家庭裁判所に送致される以前の段階においても当然にこの規定が適用されると解釈されています。また，もちろん「新聞紙その他の出版物」には放送メディアも含まれると考えられています。このように，この条文は，その文言を見る限りでは少年犯罪・非行の報道を行うすべてのマス・メディアに対して，加害少年の身元を明らかにするあらゆる情報を，いかなる時点においても公表してはならないと命じているようですが，しかし一方，この規定はいわゆる罰則を伴っておらず，マス・メディア（ジャーナリスト）がこの規定に違反し，加害少年の身元を明らかにする記事（番組）を公表したとしても，それに対抗する措置として想定されるのは，法務省や裁判所による「勧告」——謝罪記事・番組の公表要求などがその内容になります——や「抗議声明」の公表にとどまり，たとえばこの規定に違反したジャーナリストが処罰されたり，記事や番組の公表が差止めを受けたりすることはありません〔ただし，いわゆる長良川リンチ殺人報道事件の高裁判決（名古屋高判平成12年6月29日）は，少年法第61条の規定を「少年が健全に成長するための権利」などの具体的権利を保障する規定とみなし，少年の身元を明らかにする記事を公表した出版社に対して，当該少年への損害賠償を命じました〕。

　さて，この少年法第61条の規定を受けて，マス・メディア側（日本新聞協会）は1958年12月に「少年法第61条の扱いの指針」という次のような自主規制規範を定め，基本的にこれに従った少年事件報道を行っています。

　「……20歳未満の非行少年の氏名，写真などは，紙面に掲載すべきではない。ただし，①逃走中で，放火，殺人など凶悪な累犯が明

白に予想される場合，②指名手配中の犯人捜査に協力する場合など，少年の保護よりも社会的利益の擁護が強く優先する特殊な場合については，氏名，写真の掲載を認める除外例とする〔。〕」

しかし，近時における少年事件の様相の変化（いわゆる「凶悪化」）を指摘した上で，こうした従来のマス・メディアの方針に疑義を唱えるメディア（雑誌）も一部に出現しています。たとえば1989年のいわゆる綾瀬女子高生コンクリート詰め殺人事件の際には，『週刊文春』が加害少年の実名を掲載し，また1997年の神戸小学生殺害事件の際には，写真週刊誌『フォーカス』が加害少年の顔写真を掲載しました。

さらにこうした中，従来の"一律禁止"に近い少年法解釈を過剰な報道規制，すなわち犯罪に関する社会的討論に対する過度の法規制であるとみなし，少年法第61条をより柔軟に——すなわち，場合によっては加害少年の身元を明らかにする情報の公表を許容するものとして——解釈する論者もあらわれています〔たとえば，松井茂記『少年事件の実名報道は許されないのか』（日本評論社，2000年）pp.130-134.など〕。しかしながら，こうした解釈に対して，①憲法上の権利である「成長発達権」（第13条および第26条から導出される少年の権利）の視点から見た場合，成長過程で重大な失敗を犯した少年に対しては更生に適した環境の提供が行われなければならないこと，②加害少年の氏名や写真などを公表しなくても，マス・メディアが一般の人々に事件に関する事実関係を知らせ，かつ社会に警鐘を鳴らすことは十分に可能であることを理由に，現在の一律規制を支持する主張も存在しています。

私見によれば，加害少年の身元の公表が場合によってはその少年の更生を阻害し，また，少年の家族の社会生活や私生活に悪影響を及ぼすことがありうるとしてもなお，一律規制が少年非行報道の規制方式として不可避のものであるとまでは言えないように思われま

す。したがって，少年法の規定をいわゆる"一律禁止"規定に近いものとして解釈した上で作られた現行の自主規制基準である「少年法第61条の扱いの指針」はこれを廃止し，マス・メディア（ジャーナリスト）は，少年事件の発生原因，重大性，態様——すなわち，少年犯罪の"公共性"の強度——に応じた取材・報道のあり方を規定する新しい"指針"を探求し，少年事件に関する事実伝達の必要性と，加害少年とその家族の人権との間の再調整をはかる必要があるでしょう。

2　犯罪被害者報道

犯罪被害者報道の問題性　次に，犯罪被害者報道ですが，犯罪被疑者報道の問題性を端的に表す言葉が「犯人視報道」であるとすれば，この被害者報道に関してはその問題性を「二重人格報道」と表現することができるように思われます。二重人格報道とは，簡単に言えば，犯罪被害者（その家族も含む）に対し，紙（誌）面や番組においては"同情"し，悲しみを共にする姿勢を示しつつも，その取材においては——そして時には報道内容においても——容赦のない"冷酷さ"を発揮するマス・メディア（ジャーナリスト）の態度であり，程度の差こそあれ，これまで多くの犯罪事件においてその被害者に関しこのような取り扱いがなされてきました。そして，この二重性が最も典型的に示されたのが1997年のいわゆる神戸小学生殺害事件報道です。

神戸小学生殺害事件は，1997年5月24日に行方不明になった神戸市内の小学生A君の切断され加工された頭部——その口には，犯人からのものとみられる「挑戦状」が差し込まれていました——が，同月27日早朝に市立T中学校の正門において発見されたことに端を発しました。同日夕刊の第一報で新聞各紙は，A君の実名・住所・

家族構成，A君に知的障害があったこと，A君の父親の職業・勤務先・地位などを報道しましたが，これをかわきりに，以後5月下旬から6月上旬にかけて，新聞・テレビ・雑誌などは，たとえば葬儀の日の両親の肖像，遺体に添えられたメッセージの分析，A君の自宅や祖父宅を明示した現場付近の鳥瞰写真と地図，プロファイリングなどの手法による犯人像の分析，残虐な遺体加工状況，ホラー映画・ビデオと猟奇的な犯行との関連性などを集中的に取材・報道してゆきました。その後，神戸新聞社に犯行声明が送付され，これが6月6日に公表されるなどしたのち，6月29日，A君殺害の被疑者として市立T中学校3年(14歳)のB少年が逮捕されました。被疑者が少年法の適用を受ける年齢であったため，新聞・テレビはB少年の身元を明らかにする情報（氏名，肖像など）を公表しませんでしたが，そうした中，すでに述べたように7月2日発売の写真週刊誌『フォーカス』がB少年の肖像写真を掲載し，これが"少年の人権"のあり方に関する広範な社会的論議を巻き起こしました。

では，このような一連の報道を行ったマス・メディアは，犯罪被害者の心情や生活をどのように認識していたのでしょうか。たとえば『朝日新聞』の5月29日社説は次のように述べています。

「想像を絶するご家族のこころ。わたしたちに，いまできることといったら，静寂で，そのこころをつつみこむぐらいだ。静寂こそ，この社会の最も不得意とするところだが，いまこそ，突然生を断たれた少年のために，努めてみよう。こんな行為をする人間を出してしまう社会だけれど，わたしたちだけれど，黙って遠く祈ることぐらいは，できるだろう。……風よ，こころして吹け。新緑よ，こころして輝け。」

引用していていささか気恥ずかしくなるようなこうした"同情"──これはもちろん多くのメディアに共通のもので『朝日新聞』に限ったことではありません──の一方で，マス・メディアは遺族の

周辺に多数の取材陣を繰り出し，遺族宅の玄関前に張り付かせ，容赦なく呼び鈴を鳴らし，少しでも外出の気配があればカメラを向け，望遠レンズで室内の様子を撮影しようとさえしました（ある記者は，被害者の父親に「あなたは事件の当日，どこで何をしていましたか？」と"尋問"したと伝えられています）。また，遺族宅の周辺では，マス・メディアの車両が道路をふさいだり，報道に煽られた（？）心ない"やじ馬"や"見物客"が交通渋滞をひきおこすほどに集まるといった現象も見られました。そして，こうした騒ぎの中，遺族は「私共の心情をおくみ取りの上，そっとしておいてください」という趣旨の貼り紙を玄関に掲げて，人目を避ける生活を余儀なくされたのです。

　以上のような被害者取材・報道の問題性は，このほか，加害者の残虐な行為を非難する一方で，被害者の"落ち度"や"素行"に関する安易な疑念の提示が行われた綾瀬女子高生コンクリート詰め殺人事件報道（1989年），被害者の"ブランド物好き"や"風俗店勤務"などが興味本位に追求され語られた筑波妻子殺害事件報道（1994年），被害者の昼の顔（エリートOL）と夜の顔（娼婦）との落差が強調され，その私生活が"心の闇"というあいまいなキーワードの下で容赦なく暴露されていった東京電力女性社員殺害事件報道（1997年），事件発生当時に人々の興味関心を集めていた社会風俗——たとえば，「イケイケ女子大生」とか「お受験ママ」といったような——を安易に被害者像にむすびつけた桶川ストーカー殺人事件報道（1999年）および音羽幼女殺害事件報道（1999年），子どもが学校の教室で侵入者によって次々と殺傷されるという戦慄すべき事件の後，子どもを含む関係者に苛酷な取材が敢行された池田小学校襲撃事件報道（2001年）といった諸事件の報道においても共通に見ることができます。この二重人格報道の発生理由としては，一応，①犯罪の"残酷さ"や事件の背景事情を読者・視聴者に伝達するためには，被害者の人生・私生活の追跡・公表も必要かつ当然であると一般に考え

られていること，②多数の読者・視聴者を事件報道に吸引すること
を目的として，安易かつ陳腐な事件のドラマ化が行われ，そのドラ
マの重要な登場人物として被害者が恣意的に描写されること，③被
害者に対する"同情"の表明が，被害者に対する取材・報道のもつ
"冷酷さ"の緩和策あるいは免罪符として用いられてきたことなど
を推定することができるでしょう。

犯罪被害者報道の改革　　以上のような犯罪被害者の取材・報道を
めぐる問題状況に対処すべく，政府は，首相がその委員を任命する
首相直属の「人権委員会」を新たに設置し，それが各種の差別・虐
待の被害者の救済に直接あたることを構想するいわゆる「人権擁護
法案」(2002年4月国会上程)の中に，犯罪被害者に対する過剰な取材
——すなわち，「つきまとい，待ち伏せし，進路に立ちふさがり，住
居，勤務先，学校その他その通常所在する場所の付近において見張
りをし，又はこれらの場所に押し掛けること」あるいは「電話をか
け，又はファクシミリ装置を用いて送信すること」を「継続的に又
は反復して行い，その者の生活の平穏を著しく害すること」(第42条)
——を規制する条項を盛り込みました。しかし，このような方式で
の犯罪被害者の保護は，①行政機関が報道倫理の領域に介入し，そ
の管理者になるというかなり異常な発想にもとづくものであること，
②犯罪被害者が事件の捜査や裁判において当然に享受すべき諸権利
を長年放置して彼らに甚大な心痛を与えたり，あるいは，ストーカ
ー事件などの際に当事者の声に十分耳を傾けず，みすみす新たな犯
罪被害者を生み出したりしたのは他ならぬ国家であることなどを考
えれば"欺瞞的"であるとさえ言え，到底容認しうるものではあり
ません（なお，2003年9月，新聞各紙は人権擁護法案が"廃案"になる
見通しであることを伝えています）。

　これに対して，いわば当事者であるマス・メディア(新聞)は，2001
年12月に「集団的過熱取材に関する日本新聞協会編集委員会の見

解」を公表し,「いやがる当事者や関係者を集団で強引に包囲した状態での取材は行うべきではない」旨を明言するとともに, このような状況が発生した場合には, まず現場での調整をはかり, さらにそれがうまく機能しない場合には日本新聞協会編集委員会の下部機関である「集団的過熱取材対策小委員会」がこれに対応することを取り決めました。このような日本新聞協会の対応は, 犯罪被害者取材の現場の過熱状況に関し, その解決をまずは現場に赴く記者による"話し合い"に委ねた点において評価することができますが, しかし一方, 犯罪被害者に対する集団的・威圧的な取材の根本にある問題, すなわち犯罪被害者報道の社会的意義とその限界に関する根本的探求——すなわち, 犯罪被害者の何を, 何ゆえに報道すべきなのか, についての原理的考察——を全く欠いている点において場当たり的であるとのそしりを免れないように思われます。

なお, 2001年7月, 従来より報道被害者救済問題に取り組んできた弁護士らによって, 犯罪被疑者・被害者双方を含む犯罪報道被害者救済のための組織「報道被害救済ネットワーク (LAMVIC)」が結成されました。犯罪被害者報道のあり方という報道倫理の問題を, 名誉毀損やプライバシー侵害といった法の論理によって直接に統制することには違和感がありますが, しかし, たとえば先に紹介した日本新聞協会の「集団的過熱取材に関する見解」を見れば一目瞭然であるように, 法の論理に対抗しうるジャーナリズムの論理 (報道倫理) が稀薄であり体系化されていない現状においては, LAMVICの問いかけ——"マス・メディア (ジャーナリスト) よ, なにゆえに犯罪被害者に対してこのような人権侵害的な取材を行うのか"という問いかけ——にまず, マス・メディア (ジャーナリスト) の側が真正面から答えなければならないでしょう。そして, その上で, たとえば犯罪被害者の氏名の原則匿名化, 犯罪被害者の心のケア (癒し) に関する研究・学習の組織的推進などの対策がジャーナリスト自らに

よって検討され，実施されるべきでしょう．

── 第11章・参考文献 ──

A．犯罪報道全般

清水英夫編『マスコミと人権』（三省堂，1987年）
仲村祥一編『犯罪とメディア文化』（有斐閣，1988年）
村上直之『近代ジャーナリズムの誕生：イギリス犯罪報道の社会史から』（岩波書店，1995年）
東京弁護士会人権擁護委員会編『報道被害対策マニュアル：鍛えあう報道と人権』（花伝社，1996年）
飯室勝彦他編『報道される側の人権：メディアと犯罪の被害者・被疑者』（明石書店，1997年）
小林弘忠『新聞報道と顔写真：写真のウソとマコト』（中公新書，中央公論社，1998年）

B．犯罪被疑者報道──主要なものに限る．

日本弁護士連合会編『人権と報道』（日本評論社，1976年）
上前淳一郎『支店長はなぜ死んだか』（文藝春秋，1977年）
浅野健一『犯罪報道の犯罪』（学陽書房，1984年）
浅野健一『犯罪報道は変えられる』（日本評論社，1985年）
法学セミナー増刊『資料集・人権と犯罪報道』（日本評論社，1986年）
浅野健一『犯罪報道と警察』（三一書房，1987年）
法学セミナー増刊『人権と報道を考える』（日本評論社，1988年）
法学セミナー増刊『犯罪報道の現在』（日本評論社，1990年）
メディアと人権を考える会編『徹底討論・犯罪報道と人権』（現代書館，1993年）

西日本新聞社社会部事件と人権取材班編『容疑者の言い分：事件と人権』（西日本新聞社，1993年）

森村誠一編『イカロスは甦るか：角川事件の死角』（こうち書房，1994年）

朝日新聞社会部編『被告席のメディア』（朝日新聞社，1994年）

浅野健一他『匿名報道：メディア責任制度の確立を』（学陽書房，1995年）

浅野健一『犯罪報道とメディアの良心：匿名報道と揺らぐ実名原則』（第三書館，1997年）

テレビ信州編『検証松本サリン事件報道：苦悩するカメラの内側』（龍鳳書房，2001年）

佐藤友之『マスコミは何を伝えたか：追跡・和歌山カレー事件報道』（解放出版社，2001年）

C．少年犯罪報道

田島泰彦他編『少年事件報道と法：表現の自由と少年の人権』（日本評論社，1999年）

松井茂記『少年事件の実名報道は許されないのか：少年法と表現の自由』（日本評論社，2000年）

高山文彦編『少年犯罪実名報道』（文春新書，文藝春秋，2002年）

子どもの人権と少年法に関する特別委員会他編『少年事件報道と子どもの成長発達権：少年の実名・推知報道を考える』（現代人文社，2002年）

D．犯罪被害者報道

西日本新聞「犯罪被害者」取材班『犯罪被害者の人権を考える』（西日本新聞社，1999年）

人権と報道関西の会編『マスコミがやってきた！：取材・報道被害から子ども・地域を守る』（現代人文社，2001年）

田島泰彦他編『誰のための人権か：人権擁護法と市民的自由』（日本評論社，2003年）

第12章　権力報道

1　記者クラブ問題

記者クラブとは何か　　本章の「権力報道」というタイトルはやや漠然としていますが，ここに言う「権力」とは，政治権力（国会，内閣，官庁，政党，裁判所など）と社会権力（経済団体，公共企業，大企業など）の双方を含むものであり，これらの機関の動向や内情の取材・報道をここでは広く「権力報道」と呼ぶことにしたいと思います。マス・メディア（ジャーナリズム）が追求すべき主要なテーマがこの種の報道にあることは改めて言うまでもありませんが，そうである以上，その倫理についても十分にかつ厳しく検証がなされなければなりません。この意味において，権力報道の倫理は，報道倫理の各論的問題の中で最も重要な問題であると言えるでしょう。

ところで，わが国の権力報道には，諸外国のそれと比べて際立った特徴が存在しています。それは，権力に対する取材が「記者クラブ」という独特の集団を通じて行われていることです。記者クラブとは，重要なニュース・ソース（情報源）である各種の権力機関に密着して存在し，それぞれの機関を担当すべく各マス・メディア（新聞，放送）によって任命された記者によって構成される企業横断的な職業集団であり，現在，国会，主要政党，首相官邸，各中央官庁，

各裁判所，警視庁・主要警察署，日本銀行，経済諸団体，各証券取引所，主要企業，公共企業，各都道府県庁などに設置されています。記者クラブの総数は約800とも，約900とも，あるいは1000を超えるとも言われ，権力機関に網の目のように張りめぐらされたこうした組織が，実質上，わが国のマス・メディアの取材活動の最前線の基地として機能しています。記者クラブに配属された記者たちは，通常，取材対象機関の建物の内部に確保されたプレス・ルーム（記者室）を拠点に，記者会見を主催し，あるいはレクチュアや資料の提供を受けることによって自らの取材活動を行っています。

記者クラブの歴史は，1890年（明治23年）の大日本帝国議会の開設にまでさかのぼることができます。このとき，在京の各新聞社の記者は，新しい議会における傍聴と筆記取材の権利を獲得するために，『時事新報』紙の記者の呼びかけで「議会出入記者団」を結成し，さらにその直後に地方紙の記者もこれに合流して「共同新聞倶楽部」が創設されました。これが最初の記者クラブであり，現在の国会記者会の前身です。その後，明治30年代（1900年前後）には官庁など主要な権力機関に次々と記者クラブが設置されました。以上のような設立の経緯が示すように，記者クラブは，極端な官尊民卑の時代状況の下で，マス・メディアが必要な取材・報道活動を行うための組織あるいは足場として生まれ，発展していったのです。しかし，その後わが国がファシズムへの道をたどると，政府は自律的組織としての記者クラブをいったん廃止した上，これを新たに「当局ト協力シテ皇道ヲ翼賛シ新聞通信ノ国家的使命ヲ達成スルヲ以テ目的」（新聞記者倶楽部規約）とする御用機関としての「新聞記者倶楽部」に新装しました（1941年12月）。

このような経緯をふまえて，戦後，GHQは記者クラブの改組を指示し，これを受けて1949年10月に日本新聞協会は，「記者クラブは各公共機関に配属された記者の有志が相集まり親睦社交を目的とし

て組織するものとし取材上の問題には一切関与せぬこととする」旨を宣言する「記者クラブに関する方針」を定めました。しかしその後も，記者クラブは実質的には"親睦組織"というよりはむしろ"取材拠点"として機能しつづけ，マス・メディア（新聞，放送）の既得権益的性格を著しく強めてゆきます。こうした建前と実態との乖離に対処すべく，日本新聞協会は1978年10月に「記者クラブに関する日本新聞協会編集委員会の見解」を発表し，記者クラブが親睦機関であるという建前を堅持しつつも，それが「取材記者の組織であるところから，取材活動の円滑化をはかるため，若干の調整的役割を果たすことが認められる」として記者クラブの取材拠点的性格を限定的に承認しました。そして1997年12月，同協会はついに，次のように述べる「新・見解」を発表し，記者クラブが取材拠点であることを明確に自認するに至ったのです。

「記者クラブは，公的機関などを取材対象とする報道機関に所属し，その編集責任者の承認を得て派遣された記者によって構成される組織である。公的機関が保有する情報へのアクセスを容易にする『取材拠点』として，機能的な取材・報道活動を可能にし，国民にニュースを的確，迅速に伝えることを目的とする。その運営は構成員が自主的に行う。」

ここにおいて，記者クラブに関する建前と実態との乖離は大幅に改善され，現在の問題は，記者クラブが権力取材のための組織として健全かつ公正に機能しているか，および，記者クラブ・システムが権力取材の体制として正当かつ最適のものであるか，という二点に絞られています（なお，日本新聞協会は2002年1月，1997年の「新・見解」を補完する内容の「2002年見解」を発表しています）。

記者クラブの問題性　さて，1997年の「新・見解」によって「取材拠点」と定義された記者クラブですが，その現状に対しては依然として多くの批判が投げかけられています。そして，そうした批判

は，主として現在の記者クラブの有する次の三つの性格を問題視しています。

　第一の問題点は，記者クラブの閉鎖性です。記者クラブに記者を送ることのできるマス・メディアは，通常，NHK および日本新聞協会・日本民間放送連盟の加盟社に限られており，雑誌・政党機関紙の記者やフリー・ジャーナリストは記者クラブに所属することができません。これは，もし記者クラブが純然たる「親睦団体」であるならば問題にならないことかもしれませんが，それが「取材拠点」としての性格・機能をいささかでも有するとすれば差別的な取扱いであると言わざるをえないものです〔1998 年，週刊誌『週刊現代』は，外務省，大蔵省，防衛庁，警視庁など六つの省庁（当時）の記者クラブに対して加盟の申請を行いました。しかし，いずれの記者クラブも明確かつ合理的な理由を示さないままこの申請を拒否しました〕。また，かつては外国の報道機関の特派員も記者クラブに入会することができませんでしたが，外国からの"非関税障壁"であるとの強い批判を受けて，1993 年 6 月，日本新聞協会は「外務省発行の外国記者証を持ち，加盟社と同様な報道業務を営む外国報道機関」の記者クラブ加盟を認める決定を下しました（しかし後に見るように，EU などは，記者クラブ制度の存在そのものが不公正であるとして，その撤廃を現在も強く要求しています）。

　第二の問題点は，「黒板協定」と「オフレコ取材」に象徴される談合性です。このうち黒板協定とは，官庁などの情報源と記者クラブとの合意による情報公表日時の指定，すなわち報道解禁時間に関する"縛り"です。われわれ一般人は，マス・メディアは常に「特ダネ」や「スクープ」を狙って企業間競争を繰り広げているようなイメージを持っていますが——そして，マス・メディアの取材・報道にそうした面が全くないわけではありませんが——実際には，取材の最前線である記者クラブにおいてこうしたムラ社会的で談合的な

自己規制がしばしば行われているのです。こうした拘束の結果，直接に不利益を受けるのは速報性にすぐれた放送メディアであり，実際にテレビ局がいわゆる"協定破り"を行って記者クラブから除名されるなどの事件も発生しています。

　一方，オフレコ取材とは，政治家・官僚などの情報源と取材記者との間で，そこで話された内容に関しては報道をしない旨の約束を交わした上で行われる変則的な"取材"であり，その意義は，記者が現在進行中の事件の背景・深部に存在する事情を知り，それを正しい状況認識，ひいては正しい報道に役立てていく点にあるとされています。オフレコ取材は権力取材に不可避的に随伴する一種の"必要悪"であり，それを全否定することは適切ではありませんが，しかしこうした手法が無制限に用いられれば，政治家・官僚とマス・メディアによる共謀的な世論操作の温床となり，一般人の知る権利を不当に制限することにもなりかねません。過去には，たとえば，オフレコを条件に話された「植民地時代，日本は韓国にいいこともした」旨の江藤隆美総務庁長官（当時）の発言を毎日，東京両紙が掲載（オフレコ破り）した江藤長官発言問題（1996年），国会の廊下での「どの女と一緒に寝ようがいいじゃないか」という小沢一郎氏の発言を報道した朝日新聞に対して，小沢氏が「廊下でのやりとりはオフレコと認識している」として抗議した小沢発言問題（1994年）などが発生していますが，これらの発言のような，主権者たる国民による広範な議論に付託すべき情報までもオフレコ扱いとすることは，明らかに報道倫理にもとる行為であり，逆にオフレコの存在意義そのものを失わせるものと言わざるを得ません〔なお，新聞労連の「新聞人の良心宣言」（1997年・第10章参照）には，「政治家など公人の『オフレコ発言』は，市民の知る権利が損なわれると判断される場合は認めない」（1：権力・圧力からの独立）というオフレコ制限規定が含まれています〕。

第三の問題点は、記者クラブが政治・社会権力による情報操作の温床になりかねない点です。新聞・放送メディアが報道するニュースの大部分が、いわゆる「発表ネタ」すなわち記者クラブにおける公式発表に基づくものですが、こうした状況では必然的に、発表者である政治・社会権力の側が議題設定権（何が政治・社会問題かを決定する主導権）を握ることになります。これがいわゆる「発表ジャーナリズム」であり、こうした状況の下では、権力者がマス・メディアを利用して世論操作を行うことはきわめて容易です。政治・社会権力の情報操作に乗ったジャーナリズムは、必然的に「パック・ジャーナリズム」（画一的ジャーナリズム）となり、また「広報ジャーナリズム」（権力のプロパガンダに加担するジャーナリズム）に堕すおそれすらあります。また、多くの記者クラブが、その室料、什器備品代、人件費、通信費等の諸経費を取材対象である官庁等に負担させている事実は、こうしたジャーナリズムの広報化の危険性についていまだ多くのマス・メディア（ジャーナリスト）が鈍感であることを示しています。

　以上のような記者クラブ制度の問題性の指摘に対して、記者クラブ制度の擁護者は、①記者クラブが、権力に対して集団の力で情報の公開を求めるシステムとして機能していること、②記者クラブの存在によって、記者が権力の近くに定位置を定めてそれと濃密な情報交流を行うことや、権力の動向を逐一監視することが可能であること、③記者クラブが、企業横断的な記者養成システムとして機能していること、④マス・メディア企業にとって記者クラブは、低コストで効率的に情報収集を行いうるシステムとして不可欠のものであることなどの点を過小評価すべきでないと主張しています。

　記者クラブの改革　　たしかに記者クラブ擁護論の根拠のうちのいくつかは、それなりの説得力をもっていますが、しかしながら、それに先立って見た記者クラブの問題性は、いずれもわが国の報道

倫理の根幹にかかわる重大かつ致命的なものであり，現在の記者クラブに対しては相当程度の改革が必要であることは明白であるように思われます。そして実際，こうした認識に立脚して，記者クラブに異議を唱え，あるいはそのあり方を変革しようとするいくつかの動きが存在しています。

そうした動向の中でまず紹介しておきたいのが，京都府京都市在住の一住民が，府・市による記者室の設置や記者クラブ経費の負担が行政財産の目的外使用にあたると主張して提起した住民訴訟です。この事件においては結局，対府，対市のいずれの訴訟においても記者クラブへの公金支出の適法性が承認される結果になりましたが，しかしこうした結果をマス・メディアは手放しで喜ぶわけにはいかないようです。それは，記者クラブの正当性を承認する裁判所の論理は次のようなものだからです（対府訴訟判決；京都地判平成4年2月10日）。

「京都府は，府の施策や行事などの公共的情報を迅速かつ広範に府民に周知させる広報活動の一環として，庁舎内に記者室を設置し記者等に使用させているものであって，記者室は，京都府の事務または事業の遂行のため京都府が施設を供するものであり，直截に公用に供されているものといえるから，行政財産の目的内使用に当〔たる。〕」

ここでは，記者クラブは明確に行政の"広報機関"として位置づけられ，その限りにおいて正当性を認められていますが，このことをマス・メディア（ジャーナリスト）の側から見た場合，それは自らの職業活動に対する重大な侮辱，あるいは職業の危機を意味するものではないでしょうか（ジャーナリストは，行政の広報マンなのでしょうか）。この訴訟における形式上の敗者は原告住民ですが，実質上の敗者は新聞・放送メディアであり，それらに所属するジャーナリストであると言えます。もちろん，こうした危機をマス・メディアの

側が全く認識していないわけではなく、たとえば前々項において紹介した「新・見解」の中でマス・メディア側（日本新聞協会）は、「各公的機関は、国民に対し積極的に情報公開と説明責任を果たすべき使命を有しており、当該公共機関で常時取材する記者の活動に資するため、記者室を設けている。記者室は、ニュースを的確、迅速に報道するためのワーキングルームであり、記者クラブは、記者室を活用し、知る権利に応える任務の遂行をはかるべきである。取材、送稿のための施設である記者室と、取材記者の組織である記者クラブとは、あくまで別個の存在である。組織としての記者クラブは、会費によって運営されるもので、取材源からは特別な形で、いわゆる便宜供与を受けるべきではない」と述べて、マス・メディアの取材組織である記者クラブと、行政機関の広報スペースである記者室とを区別する論理でこの危機的状況に対応しようとしています。しかしこの考え方は、前項で触れた記者クラブの閉鎖性・談合性を考えたとき、やや形式論理にすぎる印象もあります。

　次に紹介するのは、近時、神奈川県鎌倉市と長野県の首長の主導で行われたいわゆる「記者クラブ改革」です。このうち鎌倉市では、1996年4月、新聞記者出身の竹内謙市長が、従来の記者クラブへの記者室の提供を中止し、新たに「広報メディアセンター」を設置する決定を行いました。このセンターは、従来の記者室とは異なり、新聞、放送のみならず、雑誌、専門紙、地域紙、外国紙誌などのメディアも、事前登録を行えば利用可能である点に大きな特色があります（ただし、企業広報紙、宗教団体や政党の機関紙などは利用できません）。また長野県においては、2001年5月、田中康夫知事が「脱・記者クラブ宣言」を発表し、記者クラブを撤去して「プレスセンター」（現・「表現センター」）を設置することを明らかにしました。この改革は、雑誌、ミニコミ、インターネットさらにはフリー・ジャーナリストを含むあらゆる表現者に記者室を開放するものであり、事前

登録制をとらないこととあいまって，鎌倉市と比べてより急進的な"上からの"改革と評することができるでしょう。

　第三に紹介するのは，新聞ジャーナリストによる記者クラブ改革の提言です。たとえば新聞労連は，1994年6月，「提言・記者クラブ改革」を発表し，記者クラブを市民の知る権利の実現のための機関と規定し肯定した上で，「記者クラブは，記者クラブの目的について認識を共にし，その一員であることを希望するすべての取材者に開かれているべきである」（II・記者クラブの構成），「『記者室』は，『知る権利』に基づき，公権力の情報を取得するためのアクセス・ポイントたる施設であり，特定の取材者が，そのスペース，設備を独占して使用することは許されない」（III・「記者室」の原則オープン化），「取材者の記者会見への参加は，記者クラブ加入のいかんにかかわらず自由である」（IV・会見参加の自由），「記者クラブ内部での協定＝談合は，拘束力をもたない」（V・協定），「報道機関の目的，役割を逸脱する必要以上の〔公権力による〕サービスは利益供与にあたる」（VI・便宜供与と利益供与の峻別）などの点をルール化することを提唱しています。また，これに先立つ1992年7月には，毎日新聞労組が「毎日新聞労組記者クラブ改革試案」を発表し，①記者クラブの原則的な開放を行うこと，②クラブ規約で便宜供与を返上する努力を行い，会社負担への段階的移行を行うこと，③開かれた記者クラブ・記者室を目指して，当局，フリー・ジャーナリスト，市民などとの論議の場を恒常的に設置することを提言しています。

　第四に紹介するのは，外国とくにヨーロッパ諸国による厳しい記者クラブ批判です。たとえばEU（欧州連合）は，2002年10月に発表された日本との貿易関係に関する報告書の中で，日本の記者クラブが"自由な国際情報流通"の阻害要因になっていることを指摘し，さらに同年11月には，日本政府に対し，外務省発行の記者証をもつ外国ジャーナリストのすべてに日本政府に対する取材を認め，さら

に記者クラブ制度を廃止することを要求しています。また，ジャーナリストの国際的連帯組織である「国境なき記者団」も，同年10月，日本の記者クラブ制度を「プレスの自由にとっての脅威」であると見なした上で，その改革を求める提言を日本政府に向けて発しています。

　さて，以上のような一般人，地方自治体，新聞ジャーナリスト，外国による批判を見据えつつ，われわれは記者クラブの将来像を――もちろん，その解体・廃止も選択肢の一つとしつつ――どのように構想すべきなのでしょうか。私自身は，圧倒的に強大な政治・社会権力にマス・メディア（ジャーナリスト）が日常的に対峙し，これを監視・批判しようとするとき，取材の最前線に何らかの同業者組織が生まれることは一つの必然であり，そうした同業者のネットワークこそが実は職業の倫理を醸成してゆくべき場所なのだと考えています。ただし，現在のわが国の記者クラブをそうした倫理形成の場所として認知しうるかと言えば，すでに見たように，そこにはあまりにも多くの不正と不合理が蓄積されてしまっている印象があります。もし，わが国の新聞・放送がなおも記者クラブ・システムを維持しようとするならば，現存のクラブ制度のうち少なくとも"権力に対峙するための同業者ネットワーク"という建前を逸脱する部分については，これを撤廃する必要があるでしょう。すなわち当面は，先にやや詳しく紹介した新聞労連の「提言・記者クラブ改革」が示す内容を改革の基本線として着実に実現しつつ，さらに記者室の庁舎外設置や報道協定の原則禁止などについても将来的課題として検討すべきであるように思われます。

2　ジャーナリストと権力

とりこまれるジャーナリスト　　1においては，わが国独自の取材

システムである記者クラブ制度の特質と問題性について見ましたが,この記者クラブと表裏一体のものとして生まれ,進行してきたマス・メディア（ジャーナリズム）の病理である「とりこまれるジャーナリスト」現象について考えてみたいと思います。「とりこまれるジャーナリスト」とは,政治・社会権力に対峙する職業意識が希薄で,むしろ権力（者）の側近・同伴者と見なされかねないような行動をとる一群のジャーナリストを指す言葉です。そして,この「とりこまれるジャーナリスト」の存在を如実に示す第一の例は,企業内ジャーナリストあるいはマス・メディア企業経営者の政府審議会委員への大量就任という事実です。

　ジャーナリズム研究者・天野勝文の1988～1992年の資料にもとづく調査〔新聞労連編『新聞記者を考える』（晩聲社,1994年）pp. 189-190.〕によると,マス・メディア関係者が参加する中央政府の審議会の数は約100で全体の半数,その延べ人数は200人にのぼっています。そして,こうした参加が正当化される理由として,ある新聞ジャーナリストは,①ジャーナリストが行政に対するチェック機能を果たすことで,行政の民主化の一助になること,②十全な行政情報を収集することが取材の参考になり,社論を深めることにもつながることなどの点を挙げています（新聞労連前掲 pp. 203-205.）。しかし,多くのジャーナリズム研究者が批判するように,ジャーナリストが,紙面や番組を通じた世論の形成という手続を経ず,直接に政策決定過程に参加しようとすることは,明らかに報道倫理からの"逸脱",より正確に言えばその"放棄"であり,かりにそこにいかなる目先のメリットがあろうとも許されるべきではないでしょう。現在,一部のマス・メディアは政府審議会へのジャーナリストの参加の原則禁止を社内ルール化していますが,いわゆるマス・メディア政策（第4章参照）にかかわる審議会の委員を除き,いかなるジャーナリストも――ジャーナリストから官僚などに転職するのでなければ――政

府から報酬をもらう立場に立つべきではないでしょう。

「とりこまれるジャーナリスト」現象を示す第二の例は，いわゆる「番記者」の実態です。番記者とは，複雑かつ閉鎖的な政界の動向を正確かつ詳細に把握する目的で，有力な政治家に密着して情報収集を行う一群の政治記者であり，一部の政治家の周囲にはこの番記者たちの所属企業の垣根を超えたサークルが存在し，また番記者と政治家とは特別の紐帯（身内意識など）によって結ばれていると言われています。番記者たちは，この紐帯を利用して通常の取材によっては得られない政界の内幕や動向を感知し，それを自社の報道に生かしますが，一方政治家の側でも，番記者を手なずけ，これを利用することによって自らに有利な世論を形成しようとします。番記者の存在そのものは自然発生的なものであり，その存在自体が悪であるとは必ずしも言えませんが，彼らが自らのジャーナリストとしての矜持を失い，政治家を監視する"番犬"ではなく政治家の"番犬"に成り下がれば，当然そこに重大な倫理的問題が発生することになります。そして，そうした危惧が杞憂ではないことを如実に示したのが，2000 年 5 月に発生したいわゆる「指南書問題」です。

この事件は，「日本は天皇を中心とする神の国である」という不用意な発言によって政治的に窮地に立たされた森喜朗首相（当時）に対して，首相の番記者の一人がその釈明の記者会見の"乗り切り方"を指南したと思われる文書（「明日の記者会見についての私見」）が，首相官邸の記者クラブ内のコピー機のかたわらで発見されたというものです。その文書の核心部分は，次のような内容でした。

「今回，記者会見を行うことによって，『党首討論はやらなかったが，森総理は，この問題で逃げていない』という印象を与えることはできると思います。ただ，今回の会見は大変，リスキーで，これまでと同じ説明に終始していると，結局，民放も含め各マスコミとも，『森首相"神の国発言"撤回せず，弁明に終始』といった見出し

を付けられることは，間違いないと思って下さい。官邸クラブの雰囲気をみますと，朝日新聞は『この問題で，森内閣を潰す』という明確な方針のもと，徹底して攻めることを宣言していますし，他の各マスコミとも依然として『この際，徹底的に叩くしかない』という雰囲気です。」

　この文書から浮かび上がるのは，国民の「知る権利」への奉仕者という意識が欠落し，政治家のマスコミ対策係に堕してしまっている一人のジャーナリスト(?)の姿です。もちろん，番記者のすべてがその同類ではないでしょうが，この事件に関する新聞・放送メディアの報道が妙に腰のひけたものであったこと，さらに当事者である官邸の記者クラブもこの問題の真相についての徹底的な検証を行わなかったことは，この事件が単なる一ジャーナリストの個人的な問題ではなく，番記者ひいてはわが国の権力報道に巣くう根深い病理に発するものであることをはからずも示していると言えるでしょう。

　報道倫理教育の必要性　　では，この「とりこまれるジャーナリスト」に象徴されるようなわが国の権力報道の歪みは，いかなる対策によって改善されるべきでしょうか。さまざまな選択肢の中で，私自身が最も有効・適切と考えるのは，ジャーナリストとその志望者に対する体系的・組織的な職業倫理教育の実施です。

　よく知られているように，現在のわが国のジャーナリスト教育は，いわゆる「オン・ザ・ジョブ・トレーニング（OJT：現場教育）」方式によって行われています。マス・メディア企業に記者として入社した新人は，まず警察の記者クラブに配属され，そこで先輩記者の仕事ぶりを目のあたりにしつつ，見よう見まねで仕事を覚えてゆくのが通例です。このようなOJT方式は，記者の職業的なノウハウを各社の記者が混在して協調し，競争する環境の下でいわば徒弟制度的に伝授しようとするものであり，ジャーナリストの養成方法として

全く不合理なものとは言えないものの，そこで受け継がれる報道倫理はどうしても企業（業界）の倫理に傾き，また現状追認的なものとなりがちです。もしジャーナリストが職業に固有の倫理によって規律されるべき専門職であるとすれば，たとえば医師や弁護士などの他の専門職がそうであるように，現場に赴く前の段階で職業倫理に関する客観的で体系的な教育を行う必要があるのではないでしょうか。

　実際，このような認識に立脚しつつ，諸外国に見られるような開かれたジャーナリスト・スクールあるいはジャーナリスト養成コースをわが国においても設置し，そこでジャーナリストの職業活動に必要な知識・技能の伝授と並行して，報道倫理についての教育を行うべきであるとの主張が最近，見られるようになっています。こうした主張は，自主規制の強化とも第三者機関の設置とも異なる倫理実現の第三の道を指し示すものと言えますが——そして，すでに述べたように私はこの方式を支持しますが——，それが正しく機能し，わが国の報道倫理の閉塞状況を打破する原動力となるためには，次の二つの条件が満たされることが前提になるでしょう。

　第一の条件は，こうした倫理教育は行政などの政治権力とは絶縁して行われなければならないということです。ジャーナリスト教育の運営主体として想定されるのは，①大学あるいはジャーナリズム関係の研究機関，②マス・メディア企業・業界，③ジャーナリストの職能組合あるいは労働組合などであり，私は，これらさまざまな設立母体を有する多数のジャーナリスト教育機関が競合的・協調的に存在し活動することが——ジャーナリスト採用時の"公正さ"が確保されるならば——最も適切だと考えますが，国家はこうした教育の主体となるべきではなく，またその内容にいかなる形式であっても介入すべきではないでしょう（「メディア・スクール」に対する行政の関心をうかがわせる論説として,総務省課長補佐・今川拓郎による「メ

ディアスクール設置を」朝日新聞 2003 年 7 月 19 日朝刊があります)。なぜなら，ジャーナリスト・スクールへの国家の関与は，報道倫理に対する政治権力による管理・支配という最悪の事態をもたらしかねないからです。

　第二の条件は，ジャーナリストとその志望者に対する倫理教育のカリキュラムの構築と整備です。すでに述べたように（第 10 章参照），わが国においてはこの 10 数年の間，マス・メディア（ジャーナリスト）あるいは一般人によって"メディアの倫理の確立"が声高に，かつスローガン的に叫ばれてきましたが，その一方で"倫理"の内容やその実現方法についての理論的・体系的探求はやや等閑視されてきた印象があります。しかし，かりにジャーナリスト・スクールが実現をみたとしても，報道倫理教育のカリキュラム，言いかえれば「報道倫理学」の内容が一定程度以上に具体化されていなければ，教育を通じた倫理の確立に多くを期待することはできません。今後，わが国のジャーナリズム研究者は，諸外国の報道倫理研究を参考にし，かつ，わが国において過去に発生したさまざまな報道倫理問題を検証することを通じて，報道倫理学の内容を明確化し体系化する努力を行うべきでしょう。

　客観報道主義とその限界　　さて，ジャーナリストと権力との関係のあり方を考える際に忘れてはならないもう一つの倫理的論点は，いわゆる「客観報道主義」がもたらす功罪です。客観報道主義とは，マス・メディアはその報道において，事件の真実を客観的に，すなわち正確かつ忠実に伝えなければならず(事実性原則)，したがってニュース内容から記者個人の意見は排除されるべきである（没評論原則）とする考え方であり，わが国においては 1946 年 7 月の「旧・新聞倫理綱領」においてこれが採用され，2000 年 6 月の「新・新聞倫理綱領」においても継承されています（「新・綱領」は，「報道は正確かつ公正でなければならず，記者個人の立場や信条に左右されてはならな

い」と規定しています）。

　しかし，一見したところ至極，当然であるかに見えるこの客観報道主義にも，報道倫理の観点から見ると，そこにいくつかの問題点が内在しています。第一の問題は，マス・メディアによる"客観性"の追求が，たとえば公式発表といった形式での公権力の"お墨付き"を尊重する態度を生み，そのことが結局のところマス・メディアと権力との癒着をもたらすという点です。第二の問題は，たとえば犯罪報道においてその傾向が顕著であるように，客観報道による紙面（番組）の統制によって，しばしばいつわりの"客観性"が演出される，すなわち，いまだ真実であるかどうか明らかではない事実についてまで客観的事実であるかのように報道されるという逸脱が生まれることです。第三の問題は，客観報道という縛りが，マス・メディア（ジャーナリスト）が事件や社会問題を主体的に掘り起こし，分析し，報道する意欲を減衰・喪失させてしまうおそれがあるという点です。

　以上のような客観報道主義に内在する限界・問題性を見据えて，一部の論者は，わが国のジャーナリズムは，客観報道を補完しうる何らかの新しい取材・報道の手法をより積極的にとり入れるべきであると提言しています。そうした新しい手法としては，たとえば「ニュー・ジャーナリズム」，すなわち，徹底的な取材に立脚しつつ，ある事件の本質，あるいはその事件を生んだ時代の本質をとらえるために，時にジャーナリスト（語り手）自身の主観や創造力を大胆に駆使する文芸的ジャーナリズムや，「パブリック・ジャーナリズム（シヴィック・ジャーナリズム）」，すなわち，市民の政治参加を促すために，さまざまな手法で隠れた社会問題を顕在化させた上で，さらに問題解決の指針をも積極的に提示する一種のキャンペーン・ジャーナリズムなどがありますが，その代表的なものはいわゆる「調査報道」であると言えるでしょう。

調査報道とは，ジャーナリストの独自の問題意識から出発して，政治・社会権力から公式に提供される情報に基づかずに，ジャーナリスト（マス・メディア）が独自に収集した情報に立脚して行われる報道であり，社会や国家に大きなインパクトを与えたこの種の報道の成果として，合衆国におけるペンタゴン・ペーパーズ事件報道（1971年），ウォーターゲート事件報道(1972年)，わが国における田中金脈報道（1974年），リクルート事件報道（1988年）などが存在しています。調査報道の手法は，マス・メディアに主導され変質した現代のジャーナリズムのいわば"原点回帰"の試みであり，客観報道の建前の下で衰弱したジャーナリズム（マス・メディア）の主体性・権力対峙性を賦活させる効果を有するものと言えますが，たとえば，いわゆるロス疑惑報道(1984年)がそうであるように，捜査未着手の一般犯罪事件についてまでもこうした手法がとられる場合，そこに重大な人権侵害が発生するおそれもあると言えるでしょう。したがって，調査報道の手法は原則として，政治・社会権力の不正や組織犯罪などの"社会悪"の追及に限って用いられるべきでしょう。

── 第12章・参考文献 ──

A．記者クラブとその周辺

　西山武典『「ザ・リーク」新聞報道のウラオモテ』（講談社，1992年）
　丸山　昇『報道協定：日本マスコミの緩慢な自死』（第三書館，1992年）
　朝日新聞社会部『権力報道』（朝日新聞社，1993年）
　田勢康弘『政治ジャーナリズムの罪と罰』（新潮社，1994年）
　飯室勝彦『メディアと権力について語ろう：小沢一郎から"サリン・

オウム"報道まで』(リヨン社，1995 年)
現代ジャーナリズム研究会編『記者クラブ：市民とともに歩む記者クラブを目指して！』(柏書房，1996 年)
岩瀬達哉『新聞が面白くない理由』(講談社，1998 年)
疋田桂一郎『書かれたらそれまでよ日誌：講談社『Views』1997 年 1 月号の間違い記事に対する空しい抗議の記録』(青幻社，1998 年)
飯室勝彦『「客観報道」の裏側』(現代書館，1999 年)
村上玄一『記者クラブって何だ!?』(同朋舎，2001 年)

B．ジャーナリスト教育

花田達朗他編『論争いま，ジャーナリスト教育』(東京大学出版会，2003 年)
徳山喜雄『報道危機：リ・ジャーナリズム論』(集英社新書，集英社，2003 年)

C．権力報道の手法

立花　隆『アメリカジャーナリズム報告』(文春文庫，文藝春秋，1984 年)
朝日新聞社会部『ドキュメント・リクルート報道』(朝日新聞社，1989 年)
山本　博『追及：体験的調査報道』(悠飛社，1990 年)
玉木　明『言語としてのニュー・ジャーナリズム』(學藝書林，1992 年)
玉木　明『ニュース報道の言語論』(洋泉社，1996 年)
鶴木　眞編『客観報道：もうひとつのジャーナリズム論』(成文堂，1999 年)

第13章　報道倫理の諸問題

1　天皇・皇室報道の倫理

天皇・皇室報道をめぐる問題　本章においては，報道倫理をめぐる各論的諸問題のうち，すでに見た「犯罪報道の倫理」と「権力報道の倫理」以外のいくつかのテーマ，すなわち「天皇・皇室報道の倫理」「戦争・テロリズム報道の倫理」「科学・災害報道の倫理」「スポーツ報道の倫理」「虚報・やらせ問題」について順次，検討してみたいと思います。まず最初にとりあげるのは，天皇・皇室報道の倫理です。

第二次世界大戦以前，天皇は「国ノ元首ニシテ統治権ヲ総攬」（大日本帝国憲法第4条）する地位に立ち，その存在は神聖かつ不可侵のものとされていました（同第3条）。天皇は神性を帯びた国家の主権者であり，それに対する批判や論評は"あってはならないこと"であり，"そもそもありえないこと"ですらあったのです。しかし第二次大戦の惨禍を経て新しい憲法が制定され，国民がわが国の主権者となったことに伴い，天皇は「主権の存する日本国民の総意に基く」日本国および日本国民統合の"象徴"として新たに位置づけられることになりました（日本国憲法第1条）。一般に"象徴"とは，無形の抽象的な何ものかをある具体的なモノやデザインなどを通じて表現す

る場合に用いられる言葉であり，したがって意見や個性を有するまぎれもない人間である天皇が国家や国民統合の象徴であることはやや不自然ですが，これは日本国憲法が，人間である天皇に"象徴"としてふるまうことを要求し，ひいては天皇の政治的機能を極小化しようとしていることのあらわれであると理解されています。

　さて，以上のような経緯を経て現存する天皇・皇室（皇族）ですが，マス・メディアがこれをどのような視点・姿勢で取材・報道していくべきかはなかなか難しい問題であると言えます。その困難さの第一は，天皇・皇室が政治権力の一部であるか否かの見極めです。そしてこの点に関して，戦後のわが国のマス・メディアは，ほぼ一貫して天皇・皇室を権力とはみなさず，したがってこれを客観的・批判的に取材・報道してきませんでした。マス・メディアが天皇・皇室に向ける視線は，たとえばそれが政治家・政党に対して向ける視線とは明らかに異なっているのです。こうした報道姿勢の根底には，①国政に関するいかなる実質的権限をも行使していない存在である天皇・皇室に対して，批判的な視線を向けることは不必要であり非常識である，②憲法は天皇・皇室を国家・国民の象徴として尊重することを要求しており，マス・メディアもその要求に従っているだけであるなどの認識が存在していることが推測されますが，このようなマス・メディアの姿勢に対しては，①天皇に対する批判をタブー視することによって，かつて「統治権の総攬者」であった時代の天皇の行動に対する批判までもが封じられ，それがいわゆる"歴史の歪曲"につながるおそれはないか，②天皇・皇室を監視・批判の対象から除外すると，天皇・皇室を政治的に利用して自らの利益の保全・拡大を図り，また，そうすることによって国家を自らの意図する方向に誘導しようとする人物を生み出すのではないか，といった疑問を提示することができます。わが国のマス・メディア（ジャーナリズム）が，天皇の"統治権の総攬者（政治的主権者）"から"象

徴"への変身を無批判に受容し，天皇に対する批判的な視点を自ら放棄してしまったという事実は，彼らが聖戦賛美という自らの恥ずべき過去を封印し，なしくずし的に戦後民主主義における公器・木鐸としての地位を獲得してしまったという事実と軌を一にするものと言えるのではないでしょうか。

　第二の困難さは，宮内庁の秘密主義です。宮内庁とは，皇室関係の国家事務を担当する行政機関であり，その組織は「オモテ」と呼ばれる管理部門と「オク」と呼ばれる侍従職・東宮職に分かれています。宮内庁はもちろん，国民の支払う税金で運営される純然たる行政機関であり，したがって全国民への奉仕者(公僕)として皇室を運営・規律する立場にあるはずですが，それが現在，皇室と国民との関係を分断し，国民の"皇室イメージ"を勝手に操作する機関に堕している印象があります。また宮内庁には，常駐加盟社15社，メンバー約250人によって構成される「宮内庁記者クラブ」が存在していますが，その取材は宮内庁によって不当に制約され，また同クラブ自体が数々の"役得"を得て宮内庁と癒着し，ジャーナリズムが当然もつべき皇室に対する監視・批判の視点を喪失していることが指摘されています。

　天皇・皇室報道の倫理　さて，以上のような天皇・皇室報道の病理が集中的にあらわれたのが，1988年9月の昭和天皇の病状悪化から翌年1月7日の死去(いわゆるXデー)前後にかけて展開された「昭和天皇死去報道」です。そこでは，①新聞紙面・テレビ番組の大部分が天皇関連情報に費やされる"大量・画一的報道"(このことは，とくにXデー以後数日間において顕著でした)，②戦前，天皇に関して使用されていた「崩御」という特殊敬語の復活に象徴されるような"人間の尊厳の平等性"に関する認識の欠如，③昭和天皇が"平和主義者"であったと断定し，天皇の事蹟に対する客観的評価を批判・封印する強引で偏向した論調，④政府によって主導・演出された"自

粛ムード"への無批判な便乗など，わが国のマス・メディアのジャーナリズム性に対する根本的な懐疑につながりかねない異常な報道が展開され，戦後のジャーナリズム史に大きな汚点を残すことになりました。またその後も，マス・メディアと天皇・皇室との関係のありかたが議論された次のような事件が発生しています。

①「髪直し写真」事件：1990年6月29日の秋篠宮結婚記念撮影の際に，共同通信写真部所属で宮内庁準職員（嘱託カメラマン）である中山俊明氏が撮影した，秋篠宮妃が夫の頭髪を指先で整えようとする瞬間を撮影した写真に関し，宮内庁が「意図した写真ではない」としてその使用を中止するよう求めました（いわゆる「お貸し下げ」の取り消し）。しかしマス・メディア側（在京メディア33社のカメラマンによって構成される「東京写真記者協会」）はこれを拒否し，ほぼすべての新聞がこの写真を掲載しました。

②「皇太子妃報道協定」事件：1990年末から1991年はじめにかけて，週刊誌，ワイドショーなどの皇太子妃選定報道が過熱し，宮内庁はマス・メディアに対し「落ち着いた雰囲気の中で冷静な判断ができるような環境〔づくり〕」を要請しました。これを受けて，1991年7月18日に日本民間放送連盟(民放連)が，1992年2月13日に日本新聞協会が，1992年3月6日に日本雑誌協会が皇太子妃選定報道を自粛する協定をそれぞれ締結しましたが，結局これが仇になって，1993年1月，それらの協定に拘束されていない合衆国の『ワシントン・ポスト』紙が外務官僚の小和田雅子氏が皇太子妃に内定したことをスクープしました。

①の事件においては，取材対象からの独立性を保つことが必要な取材記者を取材を受ける側が「嘱託」とすることの異常さ，および，皇族の写真の撮影・公表方法を宮内庁が完全に管理することの問題性が指摘されました。また②の事件においては，「報道協定」は自主検閲であり，誘拐事件など人命にかかわる場合を除いて行うべきで

ないのではないかという疑問，および，現役の外務官僚であり，その父も高級外務官僚である小和田雅子氏が皇太子妃として適任の人物であるか議論できないまま，いわば密室の中で新しい皇太子妃が選定されたことに対する疑問がそれぞれ提出されました。

では，天皇・皇室報道の倫理として，われわれはどのような点を確認し，原則化してゆくべきなのでしょうか。驚くべきことに，わが国の主要な報道倫理規範（第10章参照）は，天皇・皇室報道に対する規律をほとんど定めていません。天皇・皇室報道は現在のところ，いわば"超倫理"的領域とみなされているらしいのです（天皇・皇室報道の倫理を論じることは，不敬なことなのでしょうか？）。しかし，これはマス・メディアのその読者・視聴者に対する姿勢としてあまりにも無責任であると同時に，宮内庁をはじめとする政府による天皇・皇室の恣意的利用に対して無防備すぎる態度と言わざるをえないでしょう。マス・メディアは，天皇・皇室関連の諸事件の報道にあたって少なくとも，①天皇制，天皇家および宮内庁のありかた，ならびに，天皇・皇室を利用し隠れミノにする人々に対する監視・批判の姿勢を放棄しないこと，②天皇・皇室に関する考え方の多様性を尊重し，それを紙面や番組に反映させること，③天皇・皇族の人間性・事蹟に対する無条件の称賛や家柄・血筋の強調は，いずれも一種の差別的表現であり自制されるべきことの三点を，自らの倫理の基本として確認しておくべきでしょう。

ジャーナリズムへのテロ　さて，天皇・皇室報道の倫理を論じる際に見落としてはならないのは，いわゆるジャーナリストに対するテロ行為の問題です。テロ（テロリズム）とは，暗殺，粛清，破壊活動など，何らかの政治的な効果——たとえば，実力の誇示，政治的威嚇，社会的混乱など——をねらって個人あるいは政治集団により行使される暴力であり，通常，その対象となるのは政治集団，政治家個人，大企業などですが，世論の形成に大きな影響を及ぼすマス・

メディア（ジャーナリスト）も時折その標的にされることがあります。戦後の代表的なジャーナリズムへのテロとしては，1961年2月のいわゆる「風流夢譚」事件と1987年5月の朝日新聞阪神支局襲撃事件を挙げることができます。

前者は，雑誌『中央公論』1960年12月号が天皇や皇族が革命で処刑されるシーンを描いた深沢七郎の小説「風流夢譚」を掲載したことに端を発する事件です。すなわち，この小説を"不敬"と断じた一部の右翼団体は，中央公論社に対して執拗に掲載誌の廃刊と謝罪文の公表を要求し，さらにそのすべてが受けいれられないと見るや，1961年2月1日，右翼団体・大日本愛国党に属する17歳の少年をして同社社長・嶋中鵬二氏邸を襲撃させ，同邸で働く女性1名を殺害し，さらに嶋中夫人に重傷を負わせたのです。結局，中央公論社は，『中央公論』3月号に「皇室ならびに一般読者」に対する社長名義の「お詫び」を掲載して事態を収拾しました。

後者は，1987年5月3日（憲法記念日）の夜，兵庫県西宮市の朝日新聞社阪神支局に散弾銃を持った覆面の男が侵入して，同支局の記者1名を銃殺し，さらに別の記者1名に重傷を負わせた事件であり，同新聞社はその前後の時期，東京本社銃撃事件（1987年1月），名古屋本社寮銃撃事件（1987年9月），静岡支局爆破未遂事件（1988年3月）と続く一連のテロの標的となりました。この四つの事件に関しては，「日本民族独立義勇軍別動赤報隊」を名乗る組織が朝日新聞を「極刑」に値する「反日分子」であると指弾する内容の犯行声明を報道機関に送付しましたが，2003年3月，これらすべての事件について時効が成立しました。

銃刀や爆弾の使用によって自らの政治的理想を実現しようとする，あるいは，そうした手段で政治的怨念を晴らそうと企てる者がなくならない限り，ジャーナリズムへのテロが根絶されることはないでしょう。また，ジャーナリストやマス・メディア経営者がテロを必

要以上に慎重に回避しつつ自らの言論活動を展開したり，あるいは暴力をもって脅迫する者との"取引"に応じたりすることは，いずれもテロへの屈服であり，それはこの国に暴力やファシズムによる政治支配を再構築する結末をもたらしかねないでしょう。1985年の朝日新聞社の入社式で，当時の一柳東一郎社長は新入社員に対し，「権力の抑圧によって筆を曲げるよりは筆を折る。つまり死を選ぶくらいの気概を込めた企業だということを諸君もハラの中に入れておいてほしい」と述べましたが，このことはマス・メディア企業のみならず全てのジャーナリストが心掛けるべき報道倫理の基本であり，こうした精神が徹底されることが結局のところジャーナリズムへのテロを駆逐するための危険ではあるが唯一の道であるように思われます。その上で，①たとえば合衆国の「ジャーナリスト保護委員会」やフランスの「国境なき記者団」のような，ジャーナリストへの暴力や脅迫行為を監視し告発することを主要な任務とする，企業内ジャーナリストとフリー・ジャーナリストの双方が参加する組織の設立，②ジャーナリズムへのテロが発生した場合における，ジャーナリズムあげての継続的な追跡と批判などの具体的な"テロ抑止策"が検討されるべきでしょう。

2　戦争・テロリズム報道の倫理

戦争報道の倫理　次にとりあげるのは，戦争・テロリズム報道の倫理です。まず戦争報道ですが，ここにいう「戦争」とは，国家間，政治勢力間あるいは国家と政治勢力間の軍事的な——すなわち，武力による——衝突であり，その特徴は言うまでもなく，多数の死傷者と甚大な物質的被害が発生すること，さらに現在の状況においては，それが世界の終焉や人類の滅亡すらもたらしかねない点にあります。幸いわが国は，厳格な戦争禁止条項である憲法第9条の下，

第二次世界大戦後現在に至るまで正式な参戦を行っていませんが,それでもなお戦争報道の倫理は報道倫理の中核的問題であり続けています。その理由はもちろん,たとえば中東戦争,朝鮮戦争,ベトナム戦争,湾岸戦争,イラク戦争など第二次大戦後もいくつもの戦争が勃発し,それが人類に多くの災厄をもたらし続けているからですが,しかしそれだけでなく,もしわが国のマス・メディアの第二次大戦時の聖戦賛美・国策協力という過去を一つの"倫理的原罪"と見るならば,戦争報道こそがわが国のマス・メディアの"ジャーナリズム性"が試される究極の審判の場であるからに他なりません。

　しかし,戦争の取材・報道には,さまざまな特有の困難が伴います。それらを整理すれば,①戦争時に蔓延する「国益第一主義」「熱狂的愛国心」の中で,マス・メディア(ジャーナリスト)が客観報道原則を貫徹することの難しさ,②国家・政治勢力による厳しい情報統制・情報操作の中で"戦争の真実"を取材し,報道することの難しさ,③戦争取材に伴って不可避的に発生する"ジャーナリストの生命の危険"を克服することの難しさ,④戦争を販売部数増加・視聴率上昇の好機ととらえ,戦争の娯楽化(戦争面白主義)に傾斜する傾向を自制・抑止することの難しさといった諸点にまとめることが可能ですが,これらはいずれも対症療法的に解決することのできない困難な倫理的課題であると言いうるでしょう。

　一方,第二次世界大戦のあと,戦争の取材・報道をめぐる状況は次第に厳しさを増しています。1960年代のベトナム戦争においては,戦争当事国である合衆国においても,わが国においても,一部に戦争の現実を伝える記事・番組の公表に対して政治的圧力が加えられることがあったものの,戦場となったベトナムにおける取材そのものはかなり自由であったと言われています。しかしこれにより,ナマの暴力や死の恐怖が世界中のメディアを通じて人々に伝えられ,それが徴兵拒否運動,反戦運動,内部告発につながり,結局のとこ

ろ合衆国の戦争継続を阻む結果をもたらしたのです。この経験は，合衆国をはじめとする諸国に戦争報道に対するコントロールの必要性を強く認識させ，それが1991年1月から2月にかけての湾岸戦争における多国籍軍による完璧なメディア・コントロールにつながりました。すなわち，この戦争において米軍を中心とする多国籍軍は，①プール（軍の監視と規制の下にある代表取材団）に対する排他的な情報提供，②詳細・厳格な取材・報道規制ルールの制定，③パッケージ（マス・メディアがそれにとびつくように魅力的に構成された情報）の大量提供といった手法でほぼ完璧な情報コントロールを行い，これに乗せられたマス・メディアは，この戦争が一般市民の犠牲の少ない「クリーンな戦争（血を見ない戦争）」であるとの虚像をまきちらしたのです。また，その後のボスニア戦争（1992～1995年）においては，ボスニア政府の依頼を受けた合衆国の大手広告代理店がボスニア支援の国際世論の形成に向けた巧妙なメディア・コントロールを行い，さらにイラク戦争(2003年)においては，米英軍の情報統制に服さない中東の独立放送局アルジャジーラのバグダッドの取材拠点が米軍によって狙い撃ちにされ，戦争当事国によるジャーナリストの意図的殺戮が現実のものとなりました（ただし，米軍はこの事実を否定しています）。

　さて，以上のような戦争とその取材・報道をめぐる厳しい状況を見据えて，マス・メディア（ジャーナリスト）はどのような点を自らの倫理規範として確立しておくべきでしょうか（ちなみに，わが国の現在の主要な報道倫理規範の中には，戦争報道の倫理について直接言及する条項は見当たりません）。この点に関して参考になるのが，湾岸戦争，イラク戦争の際にイギリスBBC放送が定めた「戦争報道指針」です。たとえば，イラク戦争の直前（2003年3月7日）に公表された指針は，その基本方針として，「BBCは国際的な放送事業者として，現在行われている戦争において英国ならびに世界中の視聴者に特別

な責任を負っている。……視聴者は，BBC が不偏不党の分析を提供し，英国やその他の地域で戦争に反対する人々の声を含むさまざまな見解や意見を我々の番組で提供すること……を期待している」旨を定め，さらに「明確な表現が望ましく，特に BBC のリポートの多くが世界各地で放送されるため，通常は〔「わが国」ではなく〕『英国軍』という言い方が適切だ」，「リポートは通常，情報の出所を完全に明確にし，情報源に言及すべきである」，「実行可能な限り，情報の報道を控えている場合には視聴者に対し率直にその事実を伝え，その理由を開示すべきである」，「番組は，特に退役軍人など専門家の解説については注意する必要がある」，「死傷した戦闘員の映像や説明は慎重に行う。国籍いかんにかかわらず，個人の尊厳に配慮しなければならない」，「我々は，英国（そしてその他の地域）における軍事行動への大規模な反対を報道に反映させ，視聴者が議論について情報を得て，これを検証できるようにする必要がある」などの諸項目をとりきめています（訳文は，岡本卓嗣「BBC のイラク戦争の報道に関する指針」NHK 放送研究と調査 2003 年 10 月号 pp. 28-31. による）。わが国のマス・メディアも，自らの過去の戦争責任を直視し，こうした海外の戦争報道指針を参考にしつつ，早急に戦争報道に関する倫理規則を策定する必要があるでしょう（なお毎日新聞社は，2003 年 5 月のいわゆるアンマン空港爆発事件を受けて，同年 6 月に「戦場・紛争地域での取材ガイドライン骨格案」を公表しました）。また，その際，戦争取材の最前線の危険な位置に立つことの多いフリー・ジャーナリストの意見・知識を十分に尊重することが必要でしょう（なお，2003 年 12 月に政府は，いわゆる有事の際，放送メディアに対して警報の放送などの一定の義務を課す内容の「国民保護法制」の要旨を発表しました。しかし，自然災害ではなくまさに人為的・政治的な災厄である武力攻撃事態に際して，国家がマス・メディアに法的な義務を課すことには──たとえそれが国民の生命の保護のためであっても──大きな問題が

あると言わざるをえません)。

テロリズム報道の倫理　続いてテロリズム報道ですが，すでに述べたように(本章1)，テロリズム(テロ)とは，何らかの政治的効果をねらって実行される暴力行為であり，それはさまざまな形でジャーナリズムとのかかわりをもっています。まず，前節において検討した「メディア・テロ」，すなわちマス・メディア(ジャーナリスト)が直接テロの標的になる場合があります。また，1995年に合衆国で発生したユナボマー事件(小包爆弾で多くの人々を殺害した犯人が，さらなる殺傷行為を中止するための条件として「産業社会とその将来」と題する自らの論文をニューヨーク・タイムズ，ワシントン・ポストの二紙のうちいずれかに掲載することを要求し，結局ワシントン・ポスト紙がその全文掲載に踏み切った事件)のような，暴力による脅迫でマス・メディアの利用を図る「メディア・ジャック」もあります。しかし，報道倫理にとっての中心的な課題はやはり，世界におけるさまざまなテロ行為をマス・メディア(ジャーナリスト)がどのように取材・報道すべきかという問題，すなわちテロリズム報道の倫理でしょう。

さて，わが国でテロリズム報道の倫理の問題が大きくクローズアップされたのは，1996年のいわゆるペルー大使公邸事件の際でした。ペルーの反政府ゲリラが同国の日本大使公邸に侵入し，大使以下を人質にして立てこもったこの事件において，一部のジャーナリストは，事件が未解決(進行中)の段階で公邸内の取材を敢行し，また，連絡用としてゲリラ側に無線機を手渡すなどしましたが，こうした行動が人質に生命の危険をもたらし，ひいてはゲリラ側の作戦や宣伝に加担する危険性があったのではないかとの強い非難を浴びたのです。また，それに先立つオウム真理教報道(1995年)においては，ワイドショーなどにおけるオウム真理教に関する興味本位の取材・報道が，結局のところこの危険なテロ集団を利し，それに対する迅速かつ的確な社会的対応を阻害したのではないかという批判が，

テレビをはじめとするマス・メディアに対して向けられました。さらに，2001年の衝撃的な世界貿易センタービル事件（いわゆる9・11事件）においては，その背後に国際社会における国家間，民族間あるいは国家と民族間の緊張関係が存在することが推測され，事と次第によっては新たな，かつ大きな戦争をひきおこしかねない重大事件をどう報道し，どう論じるかが問われました。

さて，以上のような代表的なテロ事件を見ればわかるように，テロ報道の倫理は，それを公式化することが不可能であると思われるほど複雑ですが，あえてそこに含まれる核心的問題点を抽出すれば，①センセーショナリズムに陥ることなく，いかにしてテロの現実とその深部を読者・視聴者に正確・詳細に伝達してゆくか，②テロリストに加担する結果となることを回避しつつ，いかにしてテロを生み出す土壌となる不平等，抑圧，貧困などを掘りおこしてゆくか，③テロに巻き込まれた人々の視点を，自らの取材・報道にどのように反映させるかなどの点を挙げることができるように思われます。2003年現在，わが国ではテロ報道の倫理をめぐる議論がかつてないほど広範に行われています。こうした議論が，これらの諸点について一定の方向性を指し示すことが期待されます。

3 科学・災害報道の倫理

科学報道の倫理　第三のテーマは，科学・災害報道の倫理です。まず，前者の科学報道ですが，これは，たとえば公害・薬害事件，原子力事故，環境汚染，バイオテクノロジー関係事件，医療事故などのような科学技術に関係する諸事件（科学事件）の報道であり，科学技術そのもの，あるいはその推進者・利用者に対する評価や批判を不可避的に伴うところにその特徴があります。そして，最近における薬害エイズ事件（1985〜1996年），諫早湾干拓問題（1997年），ク

ローン羊ドリーの誕生(1997年),テレビ朝日ダイオキシン報道事件(1999年:所沢の汚染野菜に関するテレビ朝日の調査報道が,風評被害をもらしたとして指弾された事件),高知赤十字病院脳死・臓器移植(1999年),東海村原子力施設臨界事故(2000年)をはじめとする科学事件の頻発に伴って,その報道の倫理がジャーナリズムにとっての重要な課題の一つとして浮上しています。

科学事件の取材・報道においては,たとえば,①"科学技術の過度の礼讃"あるいはそれとは逆の"過度の慎重さ"に陥る危険をどのように回避するか,②科学技術を推進し利用しようとする官庁・学界・産業界の秘密主義・権威主義をどのように批判し克服するか,③科学事件の本質をとらえ,問題点を正確に指摘しうるジャーナリストの知的力量(専門性)をどう育成するかといった一般的課題のほかに,たとえば,クローン問題の報道における,"過剰な生命操作＝神への冒瀆"といったコンセンサスの存在していないわが国において,マス・メディアが世論の見極めをどのようにして行い,あるいは世論形成にどのような形で関与すべきかという問題や,脳死・臓器移植報道における,人の命の尊厳が集約的に発現する場所である"死"をどのような基本姿勢・マナーで取材し報道すべきかという問題などの個別的な課題も存在しています。

わが国のさまざまな報道倫理規範の中には,たとえば「医療および薬品の知識に関しては,いたずらに不安・焦燥・恐怖・楽観などを与えないように注意する」と規定する日本民間放送連盟放送基準(57)のように,科学報道をその射程に収めた規定もいくつか存在していますが,この報道領域の倫理の内容・実現方法はいまだ十分に認識・整理されていないのが実情です。わが国のマス・メディアは,こうした状況を見据えつつ,たとえば,①科学技術に関する基礎知識を備え,科学事件の取材・報道にあたる記者に専門的立場からの指示や助言を与えることをその任務とする専門記者の育成,②科学

報道にたずさわる記者のための科学技術，人権〔たとえば「人格的自律権（自己決定権）」など〕，応用倫理（たとえば「生命倫理」「環境倫理」など）を扱う企業横断的な講座・勉強会の設立，③科学技術分野の諸問題に関する継続的調査報道の奨励，④広い分野にわたる社外専門家との継続的かつ正式の連携などの具体的対策を検討すべきでしょう。

災害報道の倫理　続いて後者の災害報道ですが，「災害」とは，改めて言うまでもなく，地震，台風，大事故などの自然的・人為的な破壊力によってもたらされる社会の均衡・安定の急激な崩壊を指す言葉であり，こうした災害が発生した場合，あるいは発生が予想される場合，マス・メディアは，たとえば被災状況，災害発生原因，復旧状況などに関する取材と報道という通常のジャーナリズム活動のほかに，警戒情報，行動指示情報，安否情報，救助・救援情報の伝達という防災・救災活動をも担当することになります。とくに放送メディアは，災害対策基本法，気象業務法，放送法によって災害時にはいくつかの法的義務をはたすべきことが規定されています（たとえば，放送法第6条の2は，「放送事業者は，……暴風，豪雨，洪水，地震，大規模な火事その他による災害が発生し，又は発生するおそれがある場合には，その発生を予防し，又はその被害を軽減するために役立つ放送をするようにしなければならない」と規定しています）。

多くの論者が指摘するように，災害の取材・報道にはさまざまな倫理的問題が存在しています。具体的には，①あくまでも"取材者""観察者"として災害現場での活動を行うか，一人の"被災者"あるいは"救援者"として救出・復旧活動を優先させるか，②被害者の再起を支援する「安心報道」を行うか，不特定多数者への警鐘としての「衝撃報道」を行うか，③救援・復旧にあたる公的機関の情報・広報部門として全面協力するか，あくまでも傍観者的・批判者的立場を維持するか，④中央（東京）の"冷静さ"と被災地（地方）

の"熱さ"をどのように使い分けるか，⑤平常時においては競争関係にある各メディアは，災害時においては一定の"協業""分業"を行うべきか，⑥被災者の生存に直接役立つ情報が優先されがちな中で，被災者の"安らぎ"や"癒し"に必要な感性情報・娯楽情報をどのように取り扱うかなどの問題です。そして，これらの諸課題が集約的に露呈したのが，1995年1月17日，神戸・阪神・淡路島地域を襲ったいわゆる阪神・淡路大震災でした。

さて，災害の取材・報道を規律するルールとしては，放送メディアの倫理綱領，すなわちNHK国内番組基準および日本民間放送連盟報道指針の中にいくつかの規定が存在していますが（たとえば，NHK国内番組基準の第2章5項の4は「災害などの緊急事態に関しては，すすんで情報を提供して，人命を守り，災害の予防と拡大防止に寄与するようにつとめる」と定めています），上述したような災害時特有の個別の倫理問題に関し，実際に災害の取材・報道にあたるジャーナリストが準拠しうるような具体的な指針は規定されていません。しかし，災害報道の倫理は，マス・メディアが災害報道マニュアルを作成することによってそのすべてが実現されるものではないでしょう（たとえば，上述の①〜⑥はすべて一種のジレンマであり，二者択一の選択によって解決できる問題ではないことが明らかです）。

むしろ重要なのは，①わが国のジャーナリストが，日々の報道において，自らの職業的使命遂行のために自らの利害打算を離れ，時には命を賭けて行動し，かつ，ジャーナリストとはその点において本質的に"高貴"な専門職であるという認識がジャーナリズム内外の人々に共有されること，②ジャーナリストが国家権力（地方権力）や大資本と癒着せず，常に災害によって命や財産を失う側の視点から報道していること，③被災地は上述のような意味でのジャーナリストのみが立ち入りと取材活動を許される聖域であり，一部のニュース・キャスター（アナウンサー），コメンテーターを含む「タレント」

が取材・報道のために来る場所ではないことといった点の確認です。そして，もしジャーナリスト（マス・メディア）が以上の条件を満たしたならば，たとえばニュース・キャスターが温泉場のように見える光景をつい「温泉に湯煙が上がっているかのようです」と述べても〔筑紫哲也キャスターの発言：筑紫哲也『ニュースキャスター』（集英社新書，集英社，2002 年）p.200.〕，あるいは，マスコミ人が多少，その場にそぐわぬ服装で現れてもそれは大きな問題にはならないでしょう。やや極論すれば，災害現場とは，マスコミ人がジャーナリストとして人々に認知され，真に尊敬されているか否かが問われる厳しい審判の場なのであり，日々このテストに合格すべく努力を怠らなかった者のみが合格し，心構えなき者には容赦なくジャーナリスト失格の烙印が押されることになるのです。その意味で，現状において，阪神・淡路大震災の次に予想される大災害に向けてのわが国のマス・メディアの反省と再生は不十分であると言わざるをえないでしょう（たとえば，阪神・淡路大震災後 9 年の経緯の中で露呈した社会矛盾，すなわち，被災者の"生活再建"が遅々として進まない一方で，バブルに踊った銀行等の"金融再生"に国力が傾注される状況，あるいは，都市計画的意味における復旧が進む一方で，被災者の生活や心の再建は捨て置かれる状況をマス・メディアが継続的・意欲的にとりあげてきたとは到底言えません）。

4　スポーツ報道の倫理

スポーツ報道をめぐる問題　第四のテーマは，スポーツ報道の倫理です。スポーツとは，"遊び"として——すなわち人間の楽しみのために，行為者の自由意思にもとづいて——行われ，かつ競技的な要素をもつ身体運動の総称であり，①身体の普遍性ゆえに，さまざまな文化の中でも最も人気の高いものであること，②"プレイする

もの"としての性格のほかに"見るもの"としての性格を強く帯びていることにその基本的な特徴があります。スポーツ報道とは，以上のような特質を有するスポーツ，およびそれに関係するさまざまな人間の活動を叙述し，分析し，批評し，記録するジャーナリズム活動であり，たとえば毎日，駅やコンビニエンス・ストアーで一般紙とならんで多くのスポーツ新聞が販売されていること，スポーツ番組が有料放送における"目玉商品"の一つになっていることからもわかるように，それはわれわれ一般人にとって最も身近で親しみのある報道分野であると言いうるでしょう。

　さて，スポーツ報道の倫理について考察するための基礎知識として，まず現代におけるマス・メディアとスポーツの緊密な関係と，それがもたらす諸問題について見ておく必要があります。第一の問題は，スポーツ放映権ビジネス，すなわち，国際オリンピック委員会（IOC）や国際サッカー連盟（FIFA）などの国際スポーツ団体が行っている，"スポーツ大会の放送を排他的に行う権利"をめぐる商業活動がもたらす弊害です。スポーツの放映権料，とくにオリンピックやサッカー・ワールドカップのそれは，ここ数十年の間に急激に高騰しました。高額の放映権料は，究極的にはCM出資企業の商品代金あるいはNHKの受信料などの形でわれわれ視聴者が支払っているわけですが，これが誰もが安価でスポーツ大会を見て楽しむ権利（ユニヴァーサル・アクセス権）を阻害しているのではないかというのです。そしてこのことは，スポーツ放映権をCS放送などの有料放送が落札した場合にとくに問題になります。

　第二の問題は，第一の問題と密接に関係していますが，こうしたスポーツの商品化によってスポーツ文化の歪曲が生まれているという問題です。たとえば，①ビーチ・バレーの五輪種目採用とユニフォーム・コードの制定，バレー・ボールにおけるリベロ（比較的小柄で，目立つユニフォームを着用する守備専門プレーヤー）の採用と「フ

ァッション・ポリス委員会」（ユニフォームのセクシーさを審査し、大会利益の配分を決定する委員会）の設置に見られるような過剰・不当な"性の商品化"、②トライアスロンの規模縮小（約4分の1に）やバレー・ボールにおけるラリー・ポイント制の採用に端的にあらわれたテレビ的ルール、③冬季オリンピックの12日間から16日間への日程延長（土日が3回入るようにするための措置）や、合衆国など大視聴者を有する地域のゴールデンタイムに合わせた競技時間の設定などのテレビ向け日程、④たとえば各種バレー・ボール大会に見られるようなスポーツ大会の芸能ショー化がその具体例です〔須田泰明『37億人のテレビンピック：巨額放映権と巨大五輪の真実』（創文企画、2002年）pp. 20-66. 参照〕。

　第三の問題は、マス・メディアがスポーツの"取材者"ではなく"主催者"となることから発生する問題です。たとえば、①プロ野球中継における過剰な傘下チーム応援放送（NTVなどによるジャイアンツ偏重放送、TBSによるベイスターズ肩入れ放送など）、②高校生を酷使し、かつ過度に教育的な夏の高校野球大会（朝日新聞社主催）とその中継放送・報道、③相次ぐ各局の女性アナウンサーとスポーツ選手との交際・結婚、④元（現）スポーツ選手のテレビタレント化やマス・メディア社員化などについて、それがマス・メディアとスポーツのあるべき関係からの逸脱、あるいは、そうした逸脱の所産ではないかどうか、まじめに検討してみる必要があるでしょう。

スポーツ報道の倫理　　わが国の主要な報道倫理規範を見渡した場合、その第2章6項において「1．健全なスポーツ精神のかん養と体位の向上に役立つようにつとめる；2．アマチュアスポーツの取り扱いは、その目的と精神を尊重し、特に少年選手については慎重にする」と規定するNHK国内番組基準を除けば、スポーツ報道のありかたに言及する倫理規範は存在していません。スポーツ報道の倫理の重要性に関するマス・メディアの認識はいまだ低く、した

がってその具体化へ向けた努力もほとんど行われていないのが実情なのです。では，われわれは今後，スポーツ報道の倫理をどのような形で構築してゆくべきでしょうか。

この点に関して参考になると思われるのが，第 20 回ユネスコ総会（1978 年 10 月～1979 年 2 月）において採択された「ユネスコ・体育・スポーツに関する国際憲章」です。体育・スポーツ分野における最高の国際的規範であるこの憲章は，その第 1 条において「体育・スポーツの実践は，すべての人にとっての基本的権利である」と述べて，いわゆる「スポーツ権」の考え方を採用し，それに立脚するスポーツ政策・文化の再構築を図ろうとする点に最大の特色がありますが，注目すべきは，次のように規定する第 8 条です〔同憲章の邦訳は，すべて伊藤堯他編『スポーツ六法・新訂・平成 8 年版』（道和書院，1996 年）によります〕。

「マスメディアは，体育・スポーツに積極的な影響を及ぼさなければならない。報道の自由に対する権利に触れない範囲において，すべてのマス・メディア関係者は，体育・スポーツに内在する社会的重要性，人道的目的，道徳的価値に関してその責任を十分自覚しなければならない。体育・スポーツに積極的な影響を与え，客観的で根拠のある情報を確保するために，マスメディア関係者と体育・スポーツの専門家は密接かつ相互の信頼の上に立つ関係を保たなければならない。」

ここでは，スポーツ報道が，単なる娯楽的情報や政治・社会報道の添え物や息抜きではなく，「スポーツに内在する社会的重要性，人道的目的，道徳的価値〔に関する〕責任」を伴うものであることが明言されています。ここにいう「責任」の内容は，本憲章の他の条文，たとえば「競技スポーツは，それが華々しい観を呈する時でさえ，オリンピックの理念に従って，常に教育的スポーツの頂点の縮図としてその目的に奉仕することを目標としなければならない。それは

決して利益を追求する商業的利害に影響されてはならない」(第3条3項),「あらゆる段階における政府機関及び非政府的専門機関は、教育的価値が明白な体育・スポーツ活動を奨励しなければならない。具体的には法令や規則を実施し、物的援助を提供し、及びその他の奨励、規制の措置を講じることである。また、政府機関はこれらの措置を促進するよう財政的手段を講じるよう努めなければならない」(第9条1項)といったこの憲章の諸条文から導き出されるものであり、この観点に立てば、マス・メディアはたとえば、①わが国の政府・大企業がスポーツの発展に資するという役割・責任を十分に果たしているかどうかを批判的に検証しているか、②スポーツのとらえかたが表面的かつステレオタイプなものになっていないか（スポーツの多様な魅力・感動を伝えているか)、③スポーツ報道が情緒的なナショナリズムや差別を助長するものになっていないか、④スポーツ・マイノリティー（たとえば、障害者、老人、マイナー競技の愛好家、不人気プロ野球・サッカーチームのファンなど）のニーズや視点にも配慮しているか、⑤取材・報道者としてのマス・メディアと、スポーツ大会の主催者・球団の所有者としてのマス・メディアとの間に一線を画しているかなどの点を自己点検してみる必要があるように思われます。また、さらに一歩進んで、ユネスコ憲章に立脚した国内倫理綱領としての「スポーツ・ジャーナリズム綱領」の制定や、専門家や一般人もそれに参加するスポーツ報道監視機関の設立などの可能性を検討してみることも望まれます。

5 虚報・やらせ

虚報・やらせとは何か　　最後に、「虚報・やらせ」の問題についても触れておきたいと思います。報道という営みが、本質的にはその主体であるジャーナリストの問題意識や感性に立脚するものであり、

かつ，それが常により多数の読者・視聴者の獲得を目指して行われるものである以上，そこにある程度の"演出"が伴うことは必然であり，また必要なことでもあるでしょう。問題は，報道される事実に対してある限度を超えた演出が施され，それが読者・視聴者ひいては社会全体に何らかの不利益をもたらす場合であり，その場合にこの「虚報・やらせ」問題が発生することになるわけです。

このうち虚報とは，マス・メディア（ジャーナリスト）が「実際にはありもしない記事や写真を意図的に捏造し，でっちあげること」〔後藤文康『誤報：新聞報道の死角』（岩波新書，岩波書店，1996年）p. 158.〕であり，主として新聞による故意の虚偽報道についてこの言葉が用いられます。これに対してやらせは，「本来ありのままの事実を記録すべき制作者が，自分の意図に沿うような画面を作るために，事前に打ち合わせて登場人物に演技してもら〔ったり，〕……自然現象を自ら仕掛けて起こしたり，ある画面を本来持っている意味とは別の意味に変えたりすること」〔天野勝文他編『現場からみたマスコミ学：新聞・テレビ・出版の構造』（学文社，1994年）p. 123.（執筆：今野勉）〕であり，主として放送における捏造された事実の伝達に関してこの言葉が使われます。しかし実際には，新聞・雑誌と放送という伝達手段の相違を除けば両者を明確に区別することは困難であり，ある記事や番組において，そこで伝えられる事実の"真実性"に関し，送り手（マス・メディア）と受け手（読者・視聴者）との間に結ばれた"暗黙の了解"を大きく逸脱して事実を加工・捏造し伝達する行為を，新聞・雑誌の場合には「虚報」と呼び，放送の場合には「やらせ」と呼ぶと考えるべきでしょう。

ところで，戦後のわが国の代表的な虚報・やらせ事件として，次の各事件を挙げることができます。

①朝日新聞「伊藤律単独会見記」事件：1950年9月27日の朝日新聞は，当時GHQの公職追放・指名手配によって潜行を余儀なくされ

ていた日本共産党幹部・伊藤律氏に対する単独インタビュー記事を掲載しました。しかし，法務省特別審査局（当時）と編集部による調査の結果，この記事は一記者が功名心に駆られてでっちあげた捏造記事であったことが判明しました。朝日新聞社はこの記者を解雇するとともに，紙面に問題の記事を取り消す旨の社告を掲載しました。

②東京新聞芦田日記改ざん事件：1979年3月，東京新聞は，戦後史の第一級資料である故・芦田均首相の日記をスクープとして掲載し，芦田首相が新憲法の制定にあたって第9条2項に「前項の目的を達するため」という文言を挿入した真意は，将来における日本の再軍備をにらんでのものであったことを示唆しました。しかし1986年になって，学者の疑義を受けて開始された社内調査の結果，同日記のうち憲法の審議にかかわる75行分は，記者が勝手に付け加えたものであることが判明しました。結局，同紙は紙面に訂正と謝罪を掲載することで事態を収拾しましたが，この虚報は日本の防衛政策と世論に微妙な影響を及ぼしました。

③朝日新聞サンゴ損傷事件：1989年4月20日の朝日新聞（夕刊）は，「サンゴを汚したK・Yって誰だ」というタイトルで，沖縄・西表島の貴重なアザミサンゴに何者かが付けた傷（KYというイニシャルに見える）の写真を掲載し，自然破壊を告発しました。ところが，地元ダイバーなどが表明した疑義を受けて行われた内部調査の結果，この傷は同新聞社のカメラマンが付けたものであることが判明しました。同新聞社は謝罪文と調査報告を相次いで紙面に掲載し，さらに一柳東一郎社長（当時）は「今回の事件の責任というものは並大抵のものではない」と述べて自ら辞任しました。

④NHKムスタン事件：1993年2月3日の朝日新聞（朝刊）は，前年にNHKが制作・放送したドキュメンタリー番組「NHKスペシャル・奥ヒマラヤ禁断の王国ムスタン」に多くの"やらせ"が含まれていることを告発しました。NHKは「NHKムスタン緊急調査委

員会」を組織して内部調査を開始するとともに，この番組に事実と異なる点や誤解をまねくおそれのある表現が含まれていたことを認め，陳謝しました。

以上のようなわが国の代表的な虚報・やらせ事件を概観すると，虚報・やらせのもつ問題性は，それらが世論形成や政策決定をミスリードする危険性をもつこと（①，②，③事件），および，それらが人々をとりまく自然的・社会的環境に関する読者・視聴者の誤解をもたらすおそれがあること（③，④事件）という二点にまとめることができるように思われます。

虚報・やらせと報道倫理　虚報・やらせが生み出される要因としては，一応，①世論を作為的に誘導することに懼れを感じないマス・メディア（ジャーナリスト）の"傲慢さ"，②取材での成果や出世を求める気持ち，すなわち"功名心"の暴走，③衝撃性や娯楽性を追求しようとするジャーナリストや番組制作者の本能的な"面白主義"，④熾烈な部数競争・視聴率競争によって生まれる"商業主義"などが考えられます。また，これらの背後に，一部のジャーナリストや番組制作者の報道倫理に関する無知や軽視が存在していることも指摘しておくべきでしょう（なお，2003年11月に発覚したNTVのプロデューサーによる「視聴率改ざん事件」は，テレビのやらせ・捏造体質が視聴率そのものにまで及んでいることを示すものでした）。

わが国の放送メディアの倫理規範の中には，たとえば「現実の事象を取り上げる番組は，事実に基づかなければならない。事実関係は，直接関係者に取材したり原資料にあたって調査したりして，確認する」（NHK・放送倫理の確立に向けて）とか「過度の演出や視聴者・聴取者に誤解を与える表現手法……は避ける」（日本民間放送連盟報道指針）などのように，虚報・やらせをコントロールするいくつかの規定が置かれていますが，いまの段階では，たとえば"演出"と"虚報・やらせ"を峻別する指標は何かといったようなこの問題の基本

的な論点についてすら十分な議論が行われていないのが実情です。マス・メディア（ジャーナリスト）は今後，こうした点につきつめた検討を行うとともに，新しい虚報・やらせ抑止策，すなわち，たとえば体系的・組織的な倫理教育の実施（第12章参照）を通した個々のジャーナリスト・制作者の徹底した"倫理化"などを追求すべきでしょう。

── 第13章・参考文献 ──

A．天皇・皇室報道──主要なものに限る。

 松浦総三『天皇とマスコミ』（青木書店，1975年）
 研究集団21編『これでいいのか天皇報道』（リベルタ出版，1989年）
 法学セミナー増刊『検証・天皇報道』（日本評論社，1989年）
 丸山　昇『皇太子妃とマスメディア』（第三書館，1993年）
 市川速水『皇室報道』（朝日新聞社，1993年）
 皇室担当記者OB編『皇室報道の舞台裏』（角川書店，2002年）

B．ジャーナリズムへのテロ

 岩波書店編集部編『新聞記者の仕事とは：支局襲撃事件の衝撃』（岩波ブックレット，岩波書店，1987年）
 90・2・23集会実行委員会編『タブーなき言論の自由を』（凱風社，1990年）
 京谷秀夫『一九六一年冬「風流夢譚」事件』（平凡社ライブラリー，平凡社，1996年）
 朝日新聞社会部編『言論の不自由：朝日新聞「みる・きく・はなす」はいま──十年の記録』（径書房，1998年）

朝日新聞116号事件取材班編『新聞社襲撃：テロリズムと対峙した15年』(岩波書店，2002年)

C．戦争報道——主要なものに限る。

茶本繁正『戦争とジャーナリズム』(三一書房，1984年)
石川文洋『戦場カメラマン』(朝日文庫，朝日新聞社，1986年)
P・ナイトリー著，芳地昌三訳『戦争報道の内幕：隠された真実』(時事通信社，1987年)
茶本繁正『続・戦争とジャーナリズム』(三一書房，1989年)
朝日新聞社会部編『メディアの湾岸戦争』(朝日新聞社，1991年)
原　寿雄『新しいジャーナリストたちへ』(晩聲社，1992年)
長倉洋海『フォト・ジャーナリストの眼』(岩波新書，岩波書店，1992年)
鈴木健二『戦争と新聞』(毎日新聞社，1995年)
小川和久『ニュースを疑え！』(近代文芸社，1996年)
橋田信介『戦場特派員』(実業之日本社，2001年)
軍事同盟研究会編『知られざる戦争報道の舞台裏』(アリアドネ企画，2002年)
高木　徹『ドキュメント戦争広告代理店：情報操作とボスニア紛争』(講談社，2002年)
吉岡逸夫『なぜ記者は戦場に行くのか：現場からのメディアリテラシー』(現代人文社，2002年)
竹田　徹『戦争報道』(ちくま新書，筑摩書房，2003年)
柴山哲也『戦争報道とアメリカ』(PHP新書，PHP研究所，2003年)

D．テロリズム報道

小林弘忠『マスコミ vs. オウム真理教』(三一書房，1995年)
江藤文夫『オウム報道』(かもがわブックレット，かもがわ出版，1995年)

現代ジャーナリズムを考える会編『テロリズムと報道』(現代書館, 1996 年)

浅野健一『オウム「破防法」とマスメディア：続「犯罪報道」の再犯』(第三書館, 1997 年)

共同通信社ペルー特別取材班編『ペルー日本大使公邸人質事件』(共同通信社, 1997 年)

外岡秀俊他編『9 月 11 日・メディアが試された日：TV・新聞・インターネット』(トランスアート, 2001 年)

原　寿雄他編『メディア規制とテロ・戦争報道：問われる言論の自由とジャーナリズム』(明石書店, 2001 年)

N・チョムスキー著, 鈴木主税訳『メディア・コントロール：正義なき民主主義と国際社会』(集英社新書, 集英社, 2003 年)

内藤正典編『「新しい戦争」とメディア：9・11 以後のジャーナリズムを検証する』(明石書店, 2003 年)

川口信行『メディアの責任：21 世紀とテロと報道責任』(日本図書センター, 2003 年)

E．科学報道

W・バーケット, 医学ジャーナリズム研究会訳『科学は正しく伝えられているか：サイエンス・ジャーナリズム論』(紀伊國屋書店, 1989 年)

桑原史成『報道写真家』(岩波新書, 岩波書店, 1989 年)

環境ジャーナリストの会編『地球環境とジャーナリズム』(岩波ブックレット, 岩波書店, 1991 年)

柴田鉄治『科学報道』(朝日新聞社, 1994 年)

日本ジャーナリスト会議編『ダイオキシン汚染報道：所沢野菜騒動から見えたもの』(リム出版新社, 1999 年)

柴田鉄治『科学事件』(岩波新書, 岩波書店, 2000 年)

浅野健一『脳死移植報道の迷走』(創出版, 2000 年)

横田　一『所沢ダイオキシン報道』(緑風出版, 2001 年)

F．災害報道——主要なものに限る。

柳田邦男『災害情報を考える』（NHKブックス，日本放送出版協会，1978年）

東京大学新聞研究所編『災害と情報』（東京大学出版会，1986年）

広井　脩『災害情報論』（恒星社厚生閣，1991年）

朝日放送記録グループ編『大震災放送局24時間』（朝日新聞社，1995年）

今井　一監修，毎日放送『阪神大震災の被災者にラジオ放送は何ができたか：「被災していない人への情報はいらない！」と言い続けた報道者たち』（同朋舎出版，1995年）

毎日新聞大阪本社他編『ドキュメント希望新聞：阪神大震災と報道』（毎日新聞社，1995年）

神戸新聞社『神戸新聞の100日：阪神大震災，地域ジャーナリズムの戦い』（プレジデント社，1995年）

小城英子『阪神大震災とマスコミ報道の功罪：記者たちの見た大震災』（明石書店，1997年）

池田謙一他『阪神・淡路大震災に学ぶ：情報・報道・ボランティア』（白桃書房，1998年）

林　英夫『安心報道：大震災と神戸児童殺傷事件をめぐって』（集英社新書，集英社，2000年）

平塚千尋『災害情報とメディア』（リベルタ出版，2000年）

徳山喜雄『フォト・ジャーナリズム：いま写真に何ができるか』（平凡社新書，平凡社，2001年）

G．スポーツ報道——主要なものに限る。

中条一雄他『朝日新聞記者の証言2：スポーツ記者の視座』（朝日ソノラマ，1980年）

中条一雄『たかがスポーツ』（朝日新聞社，1981年）

中村敏雄編『スポーツメディアの見方，考え方』（創文企画，1995年）

大野　晃『現代スポーツ批判：スポーツ報道最前線からのレポート』（大修館書店，1996 年）

青弓社編集部編『こんなスポーツ中継は，いらない！』(青弓社，2000 年)

メディア総合研究所編『スポーツ放送権ビジネス最前線』（メディア総研ブックレット，花伝社，2001 年)

神原直幸『メディアスポーツの視点：疑似環境の中のスポーツと人』（学文社，2001 年)

須田泰明『37 億人のテレビンピック：巨額放映権と巨大五輪の真実』（創文企画，2002 年)

橋本純一編『現代メディアスポーツ論』（世界思想社，2002 年)

玉木正之『スポーツ解体新書』（日本放送出版協会，2003 年)

玉木正之『スポーツ・ジャーナリズムを語る』（国士舘大学体育・スポーツ科学学会，2003 年)

杉山　茂『テレビスポーツ50 年：オリンピックとテレビの発展』（角川書店，2003 年)

牛木素吉郎他編『ワールドカップのメディア学』（大修館書店，2003 年)

H．虚報・やらせ

城戸又一編『誤報：現代新聞の断層』（日本評論新社，1957 年)

山下恭弘『誤報・虚報の戦後史：大新聞のウソ』（ライト出版，1987 年)

後藤文康『誤報と虚報："幻の特ダネ"はなぜ？』（岩波ブックレット，岩波書店，1990 年)

小松健一『ムスタンの真実：「やらせ」現場からの証言』（リベルタ出版，1994 年)

渡辺武達『メディア・トリックの社会学：テレビは「真実」を伝えているか』（世界思想社，1995 年)

木村哲人『テレビは真実を報道したか：ヤラセの映像論』（三一書房，

1996年）

後藤文康『誤報：新聞報道の死角』（岩波新書，岩波書店，1996年）

池田龍夫『新聞の虚報・誤報：その構造的問題点に迫る』（創樹社，
　　2000年）

むすびにかえて

　「はしがき」で述べたように，著者は，本書の執筆にあたって，「メディア倫理法制」という新しい研究分野の"全体像"をできるだけ整理して読者に伝えることを目標の一つに掲げました。しかし，主として能力の不足から，たとえば「著作権とマス・メディア」「国際報道の倫理」「経済報道の倫理」といった個別テーマについては当初から執筆計画に盛り込むことができず，また，当初は一項を設けて論じる予定であった「広告表現規制とマス・メディア」「フォト（映像）ジャーナリズムの倫理」「ワイドショーの倫理」などについても，執筆にとりかかってのちに準備不足に気づいて，結局これを取り扱うことを断念せざるをえませんでした。結果として本書は，"概説書"というよりはむしろ，マス・メディア（ジャーナリズム）の抱えるさまざまな法的・倫理的問題のうち，これまで頻繁に議論されてきたテーマを整理し，論じる"要点記述"的なものになってしまいました。積み残しの論点について必要な検討を行い，真の"概説書"を完成させることは，著者の今後の研究課題です。

　本書を構成する13の章の末尾に，それぞれの章のテーマに関する文献の一覧表を掲げましたが，これは著者が本書の執筆にあたって収集し，利用した書籍の一覧であり，各分野に関する文献の網羅的なリストではありません。また，そのリストには定期刊行物等に掲載された論文，第二次世界大戦前の著作，外国語でのみ公刊された書籍などが含まれていませんが，これはひとえに紙幅の都合によるものであり，本書の執筆にあたってここに掲出していない業績をも参考にし，そこから多くを学ばせていただいたことはあらためて付

言するまでもありません。これまで，マス・メディア（ジャーナリズム）の法・倫理を研究され，貴重な業績を残されてきた内外の多くの研究者の方々に改めて敬意と謝意を表する次第です。

　本書の執筆を終えたいま，著者の関心はマス・メディア（ジャーナリズム）のさまざまな逸脱・病理の改善のための実践，すなわちジャーナリスト志望者に対するメディア法・倫理教育と，報道の"受け手"である読者・視聴者に対するメディア法・倫理に関する知識の啓蒙，とりわけ後者に向かっています。流行語になった感すらある「メディア・リテラシー」を著者は個人的に，「マス・メディアに自らの人間としての主体性を侵されないための知的力量」ととらえていますが，こうした力量を養うための教育の一部としての「メディア倫理法制」の講義やゼミをどのように設計するか，また，著者自身，そうした授業・ゼミの担当者として必要な社会・政治・経済・文化に関する最低限度の基礎知識をどのように習得するか，さらには，政治権力が自分たちに都合のよいようにメディア・リテラシー教育を推進し，間接的にマス・メディア（ジャーナリズム）に対する規制を行おうとしている現状に，教師の一人としてどのように対抗してゆくか，そうした点が著者の今後の実践課題になると思われます。

　最後に，本書の出版に関してご理解とご配慮をいただいた嵯峨野書院の中村忠義社長と，本書の企画段階から長期にわたり，辛抱づよくお付き合いいただいた編集部の竹内祐子氏に，心よりのお礼を申し上げます。

2004年2月　著者

事項索引

―はしがき,むすびにかえて,参考文献を除く本文中から採録した。
―章,節,項目のタイトルに含まれる用語は原則として除いた。

●ア行

朝日新聞サンゴ損傷事件 ………172,248
朝日新聞阪神支局襲撃事件 …………232
芦田日記改ざん事件 …………………248
新しい人権 ………………………………5
綾瀬女子高生コンクリート詰め殺人事件
　………………………………162,199,202
アルジャジーラ …………………………235
言い換えマニュアル …………………156
イエロー・ジャーナリズム …………117
池田小学校襲撃事件 …………………202
意見広告 ……………………………61,62
諫早湾干拓問題 ………………………238
委託放送事業者 …………………83,84
「伊藤律単独会見記」事件 …………247
イラク戦争 ……………………234,235
インターネット法(サイバー法) ……86
ウォーターゲート事件報道 …………225
江藤長官発言問題 ……………………213
NHKの国内番組基準　→　国内番組基準
NHKムスタン事件 ……………172,248
冤罪 ………………………………………192
オウム真理教事件 ………………25,172
オウム真理教報道 ……………………237
OECDガイドライン …………………43,47
大阪府部落差別事象に係る調査等の規制等に関する条例 ……………………153
OJT　→　オン・ザ・ジョブ・トレーニング
桶川ストーカー殺人事件 ………162,202
小沢発言問題 …………………………213
音羽幼女殺害事件 ………………162,202
オフレコ取材 ……………………212,213
オフレコ破り …………………………213
オン・ザ・ジョブ・トレーニング(OJT) ……………………………………221
オンブズマン制度 ……………………178,179

●カ行

格付け　→　レーティング
神奈川県の機関の公文書の公開に関する条例 ……………………………………40
「髪直し写真」事件 …………………230
仮処分命令 ……………………………109
官官接待問題 ……………………………41
『完全自殺マニュアル』 ………147,148
議会出入記者団 ………………………210
記者クラブに関する日本新聞協会編集委員会の見解 …………………………211
記者クラブに関する方針 ……………211
ギフト・シンドローム ………………146
9・11事件　→　世界貿易センタービル事件
旧・行政機関個人情報保護法　→　行政機関の保有する電子計算機処理に係る個人情報の保護に関する法律
旧・新聞倫理綱領 ………………173,223
行政機関個人情報保護法　→　行政機関の保有する個人情報の保護に関する法律
行政機関の保有する個人情報の保護に関する法律(行政機関個人情報保護法)
　…………………………………………45,46
行政機関の保有する情報の公開に関する法律(情報公開法) …………………40
行政機関の保有する電子計算機処理に係る個人情報の保護に関する法律(旧・行政機関個人情報保護法) …………45
共同新聞倶楽部 ………………………210
宮内庁記者クラブ ……………………229

260 事項索引

クローン問題 …………………………239
刑事訴訟記録閲覧制限 ………………26
検閲の禁止 ……………………10, 11, 84
現実の悪意 ………………………………107
原則署名報道 ……………………………195
原則匿名報道主義 …………191, 192, 196
権力犯罪 ……………………191, 192, 193
公共の情報 …………………………14, 215
公共の福祉 ……………………………6, 11, 85
公共の利害に関する事実
………101, 102, 103, 110, 111, 125, 128
公正な論評（フェア・コメント）の法理
……………………………………111, 112
「皇太子妃報道協定」事件 ……………230
高知赤十字病院脳死・臓器移植 ……239
神戸小学生殺害事件 ………………199, 200
広報ジャーナリズム ……………41, 214
広報メディアセンター …………………216
国内番組基準（NHK の）
……………………156, 175, 241, 244
黒板協定 …………………………………212
国民保護法制 ……………………………236
個人情報の保護に関する法律（個人情報保護法） ………………………45, 46, 48
個人情報保護 5 原則 ……………………44
個人情報保護法　→　個人情報の保護に関する法律
5W1H ………………………………………192
国境なき記者団 ……………………218, 233

●サ行

サイバー法　→　インターネット法
サイバー・ポルノ ………………………90, 92
裁判員制度 ………………………………194
坂本弁護士一家"失踪"事件 ………51
3 FET 時代 ………………………………123
参加型公平 ……………………………78, 80
CS デジタル放送 …………………………84
自衛隊法改正 ………………………………35
私行報道 …………………………………113
自己完結型公平 ………………………78, 79, 80

「自主規制モデル」説 ……………………87
システム・オペレーター ………………88
思想・良心の自由 ……23, 108, 145, 148
視聴者のための放送をめざす民放労連の提案 ………………………………184
視聴率改ざん事件 ………………………249
実名報道 ………………112, 113, 193, 196
児童ポルノ　→　チャイルド・ポルノ
指南書問題 ………………………………220
シヴィック・ジャーナリズム　→　パブリック・ジャーナリズム
氏名権 ……………………………………121
ジャーナリスト・スクール ……222, 223
ジャーナリストの定義 …………………23
ジャーナリスト保護委員会 ……………233
ジャーナリスト養成コース ……………222
社会権（積極的自由）……………………4
謝罪広告 …………108, 109, 125, 126, 127
「シャンメン」のテレビ CM …………163
自由権（消極的自由）…………………4, 118
住所権 ……………………………………126
集団的過熱取材（メディア・スクラム）
………………………………………191
集団的過熱取材に関する日本新聞協会編集委員会の見解 …………………203
集中豪雨型報道 …………………………191
住民基本台帳法改正 ……………………45
主観報道主義 ………………191, 193, 196
取材源の秘匿 ……………………39, 48, 50
取材フィルム・テープの目的外使用禁止
………………………………39, 49, 50, 51
取材・報道の自由の定義 ………………22
受託放送事業者 …………………………83
準ハード・コア・ポルノ ………………136
消極的差別表現 …………………………153
消極的自由　→　自由権
衝撃力説 …………………………………77
肖像権 ………………………………121, 125
少年法第 61 条の扱いの指針 …198, 200
情報公開・個人情報保護審査会 ……40
情報公開法　→　行政機関の保有する情

報の公開に関する法律
情報公開法を求める市民運動 ………43
昭和天皇死去報道 ………………229
女子アナバッシング ……………165
人格的自律権 …………5,160,162,240
人権擁護法案 ………………160,203
親告罪 ……………………………101
真実性証明による免責 …………101
人種差別撤廃条約 ………………151
新・新聞倫理綱領 ………173,175,223
新聞記者倶楽部 …………………210
新聞人の良心宣言
　………49,62,69,156,163,184,213
新聞編集権の確保に関する声明（編集権声明） ……………66,69,173,174
推論報道 ……………………112,114
巣鴨子ども置き去り事件 ………162
スポーツ権 ………………………245
スポーツ・ジャーナリズム綱領 …246
スポーツ放映権ビジネス ………243
青少年健全育成法案 ……………138
青少年条例 ………134,138,143,144,148
青少年有害社会環境対策基本法案 …138
精神的社会環境論 ………………137
成長発達権 ………………………199
性的自己実現 ……………………142
正当業務行為 …………………33,34
性の商品化に関する研究 ………140
世界貿易センタービル事件（9・11事件） ……………………………238
積極的差別表現 ……………153,160
積極的自由　→　社会権
選挙予測報道禁止 ………………31
前国家的権利 ……………………3
戦場・紛争地域での取材ガイドライン骨格案 ……………………………236
戦争報道指針（BBCの）………235
専門職業人（プロフェッショナル）
　………………42,52,92,172,179
相当事由による免責 105,106,108,112
ソフト・ハードの分離 …………83

●夕行

ダイオキシン汚染 ………………14
第三国移転禁止規定 ……………45
第三者委員会 ……………………182
脱・記者クラブ宣言 ……………216
田中金脈報道 ……………………225
『ちびくろサンボ』………………154
チャイルド・ポルノ（児童ポルノ）…134
調査報道 ……………224,225,239
通信の秘密 …………………11,85
筑波妻子殺害事件 …………162,202
椿発言事件 ……………………79,172
提言・記者クラブ改革 …………217,218
訂正権 ……………………………60
訂正放送請求権 ………………81,82,83
TBSバッシング ……………………51
テレビ朝日ダイオキシン報道事件
　……………………………172,239
点数制 ……………………………107
電波稀少説 ……………………77,83
電波公物説 ………………………77
東海村原子力施設臨界事故 ……239
東京電力女性社員殺害事件 ……162,202
東芝クレーマー事件 ……………42,93
匿名発表 …………………………192
独立行政委員会 …………………78

●ナ行

『南海日日新聞』…………………196
『西日本新聞』……………………196
西船橋ホーム転落事件 …………162
西山記者事件 ……………………33,35
二重人格報道 ……………………200,202
二重の基準論 ……………………8
『日刊新愛媛』取材拒否事件 ……35,37
『日本・権力構造の謎』事件 ……155
日本ジャーナリスト連合 ………180
日本ジャーナリスト聯盟 ………68
日本民間放送連盟放送基準
　………………134,145,156,175,239

日本民間放送連盟報道指針
　　……………………50,175,241,249
ニュー・ジャーナリズム ……………224
ノン・フィクション ……………………124

●ハ行

パーソナル・コミュニケーション 11,85
ハード・コア・ポルノ ………………136
配信サービスの抗弁 …………………106
PAC　→　パブリック・アクセス・チ
　ャンネル
パック・ジャーナリズム ……………214
パッケージ ……………………………235
発表ジャーナリズム　………41,214
パブリシティー権 ………………121,214
パブリック・アクセス・チャンネル
　（PAC）………………………………60
パブリック・アクセス番組 ……………80
パブリック・ジャーナリズム（シヴィッ
　ク・ジャーナリズム）…………43,224
番記者 ……………………………220,221
判決要旨交付制限 ………………………26
反社会的行為誘発論 …………………137
阪神・淡路大震災 ……………………241
犯人視報道 ………………189,190,191,200
BRC　→　放送と人権等権利に関する
　委員会
BPO　→　放送倫理・番組向上機構
BBCの戦争報道指針　→　戦争報道指
　針
「ビオフェルミン」の広告 …………163
比較衡量 ……………6,61,124,126,136
『ピノキオ』事件 ……………………154
表現センター …………………………216
Vチップ …………………………146,147
「風流夢譚」事件 ……………………232
プール …………………………………235
福岡の実験 ………………………196,197
不健全図書 ……………………………148
フライデー編集部襲撃事件 …………172
プライバシー三要件 …………………120

『部落地名総鑑』 ………………153,160
「プリント・メディア・モデル」説…86
プロバイダー責任 ………………………87
プロフェッショナル　→　専門職業人
北京国際女性会議 ……………………164
ベトナム戦争 …………………………234
ペルー大使館公邸事件 ………………237
編集権 …………………66,67,173,174
編集権声明　→　新聞編集権の確保に関
　する声明
ペンタゴン・ペーパーズ事件報道 …225
防衛庁情報公開請求者リスト問題 …43
包括指定方式 …………………………144
放送と人権等権利に関する委員会（BRC）
　………………………………………182
放送と青少年に関する委員会 …146,182
「放送モデル」説 ………………………86
放送利用権 …………………………60,61
放送倫理基本綱領　………49,174,175
放送倫理の確立に向けて
　………………50,134,163,175,249
放送倫理・番組向上機構（BPO）…182
法的義務説 …………………………20,21,22
『報道写真家』事件 …………………154
報道被害救済ネットワーク（LAMVIC）
　………………………………………204
報道マニュアル ………………………175
ボスニア戦争 …………………………235
ポルノ …………………………………142
ポルノグラフィー ……………………140

●マ行

毎日新聞社編集綱領 ………………61,68
毎日新聞労組記者クラブ改革試案 …217
マス・メディアの定義 …………………15
松本サリン事件報道 …………172,190
『マルコポーロ』事件 ………………155
『密室』 ………………………………136
無罪推定原則 ……189,190,193,194,195
「無人警察」事件 ……………………155
名誉回復処分 ………108,109,111,125,127

名誉感情 …………………………………100
メディア・イベント …………………191
メディア・ジャック …………………237
メディア所有制限 ………………………59
メディア・スクラム → 集団的過熱取材
メディア・テロ …………………………237
専ら公益を図る目的 ………104,110,126

●ヤ行

薬害エイズ事件 ……………………14,238
優越的地位の理論 ……………………7,8
ユナボマー事件 …………………………237
ユニヴァーサル・アクセス権 ………243
ユネスコ・体育・スポーツに関する国際憲章 …………………………………245
「容疑者」呼称 …………………………195

●ラ行

LAMVIC → 報道被害救済ネットワーク
リクルート事件 ……………………29,225
理念的目標説 ……………………20,21,22
レーティング（格付け）………………147
ローリング・K事件 ……………154,163
ロス疑惑 …………………………………123
ロス疑惑報道 ……………………190,225
ロッキード事件 ……………………25,28

●ワ行

わいせつ三要件 …………………………135
ワイドショー …………26,128,230,237
和歌山カレー毒物混入事件報道 ……190
湾岸戦争 ……………………………234,235

判例索引

最大判昭和 27 年 8 月 6 日刑集 6 巻 8 号 974 頁(朝日新聞記者事件最高裁判決) ………50
最大判昭和 31 年 7 月 4 日民集 10 巻 7 号 785 頁(謝罪広告事件最高裁判決) …………108
最大判昭和 32 年 3 月 13 日刑集 11 巻 3 号 997 頁（チャタレイ事件最高裁判決) ……135
東京地判昭和 32 年 7 月 13 日判時 119 号 1 頁（『幹事長と女秘書』事件判決) ………129
最大決昭和 33 年 2 月 17 日刑集 12 巻 2 号 253 頁(北海タイムス事件最高裁決定) ……24
東京地判昭和 39 年 9 月 28 日下民集 15 巻 9 号 2317 頁（『宴のあと』事件判決)
　………………………………………………………………………109,118,120,122
最一小判昭和 41 年 6 月 23 日民集 20 巻 5 号 1118 頁（「署名狂やら殺人前科」事件最高
　裁判決) ……………………………………………………………………………105
最大判昭和 44 年 6 月 25 日刑集 23 巻 7 号 975 頁(『夕刊和歌山時事』事件最高裁判決)
　……………………………………………………………………………………105
最大決昭和 44 年 11 月 26 日刑集 23 巻 11 号 1490 頁(博多駅テレビ・フィルム提出命令
　事件最高裁決定) ……………………………………………………………………19,50
最大判昭和 44 年 12 月 24 日刑集 23 巻 12 号 1625 頁(京都府学連事件最高裁判決) …121
最大判昭和 45 年 6 月 24 日民集 24 巻 6 号 625 頁(八幡製鉄事件最高裁判決) …………5
東京地判昭和 47 年 7 月 12 日判時 688 号 79 頁（女子プロレス事件判決) ……………112
広島地判昭和 50 年 6 月 25 日判時 792 号 90 頁（アドリブ・アナウンス事件判決) ……66
最一小決昭和 53 年 5 月 31 日刑集 32 巻 3 号 457 頁（外務省秘密電文漏洩事件最高裁決
　定) …………………………………………………………………………………33-35
東京高判昭和 54 年 3 月 14 日判時 918 号 21 頁（『落日燃ゆ』事件高裁判決) …………130
最一小判昭和 54 年 12 月 20 日刑集 33 巻 7 号 1074 頁、『政経タイムス』事件最高裁判
　決) ……………………………………………………………………………………31
最三小決昭和 55 年 3 月 6 日判時 956 号 32 頁（北海道新聞記者事件最高裁判決) ……50
東京地昭和 55 年 7 月 7 日判例集未登載（「スター交歓図」事件判決) ………………128
最二小判昭和 55 年 11 月 28 日刑集 34 巻 6 号 433 頁（「四畳半襖の下張」事件最高裁判
　決) …………………………………………………………………………………135
最三小判昭和 56 年 4 月 14 日民集 35 巻 3 号 620 頁（前科照会事件最高裁判決) ……118
最一小判昭和 56 年 4 月 16 日刑集 35 巻 3 号 84 頁（『月刊ペン』事件最高裁判決)
　………………………………………………………………………………………102,125
東京地判昭和 56 年 6 月 30 日判時 1018 号 93 頁（「大物サギ師」事件判決) …………113
東京地判昭和 56 年 12 月 24 日判時 1036 号 109 頁（キャロル事件判決) ………………67
最三小判昭和 58 年 3 月 8 日刑集 37 巻 2 号 15 頁（ビニール本事件最高裁判決) ……136
神戸地裁姫路支判昭和 58 年 3 月 14 日判時 1092 号 98 頁(脊椎赤十字事件判決) ……119
最大判昭和 58 年 6 月 22 日民集 37 巻 5 号 793 頁(よど号事件最高裁判決) ……………13
最一小判昭和 58 年 10 月 20 日判時 1112 号 44 頁（十全会事件最高裁判決) …………105
最一小判昭和 58 年 10 月 27 日刑集 37 巻 8 号 1294 頁（ポルノ写真事件最高裁判決) 137
大阪地判昭和 59 年 7 月 23 日判時 1165 号 142 頁（「市有地払下げに疑惑」事件判決)106

最大判昭和 59 年 12 月 12 日民集 38 巻 12 号 1308 頁（税関検査事件最高裁判決）……10
東京地判昭和 60 年 1 月 29 日判時 1160 号 97 頁（「傷だらけの英雄」事件判決）……103
大阪高判昭和 60 年 6 月 12 日判時 1174 号 75 頁（「教授が産業スパイ」事件高裁判決）
　……………………………………………………………………………………………106
東京高判昭和 61 年 2 月 12 日判時 1184 号 70 頁（『激戦区シリーズ』事件高裁判決）…80
福岡地判昭和 61 年 3 月 6 日判例集未登載（大蔵住宅事件判決）………………153-154
東京地判昭和 61 年 4 月 30 日判時 1223 号 71 頁（「顔は悪の履歴書」事件判決）……115
最大判昭和 61 年 6 月 11 日民集 40 巻 4 号 872 頁（『北方ジャーナル』事件最高裁判決）
　………………………………………………………………………………………110, 126
最二小判昭和 62 年 4 月 24 日民集 41 巻 3 号 490 頁（日本共産党対サンケイ新聞事件最
　高裁判決）…………………………………………………………………………62, 67
東京地判昭和 62 年 6 月 15 日判時 1243 号 54 頁（人違い写真事件判決）……………120
東京地判昭和 63 年 2 月 15 日判時 1264 号 51 頁（豊田商事愛人報道事件判決）………104
最三小判昭和 63 年 2 月 16 日民集 42 巻 2 号 27 頁（外国人氏名事件最高裁判決）……121
最大判平成元年 3 月 8 日民集 43 巻 2 号 89 頁（法廷メモ事件最高裁判決）……………24
東京地決平成元年 3 月 24 日判タ 713 号 94 頁（仙台育英学園事件決定）………………126
東京地判平成元年 6 月 23 日判時 1319 号 132 頁（井上ひさし"愛人"盗撮事件判決）119
東京高判平成元年 9 月 5 日判時 1323 号 37 頁（『逆転』事件高裁判決）…………124, 130
最三小判平成元年 9 月 19 日刑集 43 巻 8 号 785 頁（岐阜県青少年条例事件最高裁判決）
　………………………………………………………………………………………138, 144
静岡地裁沼津支決平成元年 12 月 7 日判時 1334 号 239 頁（三島警察署事件決定）……27
最一小判平成元年 12 月 21 日民集 43 巻 12 号 2252 頁（「有害無能教師」事件最高裁判
　決）……………………………………………………………………………………112
東京地判平成 2 年 1 月 30 日判タ 730 号 140 頁（異物注入法事件判決）………………90
最三小決平成 2 年 2 月 16 日判時 1340 号 145 頁（三島警察署事件最高裁決定）………27
熊本地裁八代支判平成 2 年 3 月 30 日判時 1355 号 121 頁（水俣病論争事件判決）……89
最三小判平成 2 年 4 月 17 日民集 44 巻 3 号 547 頁（政見放送削除事件最高裁判決）…158
東京地判平成 2 年 5 月 22 日判時 1357 号 93 頁（武富士会長事件判決）………………119
最二小決平成 2 年 7 月 9 日刑集 44 巻 5 号 421 頁（TBS ギミア・ぶれいく事件最高裁決
　定）……………………………………………………………………………………51
名古屋高判平成 2 年 12 月 13 日判時 1381 号 51 頁（敬称抜き実名報道事件高裁判決）113
岡山地判平成 3 年 9 月 3 日判タ 774 号 217 頁（「黒い抵当証券」事件判決）…………104
京都地判平成 4 年 2 月 10 日判タ 781 号 153 頁（京都府記者クラブ訴訟判決）………215
東京地判平成 4 年 2 月 25 日判時 1446 号 81 頁（『諸君！』事件判決）…………………109
東京高判平成 4 年 7 月 13 日判時 1432 号 48 頁（ゲイビデオ雑誌輸入事件高裁判決）142
東京地判平成 4 年 7 月 28 日判時 1452 号 71 頁（「第二のニセ秘宝」事件判決）………103
東京地判平成 4 年 10 月 27 日判時 1471 号 127 頁（「N 大のヒトラー」事件判決）……103
東京高判平成 4 年 12 月 21 日判時 1446 号 61 頁（「熱海お大尽行状記」事件高裁判決）
　……………………………………………………………………………………………126
最三小判平成 5 年 3 月 2 日判例集未登載（敬称抜き実名報道事件最高裁判決）………113
最三小判平成 5 年 3 月 16 日民集 47 巻 5 号 3483 頁（教科書検定事件最高裁判決）……10

東京地判平成 5 年 5 月 25 日判タ 827 号 227 頁（ロス疑惑護送写真事件判決）………114
福岡地判平成 5 年 9 月 16 日判タ 840 号 147 頁（オウム真理教事件判決）……………103
東京地判平成 5 年 9 月 22 日判タ 843 号 234 頁（「女優Ⅰ来春離婚」事件判決）………128
東京地判平成 5 年 10 月 26 日判時 1497 号 92 頁（日本野鳥の会事件判決）……………103
最三小判平成 6 年 2 月 8 日民集 48 巻 2 号 149 頁（『逆転』事件最高裁判決）…………124
東京地判平成 6 年 4 月 12 日判タ 842 号 271 頁（北朝鮮スパイ報道事件判決）…………113
東京地判平成 7 年 5 月 19 日判時 1550 号 49 頁（『名もなき道を』事件判決）…………130
東京高判平成 7 年 8 月 10 日判時 1546 号 3 頁（『創』事件高裁判決）……………………28
東京地判平成 8 年 4 月 22 日判時 1597 号 151 頁（ベッコアメ事件判決）…………………90
東京地判平成 9 年 5 月 26 日判時 1610 号 22 頁（ニフティサーブ事件判決）……………88
大阪地判平成 9 年 10 月 3 日判タ 980 号 285 頁（天気予報画像事件判決）………………91
最二小判平成 10 年 1 月 30 日判時 1631 号 68 頁（「何を語る推理小説」事件最高裁判決）
………………………………………………………………………………………………114
東京地判平成 10 年 11 月 30 日判タ 995 号 290 頁（『ジャニーズおっかけマップ・スペシャル』事件判決）………………………………………………………………………126
名古屋高判平成 12 年 6 月 29 日判時 1736 号 35 頁（長良川リンチ殺人報道事件高裁判決）………………………………………………………………………………………198
東京地判平成 12 年 10 月 5 日訟月 49 巻 3 号 789 頁（松山地裁判決要旨不交付事件判決）
………………………………………………………………………………………………27
東京高判平成 13 年 6 月 28 日訟月 49 巻 3 号 779 頁（松山地裁判決要旨不交付事件高裁判決）………………………………………………………………………………………28
東京高判平成 13 年 7 月 18 日判時 1761 号 55 頁（「生活ほっとモーニング」事件高裁判決）…………………………………………………………………………………………82
東京高判平成 13 年 9 月 5 日判タ 1088 号 94 頁（ニフティサーブ事件高裁判決）………90
最三小判平成 14 年 1 月 29 日民集 56 巻 1 号 185 頁（「大麻草を家に隠す」事件最高裁判決）………………………………………………………………………………………106
大阪地判平成 14 年 2 月 19 日判例集未登載（「毒カレー初公判」事件判決）……………25
最三小判平成 14 年 9 月 24 日判時 1802 号 60 頁（『石に泳ぐ魚』事件最高裁判決）……126

―略語―
刑集　：最高裁判所刑事判例集
民集　：最高裁判所民事判例集
下民集：下級裁判所民事裁判例集
判時　：判例時報
判タ　：判例タイムズ
訟月　：訟務月報

● 著者紹介

大石　泰彦（おおいし・やすひこ）

1961年，名古屋市生まれ。1984年，青山学院大学法学部卒。1988年，青山学院大学大学院法学研究科博士後期課程退学。関西大学社会学部助教授，東洋大学社会学部教授などを経て，現在，青山学院大学法学部教授。著編書に『世界のマス・メディア法』（共著，嵯峨野書院，1996年），『フランスのマス・メディア法』（現代人文社，1999年），『マスコミ判例六法』（共編，現代人文社，1999年）など。

メディアの法と倫理　　　　　　　　　　　　　　　〈検印省略〉

2004年 3月30日　第1版第1刷発行
2005年11月15日　第1版第2刷発行
2007年 5月 1日　第1版第3刷発行

　　　　　　　　　　　　　著　者　　大　石　泰　彦

　　　　　　　　　　　　　発行者　　中　村　忠　義

　　　　　　　　　　　　　発行所　　嵯　峨　野　書　院

〒615-8045 京都市西京区牛ヶ瀬南ノ口町39　電話(075)391-7686　振替 01020-8-40694

© Yasuhiko Oishi, 2004　　　　　　　　　　　　　　創栄図書印刷・兼文堂製本

ISBN978-4-7823-0395-5

R 〈日本複写権センター委託出版物〉
本書の全部または一部を無断で複写複製（コピー）することは，著作権法上での例外を除き，禁じられています。本書からの複写を希望される場合は，日本複写権センター（03-3401-2382）にご連絡ください。